Paris ist für die französischen Schriftstellerinnen und Schriftsteller von François Villon über Honoré de Balzac bis Jean-Paul Sartre und Simone de Beauvoir stets Zielpunkt ihrer Existenz gewesen. Es war und ist jedoch stets ein anderes Paris, wenn Marcel Proust auf seiner *Suche nach der verlorenen Zeit* in die exklusive Adelskultur eindringt, Louis Aragon seinen Aurélien in die Vogelperspektive der Île Saint-Louis emporhebt oder Raymond Queneau Zazie in die Tiefen der Métro hinabschickt. Auch für deutsche Autoren war Paris stets faszinierender Anziehungspunkt. Und der Mythos Paris ließ in der Zwischenkriegszeit des 20. Jahrhunderts auch die angeblich »verlorene Generation« nach Paris kommen. Für Ernest Hemingway wurde es »ein Fest fürs Leben«, und James Joyce schaffte es nur in Paris, seinen *Ulysses* zu veröffentlichen.

Auf acht Rundgängen durch die Pariser Stadtviertel führt Uwe Schultz zu Wohn- und Wirkungsstätten berühmter Autorinnen und Autoren und zu den Schauplätzen ihrer Werke, zu berühmten Cafés, Quartiers und Monumenten.

Ein Anhang mit wichtigen »Kulturadressen« ergänzt den Band.

Uwe Schultz, Dr. phil., war von 1976 bis 1994 Leiter der Hauptabteilung Kulturelles Wort beim Hessischen Rundfunk in Frankfurt am Main. Er arbeitet heute freiberuflich in Paris. Zahlreiche Veröffentlichungen.

insel taschenbuch 2884
Paris
Literarische Spaziergänge

Pont Neuf und Île de la Cité

PARIS
Literarische Spaziergänge

Von Uwe Schultz
Mit farbigen Fotografien
von Angelika Dacqmine

Insel Verlag

insel taschenbuch 2884
Erste Auflage 2003
Originalausgabe
© Insel Verlag Frankfurt am Main und Leipzig 2003
Alle Rechte vorbehalten, insbesondere das der Übersetzung,
des öffentlichen Vortrags sowie der Übertragung
durch Rundfunk und Fernsehen, auch einzelner Teile.
Kein Teil des Werkes darf in irgendeiner Form
(durch Fotografie, Mikrofilm oder andere Verfahren)
ohne schriftliche Genehmigung des Verlages
reproduziert oder unter Verwendung elektronischer Systeme
verarbeitet, vervielfältigt oder verbreitet werden.
Textnachweise am Schluß des Bandes
Vertrieb durch den Suhrkamp Taschenbuch Verlag
Umschlag: Michael Hagemann
Satz: Hümmer GmbH, Waldbüttelbrunn
Druck: Memminger MedienCentrum AG
Printed in Germany
ISBN 3-458-34584-1

1 2 3 4 5 6 – 08 07 06 05 04 03

Inhalt

Ausblick 9

Das Quartier latin und Notre-Dame 21
Jardin des Plantes, Luxembourg und Odéon 49
Montparnasse 83
Saint-Germain-des-Prés 107
Von der Rue de Varenne zum Pont Mirabeau 133
Die Champs Elysées und der Boulevard Haussmann 157
Vom Montmartre zum Palais Royal 181
Von der Bastille zum Louvre 205

Rückblick 233

Kulturadressen 245
Textnachweise 252

Ausblick

»... daß sie das Leben zu bereiten verstehen ...«.
Friedrich Hebbel

Paris ist mehr als eine alte Metropole Europas und ihr scheinbar ewig junger Mythos – es ist eine andere Art zu leben. Da reist eine junge Frau von Tokio nach Paris, um im Louvre vor der Mona Lisa Schlange zu stehen und in den Salons des Prêt-à-porter ihre Garderobe der neuesten Mode anzupassen. Da pilgert ein ehrgeiziger Wissenschaftler von St. Louis an die Seine, um in der Nationalbibliothek einen Brief von Henri IV. im Original in der Hand zu halten und wie Orson Welles im Grand Vefour in der Tiefe des Palais Royal zu dinieren. Da flieht ein Arbeitsloser aus Mali vor der Armut, um in Belleville den sozialen Aufstieg zu wagen, auch wenn die Hoffnungen des freiwilligen Exils sich nicht oder erst nach Generationen verwirklichen. Erzwungenes Exil, wie es zahlreiche deutsche Dichter in den dreißiger Jahren des vergangenen Jahrhunderts dorthin führte, oder freiwilliges – Paris war und ist bis heute der politische Freiraum geblieben, den die französischen Revolutionäre von 1789 in der Deklaration der Menschenrechte der ganzen Menschheit offerierten.

Seit Jahrhunderten – nicht erst seit der Großen Revolution – ist die Metropole an der Seine Magnet für Musiker, Schauspieler, Architekten, Tänzer, Dichter, Schauspieler und Maler aus den entlegensten Winkeln der Welt, um ihre Kunst freier zu entfalten und ihre Kultur des Sehens, Hörens und Empfindens zu verfeinern. Die viel beschworene und nicht wenig bespöttelte »französische Ausnahme« (»exception française«) – hier hat sie ihren Sinn. Die amerikanische Autorin Djuna Barnes bekennt, daß diese Einmaligkeit von Paris ihrem Leben eine neue Dimension eröffnet hat:

»Kein Mensch untersteht sich, eine feste Ansicht von Leben, Liebe oder Literatur zu hegen, ehe er in Paris gewesen ist, denn stets hat er unmittelbar neben sich jemanden, der ihm zuraunt: ›Haben Sie den Louvre besucht? Haben Sie auf Giotto angesprochen? Haben Sie Ihre Hand über die Möbel des fünfzehnten Jahrhunderts gleiten lassen? Die Stelle gesehen, an der Marie Antoinette ungeheuer hochmütig wurde? Nicht? Nun, mein lieber Freund, dann halten Sie sich zurück.‹«

Was Djuna Barnes als das »Geheimnis« von Paris in den zwanziger Jahren empfunden hat, erlebte in den vierziger Jahren des 19. Jahrhunderts der deutsche Dichter Friedrich Hebbel, den ein Stipendium des dänischen Königs den weiten Weg aus einem fernen Flecken des Dithmarschen bis durch das Tor zur großen Welt zurücklegen ließ. Bei aller Reserviertheit gegenüber den Franzosen, wie es für einen Norddeutschen nahelag – ihre Kunst, »das Leben zu bereiten«, hat er bewundert: »In Paris bin ich sehr gern. Wie es Leute hat geben können, die nicht gern hier waren, begreife ich nicht. Ich möchte mich hier jahrelang, ja ein Leben lang aufhalten und denke nur mit Entsetzen daran, daß ich wieder werde scheiden müssen. Es ist doch ein ganz anderer Strom, auf dem man segelt, und zu einem guten Schiff gehört ein ordentliches Wasser. Ich bin kein Enthusiast für die Franzosen, es liegt manches in ihrem Nationalcharakter, das mir widerstrebt und ewig widerstreben wird, aber daß sie das Leben zu bereiten verstehen, und daß ihre Geschichte sich verleiblicht hat, daß sie aus den großen Büchern auf die Straße hinüberspaziert ist, das greift sich mit Händen und niemand kann es besser empfinden als ein Deutscher.«

Diese andere Art, zu leben und das Leben zu bereiten, haben viele der Dichter, die aus allen Himmelsrichtungen nach

Paris kamen, empfunden. Ob als Schock oder stiller Prozeß, die Stadt hat sie verändert – ihr Denken und Leben. Rainer Maria Rilke, der 1902 an die Seine kam und dort auch bittere Erfahrungen zu durchleben hatte, hat seiner stark autobiographisch gefärbten Romanfigur Malte Laurids Brigge dieses Bekenntnis der Selbstverwandlung in den Mund gelegt: »Ich bin in Paris, die es hören freuen sich, die meisten beneiden mich. Sie haben recht. Es ist eine große Stadt, groß, voll merkwürdiger Versuchungen. Was mich betrifft, ich muß zugeben, daß ich ihnen in gewisser Beziehung erlegen bin. Ich glaube, es läßt sich nicht anders sagen. Ich bin diesen Versuchungen erlegen, und das hat gewisse Veränderungen zur Folge gehabt, wenn nicht in meinem Charakter, so doch in meiner Weltanschauung, jedenfalls in meinem Leben. Eine vollkommen andere Auffassung aller Dinge hat sich unter diesen Einflüssen in mir herausgebildet, es sind gewisse Unterschiede da, die mich von den Menschen mehr als alles Bisherige abtrennen. Eine veränderte Welt. Ein neues Leben voll neuer Bedeutungen.«

Natürlich ist es auch jener sanft anrüchige Ruf – in der Belle Époque des 19. Jahrhunderts zur vollen Blüte gebracht und heute noch als zartes Flair spürbar –, daß Paris die Stadt der Liebe sei, der zur besonderen Faszination dieser Stadt beiträgt. Das verlängerte Lächeln der Frauen und einiges mehr hat auch ein deutscher Dichter in Paris gesucht und gefunden – davon kündet Max Dauthendey trotz seiner bedrängten Lebensumstände in emphatischem Tonfall: »In dieser Stadt herrschte vor allem das Lächeln der Frauen, das gnädig oder ungnädig die Willen der Männer lenkte, und die Frauenlust stand höher als die Goldlust.

Von der göttlich künstlerischen Herrschaft der Liebe in all ihren Sehnsüchten, vom wildesten und lüsternsten Sinnentrieb an bis zum zärtlichsten Sehnen nach dem Gunstblick der geliebten Frau, sprechen Straßen und Menschen in jedem Augenblick in Paris.«

»Die Herrschaft der Liebe« entdeckte dieser deutsche Dichter im Jahre 1896, ein weiterer Schriftsteller deutscher Zunge fand dort im Jahre 1904 nicht nur seine Jugend wieder, sondern das Jungsein generell – Stefan Zweig: »Für das erste Jahr der eroberten Freiheit hatte ich mir Paris als Geschenk versprochen. Ich kannte diese unerschöpfliche Stadt nur flüchtig von zwei früheren Besuchen und wußte, daß, wer als junger Mensch ein Jahr dort gelebt, eine unvergleichliche Glückserinnerung durch sein ganzes Leben mitträgt. Nirgends empfand man mit aufgeweckten Sinnen sein Jungsein so identisch mit der Atmosphäre wie in dieser Stadt, die sich jedem gibt und die keiner doch ganz ergründet.«

Diese Aufbruchszuversicht ist nach dem Zweiten Weltkrieg zerbrochen, und Paul Celan verweist auf die offenen Wunden der Geschichte, die die Deutschen der Stadt geschlagen haben. Er beugt sich über das Wappen von Paris, das ein Schiff zeigt und dessen gefährdete, aber nicht zerstörbare Seetüchtigkeit (»fluctuat, nec mergitur« – »es schwankt, aber geht nicht unter«) – die Besetzung der Stadt lag wenige Jahre zurück.

Auf hoher See

Paris, das Schifflein, liegt im Glas vor Anker:
so halt ich mit dir Tafel, trink dir zu.
Ich trink so lang, bis dir mein Herz erdunkelt,
so lange, bis Paris auf seiner Träne schwimmt,
so lange, bis es Kurs nimmt auf den fernen Schleier,

der uns die Welt verhüllt, wo jedes Du ein Ast ist,
an dem ich hänge als ein Blatt, das schweigt und schwebt.

Die Geschichte von Paris kennt viele Gefährdungen, Aufstände, Revolutionen, Niederlagen, Plünderungen oder »Messerstiche«. So sah der wilde Poet Arthur Rimbaud die Stadt unmittelbar nach der Commune von 1871: »Schmerzensreich« und »wie schon gestorben«, aber von »großartiger Schönheit« und »zugewandt der Zukunft«:

Die Pariser Orgie oder Paris füllt sich wieder

Als deine Füße noch gestampft im grimmen Tanze,
Paris! Als man dich mit so vielen Dolchen stach,
Als du gestürzt, und dir noch etwas von dem Glanze
Des roten Frühlings aus deinen klaren Augen brach ...

Obgleich es schrecklich ist, dich so zu sehen voll Schande,
Obgleich nie eine Stadt so zugerichtet war:
Ein stinkendes Geschwür mitten im grünen Lande –
Ruft dir der Dichter zu: »Wie bist du wunderbar!« ...

Es gab auch deutsche Dichter, deren Vorbehalte gegenüber Paris überwogen. Zu ihnen zählte Theodor Fontane, der eingestand, jene jugendlichen Jahre, die Stefan Zweig zur Eroberung der Stadt nutzen konnte, versäumt zu haben – ein melancholischer Ton ist unüberhörbar:

> Mit achtzehn Jahren und rothen Wangen
> Da mußt Du wandern nach Paris,
> Wenn noch kein tieferes Verlangen
> Sich Dir in's Herze niederließ:

Wenn unser Bestes: Lieb und Treue
Du nicht begehrst und nicht vermißt
Und wenn das wechselvolle Neue
Noch Deine höchste Gottheit ist.

Mir sind dahin die leichten Zeiten,
Es läßt mich nüchtern, läßt mich kalt,
Ich bin für diese Herrlichkeiten
Vielleicht zu deutsch, gewiß – zu alt.

Der England-Verehrer Fontane, mochte er auch für eine leidenschaftliche Begegnung mit Paris zu spät gekommen sein, verstand doch diese Art, »das Leben zu bereiten«, wie es die Engländer bis heute tun, wenn sie – nicht zuletzt auf der Flucht vor »ihrem« Sonntag – so gern und häufig über den Kanal wechseln und inzwischen auch unter ihm hindurch. Das geschieht weit öfter als umgekehrt:

»... wie mir nun allgemach klar wird, daß die Fremden und die Engländer selbst das Pariser Leben dem Londoner so unendlich vorziehn. Gestern war Sonntag; wenn ich einen englischen Sonntag dagegen halte, welche furchtbare Oede und Langeweile! Auf den Boulevards aber lachten und scherzten gestern viele Tausende, vor den blitzenden Cafés saß man im Freien und dampfte die Cigarre und spielte Domino; drinnen klapperten unaufhörlich die Kaffeetassen und oben hörte man die Billardbälle hin und herfahren und das dixhuit à quarante deux des Kellners. Ich persönlich mache mir nicht viel aus diesem Schwindel, aber es giebt doch ein hübsches Bild, und ich lerne begreifen, daß andre dafür schwärmen können.«

Ein anderer Preuße fand schlechterdings keinen Zugang zu jenem Paris, in dem man dem Leben mehr abzugewinnen versteht als an anderen Orten. Er sah nur die hohen Steinhaufen der Häuser und die noch härteren Gesichter der ihm verschlossenen Menschen – vielleicht hatte im Jahr 1801 Napoléon Preußen zu tief gedemütigt. Aber auch jenes abweisend-gleichgültige Paris existiert, und noch andere Dichter als Heinrich von Kleist haben es erduldet. Sein Brief an Caroline von Schlieben vom 18. Juli 1801 zeigt eine dunkle Kulisse ohne jeden Lichtschimmer:

»... hier in Paris ist es [das Herz] so gut, als tot. Wenn ich das Fenster öffne, so sehe ich nichts, als die blasse, matte, fade Stadt, mit ihren hohen, grauen Schieferdächern und ihren ungestalteten Schornsteinen, ein wenig von den Spitzen der Tuilerien und lauter Menschen, die man vergißt, wenn sie um die Ecke sind. Noch kenne ich wenige von ihnen, ich liebe noch keinen, und weiß nicht, ob ich einen lieben werde. Denn in den Hauptstädten sind die Menschen zu gewitzigt, um offen, zu zierlich, um wahr zu sein. Schauspieler sind sie, die einander wechselseitig betrügen, und dabei tun, als ob sie es nicht merkten. Man geht kalt an einander vorüber; man windet sich in den Straßen durch einen Haufen von Menschen, denen nichts gleichgültiger ist, als ihresgleichen.«

Als genau drei Jahrzehnte später Heinrich Heine nach Paris umsiedelte und dort bis zu seinem Tod blieb, öffnete sich ihm die Stadt zu einer weiten utopischen Landschaft – bis zur Schaffung einer »neuen Welt«. Er gab trotz aller Revolutionen und Niederlagen Napoléons die Hoffnung nicht auf, daß »das Volk« siegen werde und daß dies zuerst und vollkommen nur in Paris geschehen könne, wo er nach dem Sturz der Bourbonen in der Juli-Revolution von 1830 den politischen Horizont offen sah. Doch sollten der Bürgerkönig Louis-Philippe und der Kaiser Napoléon III. diese

Euphorie so empfindlich eintrüben, daß erst lange nach Heines Tod die Republik sich endgültig in Frankreich etablieren konnte. Aber schon damals und während des ganzen 19. Jahrhunderts war Paris unangefochten der »Sammelplatz der geistigen Nobilitäten« Europas:

»Aber Paris ist eigentlich Frankreich; dieses ist nur die umliegende Gegend von Paris. Abgerechnet die schönen Landschaften und den liebenswürdigen Sinn des Volks im allgemeinen, so ist Frankreich ganz öde, auf jeden Fall ist es geistig öde, alles, was sich in der Provinz auszeichnet, wandert früh nach der Hauptstadt, dem Foyer alles Lichts und alles Glanzes. Frankreich sieht aus wie ein Garten, wo man alle schönsten Blumen gepflückt, um sie zu einem Strauße zu verbinden, und dieser Strauß heißt Paris. Paris ist nicht bloß die Hauptstadt von Frankreich, sondern der ganzen zivilisierten Welt, und ist ein Sammelplatz ihrer geistigen Nobilitäten. Versammelt ist hier alles, was groß ist durch Liebe oder Haß, durch Fühlen oder Denken, durch Wissen oder Können, durch Glück oder Unglück, durch Zukunft oder Vergangenheit. Betrachtet man den Verein von berühmten oder ausgezeichneten Männern, die hier zusammentreffen, so hält man Paris für das Pantheon der Lebenden. Eine neue Kunst, eine neue Religion, ein neues Leben wird hier geschaffen, und lustig tummeln sich hier die Schöpfer einer neuen Welt.«

Mochte ein deutscher Dichter Paris zur geistigen Bühne der Welt erklären, der ein Jahrhundert später lebende französische Schriftsteller Louis Aragon erklärte den Pariser zum Provinzler in der Metropole – beschränkt auf sein Stadtviertel:

»Die Pariser haben an ihrer Stadt niemals so viel Vergnügen wie die Leute aus der Provinz. Zunächst einmal beschränkt sich Paris für sie auf das Ausmaß ihrer Gewohnheiten und ihrer Neugierde. Ein Pariser begrenzt seine Stadt auf ein paar Stadtviertel; alles, was jenseits davon liegt, kennt er nicht, hört auf, für ihn Paris zu sein. Auch verspürt er nicht dieses beinahe beständige, ungeheuer reizvolle Gefühl, sich zu verlieren. Diese Gewißheit, niemanden zu kennen, niemandem zufällig begegnen zu können.«

Paris ist folgerichtig auch die Stadt der höchst unterschiedlichen Perspektiven, und ein Schriftsteller wie Wolfgang Koeppen weiß um die vielfältigen Schicksale jener seiner Kollegen, die sich auf Paris eingelassen haben – bis zum Leben in dieser Stadt. Für den Schriftsteller Koeppen war es jedoch vor allem jenes Paris, das Literatur geworden ist, wie in zahlreichen Werken von François Villon über Victor Hugo bis Marcel Proust und in den Büchern von Jorge Semprun, Milan Kundera oder Michel Houellebecq:

»Wer Paris wirklich kennt, wer dort gelebt, studiert, geliebt, gearbeitet, gedacht, gestrebt, gelitten, vielleicht gehungert hat, wird schwören, Paris sei eine harte, eine böse Stadt. Ihre Dichter haben sie geliebt oder verflucht. Aber die zwanzig bunten Arrondissements, eingezwängt in den Gürteln der alten Festungswälle, die achtundfünfzig geschleiften oder noch zu bewundernden Kasemattentore, die den Endstationen der Untergrundbahn die alten Namen und noch immer die Puccini-Phantasie, die romantische Opernkulisse der Bannmeile geben, die zwanzig grellen Farbschuppen erinnern an eine blinkende, lockende Austernschale, in deren Mitte zwei schöne Perlen liegen, die Île de la Cité und die Île Saint-Louis. Aus dem Muschelbett erhebt sich die Göttin, Aurora, die Morgenröte, die Fluß und Brücken und alle Dächer umarmt, die ernste hausfrauliche Venus im Louvre, die nacktjagende Diana von Poitiers, hochmütige Herzogin von

Valentinois, auf dem durch Liebreiz und Ehrgeiz bezwungenen Hirsch, die kopflose Nike von Samothrake, der immer noch für etwas anrüchig gehaltene Genius der Freiheit unter der phrygischen Mütze, die strenge kurzsichtige Gloriole der Vernunft, die Epiphania Pascals, Balzacs Mädchen mit den Goldaugen, Prousts reifenspielende Gilberte aus den geschwätzigen Salons, das rotschopfige Mannequin des Dernier cri und die hübsche Kuh der Küchenreklame, la vache qui rit. Immer sind es Träume, die an die Seine führen.«

Was bleibt, ist der Unterschied – jenes andere Leben, das selbst die Niederlagen weniger schmerzhaft macht, wie Djuna Barnes als heitere Parole ausgab: »Diejenigen, die es ›nie zu etwas brachten‹ (die Familie schrieb stets in diesem Tenor), hätten es auch überall sonst nie zu etwas gebracht. Es war einfach viel lustvoller, es in Paris nie zu etwas zu bringen.« Wenn schon das Scheitern dort weniger schmerzlich ausfallen würde, um wieviel lustvoller erst die totale Niederlage, die Frank Wedekind zu seinem Programm erhob: »Ich will mich in Paris zugrunde richten.«

Quartier latin und Notre-Dame

Boulevard Saint-Michel
Rue de la Harpe
Rue de Cluny
Rue des Écoles
Rue Racine
Rue Saint-Jacques
Place Maubert
Rue des Carmes
Rue Lagrange
Pont au Double
Place du Parvis Notre-Dame

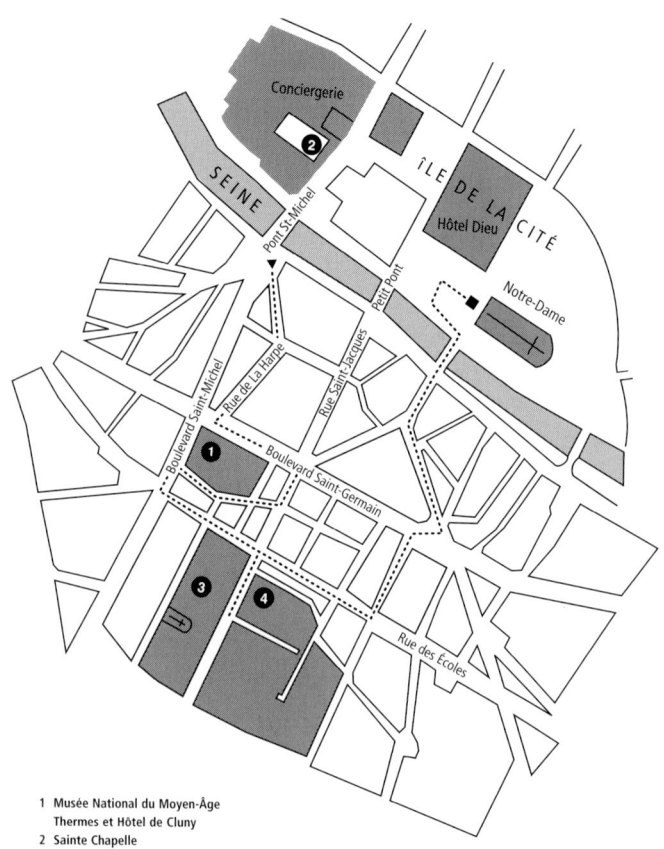

1 Musée National du Moyen-Âge
  Thermes et Hôtel de Cluny
2 Sainte Chapelle
3 Sorbonne
4 Collège de France

Das Quartier latin, das seinen Namen den Studenten und Professoren verdankt, die im Mittelalter und besonders im Humanismus sich des Lateinischen als Umgangssprache bedienten, ist heute nicht mehr *das*, sondern nur noch *ein* Universitätsviertel von Paris. Denn im Stadtgebiet der Metropole existiert heute ein gutes Dutzend Universitäten. Aber es ist auch das Viertel, das mit seinen alten Fachwerkbauten und verwinkelten Gassen seine mittelalterliche Architektur weitgehend bewahren konnte – die radikale Neustrukturierung der Stadt im 19. Jahrhundert unter dem Baron Haussmann vollzog sich eher am rechten Seine-Ufer. Aber schon vor dem tiefgreifenden Sanierungsprogramm Napoléons III. hat Honoré de Balzac keinen Zweifel daran gelassen, daß die linke Uferseite der Seine in die tiefsten Geheimnisse des menschlichen Lebens führt, worüber er in seiner vielbändigen *Menschlichen Komödie* Auskunft gibt:

»Wer nicht auf dem linken Seine-Ufer zwischen der Rue Saint-Jacques und der Rue des Saint-Pères gelebt hat, der kennt das Leben nicht.«

Diesem Geheimnis war auch Stefan Zweig auf der Spur – vor allem soweit es die Dichter betraf, die wie die Studenten im Quartier nicht nur gearbeitet, sondern auch getrunken haben. Er eilte bereits als junger Mann in dieses Viertel, um die über Jahrhunderte zum Mythos gewordene Stimmung von freiem Denken und freier Lebensart zu finden:

»Dorthin war ich bei einem früheren kurzen Besuch als Zwanzigjähriger gleich von der Bahn aus gestürzt; am ersten Abend schon hatte ich im Café Vachette gesessen und mir ehrfürchtig den Platz Verlaines zeigen lassen und den Mar-

Der Brunnen Saint Michel

mortisch, auf den er in der Trunkenheit immer mit seinem schweren Stock zornig hieb, um sich Respekt zu verschaffen. Ihm zu Ehren hatte ich unalkoholischer Akoluth ein Glas Absinth getrunken...«

Der Weg in diese Welt des freien Geistes und ewig junger Aufbruchsstimmung, wie sie jede Studentengeneration neu reklamiert, führt durch das Eingangstor der Place Saint-Michel. Hier bietet die Großbuchhandlung »Gibert Joseph« die Fachbücher jeder Fakultät an, hier drängen sich die Studenten in den Cafés, und hier wacht der heilige Michael über den Drachen auf der Fontäne wie ein Wächter vor dem Paradies ewiger Jugend, wo sich auch der bereits den Studienjahren entwachsene deutsche Schriftsteller Wolfgang Koeppen sogleich heimisch fühlte:

»Der Platz des heiligen Michael umarmt. Er breitet seine schönen starken Arme aus. Er empfängt wie eine Geliebte. Er ist das offene Tor zum lateinischen Viertel, der Hafen, wo ich landen wollte. Ich bin zu Hause. Ich bleibe vor dem Brunnen stehen, dessen Wasser wie aus der Front der hohen Häuser des Boulevard Saint-Michel fließt, und warte. Ich weiß nicht, auf was ich warte. Nichts könnte mich noch locken. Glücklich oder unglücklich zu sein, hier erfährt es eine Erhöhung und wird eins und gleichgültig.«

Auch Rilkes Malte Laurids Brigge wandelt über den berühmten »Boul Mich«, wie die Studenten sagen – es war und ist eine Promenade, die heute trotz zahlreicher Jeans Shops und Fast food-Küchen das Flair heiterer Begegnungen und unbekümmerter Lebenslust bewahrt hat besonders in den Cafés:

»Der Boulevard St-Michel war leer und weit, und es ging sich leicht auf seiner leisen Neigung. Fensterflügel oben öffneten sich mit gläsernem Aufklang, und ihr Glänzen flog wie ein weißer Vogel über die Straße. Ein Wagen mit hellroten Rädern kam vorüber, und weiter unten trug jemand etwas Lichtgrünes. Pferde liefen in blinkernden Geschirren auf dem dunkel gespritzten Fahrdamm, der rein war. Der Wind war erregt, neu, mild, und alles stieg auf: Gerüche, Rufe, Glocken.

Ich kam an einem der Caféhäuser vorbei, in denen am Abend die falschen roten Zigeuner spielen. Aus den offenen Fenstern kroch mit schlechtem Gewissen die übernächtige Luft. Glattgekämmte Kellner waren dabei, vor der Türe zu scheuern. Der eine stand gebückt und warf, handvoll nach handvoll, gelblichen Sand unter die Tische.«

Unmittelbar an der Place Saint-Michel zweigt die Rue de la Harpe ab, die im 19. Jahrhundert vollgestopft war mit preisgünstigen Kleinrestaurants. Von ihnen hatte sich Flauberts junger Student Frédéric Moreau in seinem Roman *Lehrjahre des Gefühls* eines als Stammlokal ausgesucht, doch mit dem Studieren wie mit der Eroberung einer Geliebten ging es nicht recht voran, was beträchtlich auf seine Stimmung drückte:

»In einem Gasthaus in der Rue de la Harpe aß Frédéric für dreiundvierzig Sous zu Abend. Verachtungsvoll blickte er auf die alte Mahagonitheke, die fleckigen Servietten, die schmutzigen Bestecke und die an der Wand aufgehängten Hüte. Die Umsitzenden waren wie er Studenten. Sie schwatzten über ihre Professoren, ihre Mätressen. Was kümmerten ihn die Professoren! Hatte er vielleicht eine Mätresse! Um sich von ihren Verlustigungen fernzuhalten, kam er so spät wie möglich. Alle Tische waren mit Essensresten bedeckt. Die beiden müden Kellner schliefen in der Ecke ...«

Für den deutschen Lyriker Karl Krolow ist dieses enge Gäßchen schon zur »heißen Straße« geworden – schließlich ist es Juni in seinem Gedicht. Aber auch das Personal hat gewechselt – fast alle Küchen des Orients haben hier Einzug gehalten, und auch das studentische Publikum – abgesehen von den Touristen-Heerscharen – begrenzt sich nicht auf den Alten Kontinent:

Heiße Straße
Paris, Rue de la Harpe

Auf zerbrochenen Stuhlbeinen
Sterben Tauben. Ehe sie aus der Tiefe
Ein Schatten mit arabischen Händen
Greift,
Nisten sie wie sonst
Im Kehricht der Luft.

Eine Trommel schlägt an,
Um sich vor der Hitze zu schützen,
Und grüßt schwarze Kniekehlen.

Der Juni ist stark wie ein Neger.
Seine Zehen zertreten
Die Blumen des Vormittags.
Wenn er die Augen schließt,
Wird es Nacht in der Straße.
Die Liebe erholt sich dann
Von den Schrecken der Helligkeit.

Derart mit der jüngsten Geschichte Frankreichs konfrontiert, deren Republik stolz darauf ist, Studenten aus aller Welt zu empfangen, empfiehlt sich ein Sprung in die Anfänge der französischen Geschichte – in das Gallien der römischen Eroberung. Davon zeugen heute noch die römischen Thermen unmittelbar am Boulevard Saint-Michel am oberen Ende der Rue de la Harpe. Die Ruinenarchitektur erhebt sich aus einer tiefen Grube, da die verschiedenen historischen Schichten den Erdboden gehoben haben. Die römische Siedlung hieß Lutetia, und die Bewohner der gallischen Stadt hießen Parisii, welchen Namen die französische Kapitale übernommen hat. Über diese vorrömische Siedlung, ihre Lage, ihre Bewohner wie ihre Unterwerfung gibt der Feldherr Gaius Julius Caesar in seinem *Gallischen Krieg* detaillierte Auskunft:

»Mit Anfang des Frühlings hielt er seiner Gewohnheit nach einen Landtag in Gallien, zu dem alle Stämme außer den Sénonen, Karnuten und Tréverern erschienen. Er betrachtete ihr Fehlen als Kriegserklärung, und damit man sähe, er setze alles andere hinan, vertagte er den Landtag nach Lutetia, einer Stadt der Parisier.«

Unmittelbar auf den Thermen hat die später ihrerseits das Römische Reich und einiges darüber hinaus erobernde katholische Kirche ihr Monument errichtet – das Hôtel de Cluny. Der spätgotische Prachtbau des Ordens der Cluniazenser mit seiner elegant über Türen und Fenstern sich emporschwingenden »Gothique flamboyant« birgt heute das »Museum mittelalterlicher Kunst« (»Musée du Moyen Âge«). Zu seinen Prachtstücken und touristischen Attraktionen zählen die Teppiche der Dame mit dem Einhorn. Selbst Rilkes Malte Laurids Brigge ist zu den kunstvoll gewirkten Sinnbildern der fünf Sinne gewallfahrt und hat sich vor der Dame der hochsymbolischen Unschuld auch den sie zeichnenden jungen Mädchen zugewandt und ihre Unschuld bewundert:

»Nun sind auch die Teppiche der Dame à la Licorne nicht

mehr in dem alten Schloß von Boussac. Die Zeit ist da, wo alles aus den Häusern fortkommt, sie können nichts mehr behalten. Die Gefahr ist sicherer geworden als die Sicherheit. Niemand aus dem Geschlecht der Delle Viste geht neben einem her und hat das im Blut. Sie sind alle vorbei ... Junge Mädchen allerdings findet man zuweilen davor. Denn es giebt eine Menge junger Mädchen in den Museen, die fortgegangen sind irgendwo aus den Häusern, die nichts mehr behalten. Sie finden sich vor diesen Teppichen und vergessen sich ein wenig ... Nur daß gezeichnet wird, das ist die Hauptsache; denn dazu sind sie fortgegangen eines Tages, ziemlich gewaltsam. Sie sind aus guter Familie. Aber wenn sie jetzt beim Zeichnen die Arme heben, so ergiebt sich, daß ihr Kleid hinten nicht zugeknöpft ist oder doch nicht ganz. Es sind da ein paar Knöpfe, die man nicht erreichen kann. Denn als dieses Kleid gemacht wurde, war noch nicht davon die Rede gewesen, daß sie plötzlich allein weggehen würden. In der Familie ist immer jemand für solche Knöpfe. Aber hier, lieber Gott, wer sollte sich damit abgeben in einer so großen Stadt.«

Auch Peter Weiss, dem in Paris der Erfolg als Autor noch versagt blieb, hat vor den farbenprächtigen Gobelins gestanden und ihre verschlüsselten Botschaften eher stenographisch notiert als zu entschlüsseln versucht:

19/10 im Cluny-Museum

Rotunde
Löwe + Einhorn = Starke + Wunder
Ziegelrot   Bäume blaugrün
Einhorn sieht sich im Spiegel   sehen
Einhorn mit Handorgel   hören
Diener hält Schale mit Trauben   schmecken

Äffchen riecht an Blüten   riechen
Betasten des Horns   fühlen
auf der Stufe sitzend, vorm Halbkreis der Gobelins, muß
   mein Gesicht verstecken, weil mir die Tränen aus den
   Augen laufen

ganz unten, in der tiefsten Grotte eine bäuchlings hockende
Gestalt, mit Schwanzansatz. Die Hüften weiblich rund, das
Gesicht zerschlagen – der Körper geschuppt? Kopf stark zur
Seite gedreht, wie Wasser schlürfend, oder gequält?
   Die vorn aufgestützten Hände halten Strick?
   Vorm Torfenster der Außenhof, ummauert, oben, drüben
hinterm Gitter, der Boul Mich in strahlender Sonne welkes
Laub

In einem der großen, halb in die Erde versunkenen Säle, die von der mönchischen Residenz des Mittelalters in die imperialen Thermen der Römer übergehen, wartet die Lösung eines Rätsels, das sich später während dieses Spaziergangs beim Anblick der Kathedrale Notre-Dame stellt. Denn die dort das Portal schmückenden Königsfiguren sind von wahrhaft christlicher Milde in ihren Gesichtern gezeichnet. Sie sind wie die fratzenhaften Figuren der Wasserspeier und der fledermaushaften Wächter auf dem Turmabsatz ein Werk des 19. Jahrhunderts, als unter dem Architekten Eugène Emmanuel Violet-le-Duc die Kathedrale nicht nur gerettet, sondern auch romantisch »bereichert« wurde. Das war notwendig geworden, weil die Revolutionäre von 1789, die in den Figuren der Könige von Juda am Portal von Notre-Dame fälschlich französische Könige sahen, sie aus ihren Nischen gerissen und als Verdichtungsmaterial in die Fundamente der Rue d'Antin versenkt hatten. Dort ruhten sie, bis 1977 der moderne Straßenbau ihre Auferstehung bewirkte. Da ihre Plätze an Notre-Dame nun aber bereits besetzt waren, sind sie heute im Hôtel de Cluny zu sehen – und diese Gesichter strahlen keineswegs königliche Milde aus, sondern den ganzen Ernst, die Härte, ja Brutalität von wirklichen Machthabern.

Schon Peter Weiss ließ den Blick zurück auf den Boulevard Saint-Michel schweifen, und wenn man die breite Straße überquert, trifft man auf die hier unmittelbar beginnende Rue Racine. Im nahen Haus Nr. 2 wohnte während einiger Jahre George Sand, die ihre Pariser Wohnungen mehrfach wechselte. Am 30. März 1862 besuchten die Brüder Jules und Edmond de Goncourt die seinerzeit schon überaus berühmte Autorin von *Lelia* sowie einer unabsehbaren Anzahl weiterer Romane. Die recht wohlhabenden Privatiers führten lebenslang ein gemeinsames Tagebuch, in dem sämtliche Protagonisten des Kulturbetriebs jener Epoche porträtiert sind – bisweilen bis zur Karikatur. Jules lebte nur bis zum Jahre 1870, doch sein Bruder Edmond setzte das Tagebuch fort, und er gründete vor seinem Tode im Jahre 1896 die noch heute wöchentlich tagende Académie Goncourt, die stets nur aus zehn renommierten Schriftstellern besteht. Sie vergibt seit 1903 jeweils im Herbst den Prix Goncourt, die höchste literarische Auszeichnung Frankreichs. Die Preissumme betrug bei der Stiftung 5 000 Francs, doch diverse Inflationen haben dafür gesorgt, daß sie heute weniger als zehn Euro ausmacht. Dafür ist der symbolische Wert des Preises erheblich gestiegen, denn dem Gewinner ist meist eine Garantieauflage von 300 000 Exemplaren sicher und damit ein mittleres Vermögen. Die Brüder Goncourt machen nun also Visite bei Madame Sand und werden von ihrem gegenwärtigen Geliebten Manceau begrüßt:

30. März 1862

Rue Racine Nr. 2, vierter Stock. Ein kleiner unauffälliger Mann öffnet, sagt lächelnd: ›Messieurs de Goncourt?‹ öffnet uns eine Tür und wir sind in einem großen Raum, einem Atelier.

Im Gegenlicht – dem grauen und kalten Licht des Spätnachmittags – vor dem Fenster im Hintergrund: ein grauer Schatten in der fahlen Beleuchtung, eine Frau, die sich nicht erhebt, regungslos verharrt, als wir uns grüßend verbeugen. Dieser sitzende, gleichsam schlafende Schatten ist Mme. Sand. Der uns öffnete ihr Liebhaber, der Stecher Manceau. So hat sie etwas Gespenstisches, Automatenhaftes. Sie spricht mit immergleichem Timbre, einer mechanischen und monotonen Stimme, die sich weder hebt noch senkt. Ihre Haltung hat etwas von der Schwerfälligkeit und der Würde eines Dickhäuters, etwas Wiederkäuendes und Friedfertiges ...

Wir plaudern über ihre außerordentliche Arbeitsfähigkeit. Sagt, daß ihre Arbeitsweise nicht verdienstvoll sei, daß es Leute gebe, deren Leistung Bewunderung verdiene, sie jedoch habe es immer leicht gehabt. Arbeitet jede Nacht von eins bis um vier und steht um elf Uhr auf. Dann arbeitet sie noch zwei Stunden während des Tages.

›Und‹, sagt Manceau, der sie erläutert wie ein Cicerone eine merkwürdige Erscheinung, ›gleichgültig, ob man sie stört. Wie bei einem Wasserhahn: man tritt ein und dreht ihn ab ...‹

Dieses nicht sehr zartfühlende Bild von George Sand, die mehreren Generationen nicht nur als extrem fleißige Romanautorin, sondern auch als Kultfigur der Frauenemanzipation galt, hat indirekt schon acht Jahre vorher ihr Zeitgenosse Heinrich Heine bestätigt:

Denkmal Michel de Montaignes vor der Sorbonne

Spätere Notiz. 1854

… Wie männiglich bekannt, ist George Sand ein Pseudonym, der nom de guerre einer schönen Amazone. Bei der Wahl dieses Namens leitete sie keineswegs die Erinnerung an den unglückseligen Sand, den Meuchelmörder Kotzebues, des einzigen Lustspieldichters der Deutschen. Unsere Heldin wählte jenen Namen, weil er die erste Silbe von Sandeau; so hieß nämlich ihr Liebhaber, der ein achtungswerter Schriftsteller, aber dennoch mit seinem ganzen Namen nicht so berühmt werden konnte wie seine Geliebte mit der Hälfte desselben, die sie lachend mitnahm, als sie ihn verließ. Der wirkliche Name von George Sand ist Aurora Dudevant, wie ihr legitimer Gatte geheißen, der kein Mythos ist, wie man glauben sollte, sondern ein leiblicher Edelmann aus der Provinz Berry …

George Sand, die größte Schriftstellerin, ist zugleich eine schöne Frau. Sie ist sogar eine ausgezeichnete Schönheit. Wie der Genius, der sich in ihren Werken ausspricht, ist ihr Gesicht eher schön als interessant zu nennen; das Interessante ist immer eine graziöse oder geistreiche Abweichung vom Typus des Schönen, und die Züge von George Sand tragen eben das Gepräge einer griechischen Regelmäßigkeit. Der Schnitt derselben ist jedoch nicht schroff und wird gemildert durch die Sentimentalität, die darüber wie ein schmerzlicher Schleier ausgegossen. Die Stirn ist nicht hoch, und gescheitelt fällt bis zur Schulter das köstliche kastanienbraune Lockenhaar. Ihre Augen sind etwas matt, wenigstens sind sie nicht glänzend, und ihr Feuer mag wohl durch viele Tränen erloschen oder in ihre Werke übergegangen sein, die ihre Flammenbrände über die ganze Welt verbreitet, manchen trostlosen Kerker erleuchtet, vielleicht aber auch manchen stillen Unschuldstempel verderblich entzündet haben …

Nie sagt George Sand etwas Witziges, wie sie überhaupt eine der unwitzigsten Französinnen ist, die ich kenne.

Zurück über den Boulevard, ist unmittelbar die Sorbonne erreicht, vor deren Haupteingang auf der anderen Seite der Rue des Écoles die bronzene Figur von Michel de Montaigne mit übergeschlagenen Beinen und nach innen gerichtetem Blick nur mit sich beschäftigt ist – sein einziges Buch, die *Essais*, zusammengeklappt in der Hand. Der Erfinder der literarischen Form des Essays hat die Welt bis Rom erkundet und sich trotzdem zu einer der großherzigsten Liebeserklärungen an Paris bereit gefunden – diese Worte sind in das Fundament des kleinen Denkmals eingemeißelt:

»Ich bin Franzose nur dieser großen Stadt zuliebe: groß in der Menge ihres Volkes, groß in der Herrlichkeit ihrer Lage, aber groß vor allem und ohnegleichen in der Fülle und Vielfalt ihrer Annehmlichkeiten, der Stolz Frankreichs und eine der edelsten Zierden der Welt.«

Mit dem dogmatischen Denken von Robert de Sorbon (1201-1274), der dem weltberühmten Bildungsinstitut seinen Namen gab, hat das unbekümmerte Schweifen der Gedanken des Herrn von Montaigne nicht das geringste gemein. Über Jahrhunderte war die Universität auch die gnadenlose Wächterin der katholischen Konfession, was ihren Schüler Johannes Calvin in die Nähe der Todesstrafe brachte und zur Flucht zwang. Frankreich sollte diese Intoleranz mit den mehr als dreißig Jahren Hugenotten-Krieg von 1561 bis 1594 bitter bezahlen. Auch dem Fortschritt des Wissens durch die Erfindung des Buchdrucks war die Sorbonne feindlich gesinnt und verurteilte in einem offiziellen Dekret das neue Vervielfältigungsverfahren der Bücher, um die 4 000 Abschreiber von Bibeln und religiösen Schriften in Paris nicht arbeitslos werden zu lassen. Flauberts Held Frédéric wird in der Sorbonne, als er sich vor der Prüfungskommission der juristischen Fakultät zu behaupten versucht, zum Exempel für einen verbummelten Studenten:

»Frédéric war der Vorletzte in der Reihe, also in schlechter Position. Bei der ersten Frage über den Unterschied zwischen einer Konvention und einem Vertrag verwechselte er die Definitionen; und der Professor, ein gutmütiger Mann, sagte zu ihm: – ›Werden Sie nicht unsicher, mein Herr, beruhigen Sie sich!‹, dann, nachdem er zwei leichte Fragen gestellt und unklare Antworten erhalten hatte, wandte er sich endlich dem vierten Kandidaten zu. Der klägliche Anfang entmutigte Frédéric... die zweite Befragung über Strafrecht bestand er zufriedenstellend. Doch als nach der dritten, das mystische Testament betreffenden, der Examinator eine undurchdringliche Miene zeigte, wuchs seine Beklemmung... Der Professor, den es in Ermüdung versetzte, eine seiner eigenen konträre Theorie gehört zu haben, fragte ihn in barschem Ton: ›Und das, mein Herr, ist also auch ihre Auslegung? Wie bringen Sie den Grundsatz des Artikels 1351 des Code civil mit dieser sonderbaren Auslegung zusammen?‹

Weil er die Nacht ohne Schlaf verbracht hatte, verspürte Frédéric starkes Kopfweh. Ein Sonnenstrahl, der durch den Spalt eines Fensterladens eindrang, traf ihn ins Gesicht. Hinter seinem Stuhl stehend, schwankte er hin und her und zog an seinem Schnurrbart.

›Ich warte immer noch auf Ihre Antwort‹, sagte der Mann mit dem goldbetreßten Barett.

Und weil ihn Frédérics Geste wahrscheinlich reizte: ›In Ihrem Bart werden Sie sie nicht finden!‹«

Die Sorbonne war im Mai des Jahres 1968 auch das Zentrum des studentischen Aufstandes, der Frankreich nichts weniger als eine völlig neue Gesellschaftsform verschaffen sollte. Dieser Zuversicht waren nicht nur die meisten Studenten, sondern auch die in ihrer Mehrzahl kommunistisch orientierten Pariser Intellektuellen. So feierte Simone de Beauvoir, die Gefährtin Jean-Paul Sartres, zunächst den Angriff auf das bürgerliche Milieu ihrer Herkunft wie den Anbruch eines neuen Zeitalters unbegrenzter Verbrüderung aller mit allen:

»Gleich nach der Wiedereröffnung war die Sorbonne von den Studenten besetzt worden. Nie, weder in meiner Jugend, als ich selbst studierte, noch auch zu Beginn des Jahres 1968, hätte ich mir ein solches Fest vorstellen können. Die rote Fahne wehte über der Kapelle und über den Statuen großer Männer.«

Wenige Wochen später – auch das hat sie in ihrer autobiographischen Bilanz *Alles in allem* in schonungsloser Selbstkritik festgehalten – war es mit der Euphorie vorbei. Die gefeierte Revolution war in offenkundige Kriminalität umgeschlagen, die öffentlich einzugestehen die Autorin im Augenblick des Geschehens jedoch noch nicht imstande war:

»Ein letztes Mal bin ich um den 10. Juni in der Sorbonne gewesen. Ich traf dort Lapassade. Er war ganz aufgeregt. ›Es passieren hier schreckliche Dinge‹, sagte er zu mir. ›Kommen Sie, ich zeige es Ihnen.‹ ›Die Keller seien voller Ratten – das könne zu schweren Epidemien führen‹, sagte er. ›Epidemien gibt es hier nur eine‹, antwortete ein junger Mediziner, ›nämlich Filzläuse.‹ Beide klagten über die allgemeine Verwahrlosung: nachts sei die Sorbonne voller Beatniks, Huren und Clochards. Zu jeder Tageszeit verkauften Rauschgifthändler in den Fluren ihre Drogen: in den großen Hörsälen stank es nach Haschisch und Marihuana ... Die Bürger im ganzen Land, die der Bewegung zunächst sympathisierend oder zumindest nachsichtig gegenübergestanden hatten, waren verängstigt und riefen nach Ordnung. Die Wahlen waren ein eklatanter Erfolg für die Gaullisten. Die Revolution war fehlgeschlagen.«

Östlich parallel zum »Boul Mich« verläuft die Rue Saint-Jacques – es war die alte Römerstraße und ist im Mittelalter, wie ihr Name verrät, ein Stück des langen Pilgerwegs nach Sankt Jakobus von Compostella geworden. Am oberen Ende der langen Straße finden sich noch Reste des alten Pilger-Hospitals. Wie von einer klobigen Festung wird die Rue Saint-Jacques vom Lycée Louis-le-Grand beherrscht, einer der berühmten Eliteschulen des Landes. Im Gegensatz zu Deutschland weist Frankreich ein raffiniert abgestuftes System von Gymnasien von der einfachsten öffentlichen Lehranstalt bis zum exquisiten Internat auf – und zwar seit Jahrhunderten. Dem Gründer Ludwig XIV. verpflichtet, dem nur seine Zeitgenossen den Rang »der Große« (»le Grand«) zuerkannten, ist dort jener kirchliche Orden tätig, der auch die Beichtväter des Sonnenkönigs stellte – darunter der Père Lachaise, der dem größten Pariser Friedhof seinen Namen gab. Noch in den letzten Lebensjahren Ludwigs XIV. hielt dort der Notar-Sohn François Arouet alias Voltaire als frierender Schüler seinen Einzug und entwickelte unter diesen harten Bedingungen seinen besonderen Witz. Sein Biograph Jean Orieux berichtet:

»Nach dem Tod von Madame Arouet blieb François noch drei Jahre bei seinem Vater. Was für dessen Geduld spricht. Sobald François zehn Jahre alt war, wurde er auf das Gymnasium Louis-le-Grand zu den Jesuiten geschickt.

Es gab dort drei verschiedene Arten von Pensionen. Die gewöhnliche kostete vierhundert Livres. Die Schüler schliefen in Schlafsälen und aßen im Refektorium. Die Söhne der vornehmen Adligen hatten Einzelzimmer, einen eigenen Erzieher und einen Kammerdiener. Für François wählte man das mittlere System: die internen Schüler wohnten unter der Aufsicht eines Präfekten zu fünft in einem Zimmer ...«

Ein Dreivierteljahrhundert später – die Große Revolution war nicht mehr fern – züchtete die jesuitische Bildungsanstalt nicht nur gläubige Bürger und loyale Beamte heran, sondern auch zynische Verächter der Kirche und fanatische Mörder des Königs – darunter Georges Jacques Danton, Camille Desmoulins und Maximilien Robespierre. Dieser Freischüler, der seinen kostenlosen Platz seinen glanzvollen schulischen Leistungen verdankte, war für die besondere Ehre ausersehen, König Ludwig XVI. nach seiner Krönung in Notre-Dame eine Lobrede in Versen vorzutragen. Das geschah unter nicht nur meteorologisch miserablen Umständen, wie sie Romain Rolland in seinem Theaterstück *Robespierre* unter Verwendung exakter historischer Daten schildert:

»Die Rue Saint-Jacques, vor dem Portal des Collège Louis-le-Grand. Man sieht die abschüssige Straße und den königlichen Zug, der den Hügel Sainte-Geneviève hinaufklettert. Der junge Robespierre, steif auf die Knie gefallen, auf der Straße, im Regen, vor der Tür der Karosse, in der die Gesichter der königlichen Besucher erscheinen. Im Innern sieht man den König, der gierig ein Hühnerbein ißt, ohne den jungen Mann zu beachten, der, draußen, sein Kompliment herunterleiert. Die Königin gähnt und tauscht mit der Prinzessin Lamballe Scherze aus – diese sitzt der Königin gegenüber und betrachtet den knienden Kollegiaten... Die Karosse entfernt sich, den Kollegiaten mit Straßendreck beschmutzend – er erhebt sich, sein Manuskript in der Hand – (er hat es nicht zu Ende verlesen können) – beschämt und finster.«

Die Rue Saint-Jacques, die alte Straße der Buchdrucker und Buchhändler, ist bis heute auch ein Ort der Literatur geblieben – und wurde selbst zu Literatur. In der unmittelbaren Nachkriegszeit, als eine neue Generation eine neue Nüchternheit erprobte, auch in der Liebe, schrieb Françoise Sagan ihren Bestseller *Ein gewisses Lächeln*. Sie ließ dieses »gewisse Lächeln« des Glücks erstmals in der Rue Saint-Jacques sich ereignen, wobei es sogleich auch seine Eintrübung erfuhr. Bevor die Hauptfigur Dominique die Erfahrung machen muß, daß Liebe sich nicht nur in bürgerlicher Routine vollzieht, sondern das Risiko zu lebensgefährlicher Leidenschaft einschließt, ist sie noch ganz ohne Verletzungen und voll ungewiß-ungestillter Erwartung:

»Wir hatten den Nachmittag in einem Café an der Rue Saint-Jacques verbracht, einen Frühlingsnachmittag wie jeden anderen. Ich langweilte mich ein wenig, nicht übermäßig; ich ging zwischen dem Plattenspieler und dem Fenster hin und her, während Bertrand die Vorlesung von Spire diskutierte. Ich erinnere mich, daß ich einen Augenblick lang am Musikautomaten lehnte und zusah, wie sich die Platte langsam hob, um sich dann schräg und fast zärtlich, wie eine Wange, gegen den Saphir zu legen. Und – ich weiß nicht warum – ein heftiges Gefühl von Glück hatte mich durchdrungen; ein physisches, überwältigendes Bewußtsein, daß ich eines Tages sterben würde, daß meine Hand nicht mehr auf dieser Chromleiste und die Sonne nicht mehr in meinen Augen sein konnte...«

Der Weg entlang der Rue des Écoles vorbei an der Sorbonne und am Collège de France führt dann links über die Rue des Carmes zur Mutualité in jenes traditionsreiche Versammlungsgebäude, wo noch heute gern die Sozialisten sich zu Parteitagen einfinden und wo im Juni 1935 der »I. Internationale Schriftstellerkongreß zur Rettung der Kultur« stattfand. Insgesamt waren 250 Autoren aus 38 Ländern anwesend. Zahlreiche deutsche Schriftsteller protestierten vor der Weltöffentlichkeit gegen die Herrschaft der Nationalsozialisten, die sie aus ihrer Heimat vertrieben hatten. Dort hielt Bertolt Brecht am 21. Juni eine klassisch kommunistische Rede, in der er seine Hoffnung auf eine radikale Änderung der Eigentumsverhältnisse setzte:

»Ich glaube nicht an die Roheit um der Roheit willen. Man muß die Menschen in Schutz nehmen gegen die Beschuldigung, sie wären auch roh, wenn dies nicht ein so gutes Geschäft wäre; es ist eine geistreiche Umbiegung meines Freundes Feuchtwanger, wenn er sagt: Gemeinheit geht vor Eigennutz, aber er hat nicht recht. Die Roheit kommt nicht von der Roheit, sondern von den Geschäften, die ohne sie nicht mehr gemacht werden können ...

Diejenigen unserer Freunde, welche über die Grausamkeiten des Faschismus ebenso entsetzt sind wie wir, aber die Eigentumsverhältnisse aufrechterhalten wollen oder gegen ihre Aufrechterhaltung sich gleichgültig verhalten, können den Kampf gegen die so sehr überhandnehmende Barbarei nicht kräftig und nicht lang genug führen ...

Kameraden, sprechen wir von den Eigentumsverhältnissen!

Das wollte ich zum Kampf gegen die Barbarei sagen, damit es auch hier gesagt sei oder damit auch ich es gesagt habe.«

Heinrich Mann, der schon seit langem sich Frankreich sehr nahe fühlte und im selben Jahr den ersten Teil seines großen Romans *Henri Quatre* als programmatische Aufforderung zur Toleranz veröffentlichte, plädierte dagegen für die Freiheit des Denkens und die des Gewissens – jenseits aller ideologischen Doktrin:

»Es ist recht merkwürdig, daß im Jahre 1935 eine Schriftsteller-Versammlung nach der Freiheit des Denkens verlangt: denn schließlich, das geht hier vor. Im Jahre 1535 wäre es neu gewesen. Die Eroberung des individuellen Denkens, damit fängt die moderne Welt an – die jetzt der Auflösung nahe scheint. Dadurch wird wieder alles in Frage gestellt, sogar was ganze Jahrhunderte lang erledigt gewesen war. Die Gewissensfreiheit, so viele Geschlechter haben um sie gekämpft, und jetzt ist sie nicht mehr sicher. Das Denken selbst ist gefährdet, und doch ist der Gedanke der Schöpfer der Welt, in der wir noch leben ...«

Die Place de la Mutualité – daran erinnert Wolfgang Koeppen – war »einmal ein Stadtdschungel, ein Räubernest, Totschläger-, Vaganten-, Bettler-Reduit, auch der unheimlich-heilige Ort, wo die Sorbonne ihre Nonkonformisten verbrannte, sehr unmenschlich, sehr selbstgerecht und in einem verblüffend festen Glauben an Gottes Beifall.« Seit langem war es also auch ein Ort der verfolgten Freiheit des Geistes, und als fünf Jahre später die deutschen Truppen zur Eroberung von Paris ansetzten, wich ein anderer freier Geist aus – der amerikanische Schriftsteller Julien Green, der sogar seine Romane in französischer Sprache schrieb und es bis zum Mitglied der Académie française brachte. Er nahm Abschied auf Zeit von Paris, indem er der kleinen alten Kirche Saint-Julien-le-Pauvre einen letzten Besuch machte – sie liegt nur wenige Schritte durch die Rue Lagrange entfernt.

Der tiefgläubige Katholik war keineswegs so arm wie der Kirchenheilige, vielmehr überaus vermögend, aber er teilte wenigstens mit ihm den Vornamen:

»In der flammenden Sommerhitze lohnt es sich, die etwas aus den Fugen geratene Tür zu den Schätzen der Frische zu öffnen. Ich trete ein und verhalte mich reglos. Hier ist die laute Stimme von Paris nur noch ein Flüstern, das sich in der großen Stille dieser kleinen Kirche verliert. Die stämmigen Pfeiler schimmern rosa im Nachmittagssonnenlicht, das durch die weißen, mit blauen Karos eingelegten Scheiben der schmalen Fenster dringt. Sie stützen das romanische Gewölbe, unter dem der Gedanke wie ein Vogel unter dem Geäst eines Waldes fliegt; sie sind so stark und so ruhig, daß man meinen könnte, sie erwarteten das jüngste Gericht in einer Andacht ...«

Nun ist das Ufer der Seine erreicht und auch das Reich der Bouquinisten, deren grüne Holzkästen sich beim geringsten Sonnenstrahl eiligst öffnen. »Trouvailles« wie eine Erstausgabe von Louis-Ferdinand Céline oder Paul Valéry lassen sich hier gewiß nicht mehr machen, aber es ist unerläßlich, wenigstens einmal im Leben die lange Reihe der Bouquinisten-Auslagen vom Pont Sully bis zum Pont Royal durchstöbert zu haben, um zu erfahren, wie selbstverständlich und unmittelbar Bücher ins tägliche Umfeld der Franzosen gehören. Diese heitere, lichtdurchflutete Szenerie mit der Seine im Hintergrund ließ Rilke auch seinen Malte empfinden – ein Stück erfülltes Leben für diese von Selbstzweifeln gequälte Autorenexistenz:

» ... Da sind Tage, wo alles um einen licht ist, leicht, kaum angegeben in der hellen Luft und doch deutlich ... Die Bouquinisten am Quai tun ihre Kästen auf, und das frische oder vernutzte Gelb der Bücher, das violette Braun der Bände, das

Die Schimären von Notre-Dame wachen über Paris

größere Grün einer Mappe: alles stimmt, gilt, nimmt teil und bildet eine Vollzähligkeit, in der nichts fehlt.«

Noch bevor der Pont au Double überquert ist – er trägt diesen Namen, weil einst dort für den Hin- und Rückweg ein doppelter Brückenzoll entrichtet werden mußte –, liegt sie in majestätischer Breite im Blickfeld: die Kathedrale Notre-Dame. Bevor sie im glanzvollen Licht von Victor Hugos Roman *Der Glöckner von Notre-Dame* erstrahlt, hier noch schnell das mißvergnügte Urteil zweier deutscher Dichter. Da ist zunächst Friedrich Hebbel, der sich einer wenig lobenden Tier-Metapher bedient:

Notre Dame de Paris

Mittelalterlich, ja! Wie eine verspätete Krähe
Nimmt die Kirche sich aus in dem modernen Paris.
Regen und Schnee sind verschwunden,
Und Frühling ist es geworden,
Blind nun stiert sie hinein in den erblühenden Mai.

Auch Theodor Fontane ließ sich von dem gotischen Monument nicht sonderlich faszinieren:

»Die Vorderfront majestätisch und voller Besonderheiten; im Übrigen aber weder durch Schönheit noch Ausdehnung hervorragend.«

Dagegen ist der französische Schriftsteller Victor Hugo nicht nur ein grenzenloser Bewunderer von Notre-Dame gewesen, sondern auch ihr verdienstvoller Bewahrer, wenn nicht gar Retter. Die Revolutionäre von 1789 hatten für dieses religiöse Relikt der feudalistischen Epoche nur noch eine höchst profane Verwendung gefunden – als Weindepot. Robespierre bewahrte die Kathedrale wenigstens vor dem

Abriß und weihte nach der Plünderung der Innenausstattung den Altar dem Kult seiner »Göttin der Vernunft«. Im übrigen war der gewaltige Bau der Verwahrlosung und Verwüstung preisgegeben. Hugos umfangreicher Roman von 1831 war deshalb ein nationaler Appell zur Rettung und Restaurierung des mittelalterlichen Monumentalbaus, und so beginnt das Dritte Buch des Romans mit einer furiosen literarischen Anbetung des Gebäudes. Es versteht sich, daß Hugo es nicht wagt, den Männern der Großen Revolution einen Vorwurf zu machen, er gesteht ihnen sogar zu, »wenigstens mit Unparteiischkeit und Großartigkeit verheert« zu haben. Vielmehr schiebt er die Schuld an den Verschandelungen der »Heerschar der patentierten, geschworenen und zukünftigen Schularchitekten« zu – ohne allerdings einen einzigen Namen zu nennen. Doch die steinernen Köpfe der Könige von Juda – siehe S. 30 f. – künden von der historischen Wahrheit, die der literarischen Kreativität ja nicht selten im Weg ist. Der Anfang des großen Plädoyers für die Kathedrale Notre-Dame vor ihrer Restaurierung durch Violet-le-Duc lautet wie folgt:

Drittes Buch · I. Notre-Dame

Notre-Dame ist gewiß auch heute noch ein majestätisches, erhabenes Bauwerk. Aber hat es sich auch im Altern schön erhalten, so ist es doch schwer, die Entrüstung über die unzähligen Verstümmelungen und Beschädigungen zu unterdrücken, die Zeit und Menschen einmütig an diesem ehrwürdigen Gebäude verübt haben, ohne Scheu vor Karl dem Großen, der den Grundstein legte, oder Philipp August, der den Schlußstein einfügte.

Am Angesicht dieser alten Königin unserer Dome wird

man neben einer Runzel immer eine Wunde finden. Tempus edax, homo edacior. Diese Worte möchte ich gern also übersetzen: die Zeit ist blind, der Mensch ist dumm.

Hätten wir die Muße, zusammen mit dem Leser die verschiedenen, der altertümlichen Kirche aufgedrückten Zerstörungsspuren eine nach der anderen zu prüfen, so würde auf die Zeit der geringere, auf den Anteil der Menschheit, besonders der künstlerischen Menschheit, der schlimmere kommen. Ich muß schon von ›künstlerischer Menschheit‹ sprechen, da es in den letzten beiden Jahrhunderten ja Individuen gegeben hat, welche die Bezeichnung ›Architekt‹ für sich in Anspruch genommen haben.

Lassen wir das melodramatische Monstrum wenigstens in seinen zwei Hauptgestalten noch einmal aufleben. Hier der Auftritt des buckligen Krüppels Quasimodo, der mit der Kathedrale zu einer Unio mystica verschmolzen wird:

»Quasimodo war also Glöckner von Notre-Dame. Mit der Zeit hatte sich ein inniges, mir selbst und anderen unerklärliches Band zwischen dem Glöckner und seiner Kirche geknüpft.... Man könnte fast sagen, daß er von dem Gebäude die Gestalt genommen hatte, wie die Schnecke die Gestalt ihrer Schale annimmt. Es war seine Wohnung, sein Loch, seine Hülle. Zwischen der alten Kirche und ihm bestand eine instinktive, so tiefe Sympathie, bestanden so viel stoffliche Wahlverwandtschaften, daß er in gewisser Weise an der Kirche, wie eine Schildkröte an ihrem Panzer, klebte. Die mit Runzeln und Furchen bedeckte Kathedrale war sein Rückenschild.«

Esmeralda, das Sinnbild jugendlicher Unschuld und entfesselter Schönheit im Tanz, läßt Hugo auf dem Grève-Platz ihren geradezu göttlichen Glanz entfalten, wo sie später – es war schließlich die Pariser Hinrichtungsstätte nahe des Rathauses seit Jahrhunderten – allerdings auch verbrannt wird. Doch hier ihr erster glorioser Auftritt:

»Auf einem zwischen der Menge und dem Feuer freigelassenen großen Raum tanzte ein junges Mädchen. Ob dieses junge Mädchen ein menschliches Wesen, oder eine Fee, oder ein Engel war. ... Sie tanzte, drehte sich im Kreise und im Wirbel auf einem alten persischen Teppich, der nachlässig unter ihre Füße gelegt war; und jedesmal, wenn bei einer Drehung ihre strahlende Gestalt vorüberglitt, sprühten ihre großen schwarzen Augen einen Blitz. Alle Blicke rings um sie waren starr, ein jeglicher Mund stand offen, und wahrlich, während sie so tanzte, beim Summen der Kastagnetten, die ihre beiden runden und bloßen Arme hoch über dem Kopf hielten, zierlich, schmächtig und beweglich wie eine Wespe, mit ihrem faltenlosen goldenen Leibchen, ihrem scheckigen, bauschigen Kleide, mit den nackten Schultern, den zierlichen, von dem Rocke auf Augenblicke aufgedeckten Beinchen, den schwarzen Haaren, den Flammenaugen: wahrlich! da war sie ein überirdisches Wesen!«

Nun, dieses Werk Victor Hugos ist bis heute sein berühmtestes – seit es 1831 die Gefühle der zeitgenössischen Kleinbürger in Wallung brachte und in rührseligen Filmen und Musicals verewigt wurde. Daran vermochte auch Heinrich Heines Hinweis nichts zu ändern, daß nicht nur »in seinen Romanen und Dramen die Haupthelden mit einem Höcker belastet sind, sondern daß er selbst im Geiste höckericht ist«. Goethe hat noch im Jahr vor seinem Tode das Werk als »das abscheulichste Buch, das je geschrieben worden!« bezeichnet.

Jardin des Plantes, Luxembourg und Odéon

Jardin des Plantes

Rue Linné

Arènes de Lutèce

Rue Rollin

Place de la Contrescarpe

Rue Descartes

Rue Clovis

Panthéon

Rue d'Ulm

Rue de l'Abbé de l'Épée

Jardin du Luxembourg

Rue de Vaugirard

Théâtre de l'Odéon

Rue de l'Odéon

Carrefour de l'Odéon

Rue de Tournon

Rue de Fleurus

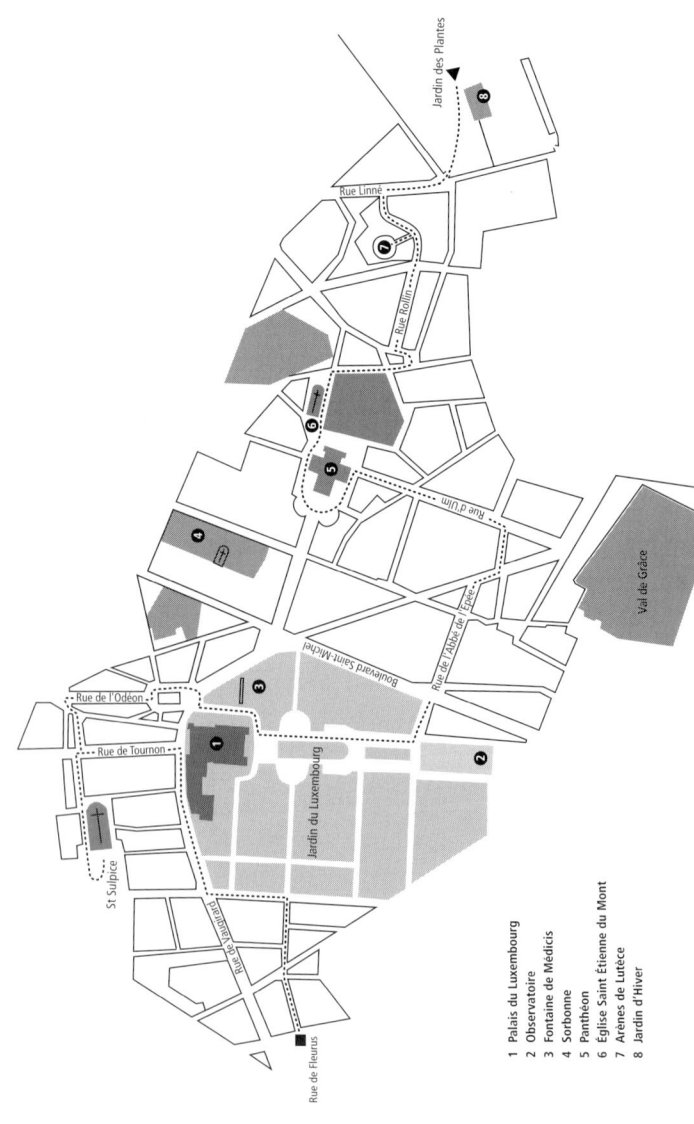

Hier sind Pflanzen und Tiere vereint, und manches läßt sich über ihre Geschichte erfahren – im Jardin des Plantes. Die Seine im Rücken, laden die geraden Alleen aus Platanen und Blumenrabatten den Besucher ein, auf das »Musée National d'Histoire Naturelle« zuzuwandeln, wo die Dinosaurier warten. Aber im Frühling hemmt das Meer von Blumen den Schritt, deren streng geordnete Pracht es zu bewundern und deren botanische Namen es zu klassifizieren gilt. Hier suchte der Meister der *Subtilen Jagden* während der deutschen Besatzungszeit in Paris Zuflucht vor der bedrückenden Tagesaktualität. Ernst Jünger beobachtete im Jardin des Plantes Katzen in ihrer animalisch sicheren Ruhe und exotische Pflanzen im Prozeß ihres Aufblühens, der nur dem Rhythmus der Sonne folgt:

»Jardin des Plantes. Ein Judenbaum in reichem Flor. Die Blüten waren zum Teil dem Stamm entsprossen, und zwar derart, daß sie in dichten Klumpen gleich Korallenstöcken oder Trauben von rosa Bienen weithin leuchteten.

Die großen schwarzen oder bernsteinfarbigen Katzen, die man in den Fenstern der Läden schlummern sieht. Dann die Paulownien, die noch ohne Blätter in Alleen oder großen Gruppen auf den Plätzen blühen. Ihr zarter violetter Schleier verzaubert den silbergrauen Stein. Amethyste auf Elefantenhaut.«

Dort, wo der »Pflanzengarten« sich nördlich zur Menagerie erweitert, hat vor Ernst Jünger Rilke sich jener größeren Katze zugewandt, deren Bewegungsraum der Mensch zwar gewaltsam begrenzen, die jedoch ihren Traum, die verlorene Freiheit in der Weite der Natur wiederzufinden, nicht aufgeben kann. In jedem Zoo der Welt hätte der deutsche Dichter sein lyrisches Bild vom Verlangen des Tieres wie des Menschen, sein Gefängnis zu verlassen, finden können, doch geschah es eben in diesem französischen:

Der Panther
Im Jardin des Plantes, Paris

> Sein Blick ist vom Vorübergehn der Stäbe
> so müd geworden, daß er nichts mehr hält.
> Ihm ist, als ob es tausend Stäbe gäbe
> und hinter tausend Stäben keine Welt.
>
> Der weiche Gang geschmeidig starker Schritte,
> der sich im allerkleinsten Kreise dreht,
> ist wie ein Tanz von Kraft um eine Mitte,
> in der betäubt ein großer Wille steht.
>
> Nur manchmal schiebt der Vorhang der Pupille
> sich lautlos auf –. Dann geht ein Bild hinein,
> geht durch der Glieder angespannte Stille –
> und hört im Herzen auf zu sein.

Es sind nur wenige Schritte entlang der Rue Linné, benannt nach dem schwedischen Naturforscher und Botaniker, der so viel für die wissenschaftliche Klassifizierung der Pflanzen getan hat, um links in die Rue des Arènes einzubiegen und dort jenes Amphitheater zu erreichen, wo die Römer mit Tigern und anderen Tieren ihr grausames Spiel trieben. Das Rund des alten Kampfplatzes ist von Schichten späterer Zivilisation befreit, und heute spielen dort Jugendliche aus exotischen Ländern harmlosen Fußball. Samuel Beckett ist

Das Panthéon; im Vordergrund »Faune dansant« von Eugène Lequesne im Jardin du Luxembourg

dort in der antiken Arena von Lutetia nur einem kleinen grünen Hund und sich selbst begegnet, als er über die Steintreppe stieg. Es geschah in dem Gedicht »Arènes de Lutèce« in surrealistischer Szenerie.

Nach dem Überqueren der Rue Monge, die ihren Namen dem großen Mathematiker Gaspard Monge verdankt (er erfand die beschreibende Geometrie und wurde von Napoléon samt weiteren 200 Wissenschaftlern mit auf seine Ägypten-Expedition genommen, denn es sollte schließlich auch die Wissenschaft neue Erkenntnisse erobern), ist es nur ein kurzer Gang durch die Rue Rollin, um die rechteckige Place de la Contrescarpe zu erreichen. Dort endet die Rue Descartes, die sich von der Universität desselben Namens emporwindet, und es beginnt die Rue Mouffetard, die sich wochentags in einen bunten Naturalienmarkt von fast orientalischer Fülle verwandelt. Dieses einstige Zentrum von Scholaren aus aller Welt war lange der Treffpunkt freiwillig exilierter Fremder, die hier ihre Freiheit bis zur Frivolität auslebten. Auch Alkohol hatte daran seinen nicht geringen Anteil. Ernest Hemingway wohnte in den zwanziger Jahren im Haus Nr. 74 in der Rue Cardinal-Lemoine, die ebenfalls an der Place de la Contrescarpe endet. Weder das schlechte Wetter noch die wenig appetitlichen Gerüche haben sein *Fest fürs Leben* negativ beeinflußt, im Gegenteil, dieser Gegensatz war die Verführung:

»Dann war das schlechte Wetter da. Wenn der Herbst vorbei war, war es eines Tages plötzlich da. Nachts mußten wir die Fenster wegen des Regens schließen, und der kalte Wind blies die Blätter von den Bäumen der Place Contrescarpe. Die Blätter lagen durchweicht im Regen, und der Wind trieb den Regen gegen den großen grünen Autobus an der Endstation, und das ›Café des Amateurs‹ war gedrängt voll, und von der Hitze und dem Rauch drinnen beschlugen die Fenster. Es war ein trauriges, schlechtgeführtes Café, in dem sich die Säufer des Viertels zusammenfanden, und ich hielt mich wegen des Geruchs von schmutzigen Körpern und dem säuerlichen Geruch von Betrunkenheit von ihm fern ...

Das ›Café des Amateurs‹ war die Kloake der Rue Mouffetard, jener wundervollen, engen, wimmelnden Marktstraße, die zur Place de la Contrescarpe führt. Die Hockklosetts der alten Mietshäuser, eines auf jedem Stockwerk neben der Treppe, mit den zwei durch Querleisten verstärkten, schuhförmigen Erhöhungen zu jeder Seite der Öffnung, damit die ›locataire‹ nicht ausrutschen würde, entleerten sich in Kloaken, die nachts durch Pumpen in von Pferden gezogene Tankwagen entleert wurden. Zur Sommerzeit pflegten wir, wenn alle Fenster offenstanden, das Pumpen zu hören, und der Geruch war sehr stark. Die Tankwagen waren braun und safranfarben gestrichen, und wenn sie in der Rue Cardinal-Lemoine arbeiteten, sahen die von Pferden gezogenen, beräderten Zylinder im Mondlicht wie Bilder von Braque aus. Niemand jedoch entleerte das ›Café des Amateurs‹, und der vergilbte Anschlag, auf dem die Bestimmungen und gesetzlichen Strafen für Trunkenheit in der Öffentlichkeit verzeichnet waren, war genauso fliegenbesudelt und unbeachtet, wie die Kundschaft gleichbleibend und übelriechend war.«

Die Rue Descartes abwärts bis zur Rue Clovis, die linker Hand abbiegt, liegt ebenfalls zur Linken der große Block des Lycée Henri IV., und der massive Bau begleitet auch die Rue Clovis, bis sie die Place du Panthéon erreicht. Dort, wo diese Straße sich zum Platz öffnet, steht die Kirche Saint Etienne du Mont mit dem Reliquienschrein der heiligen Genoveva (»Sainte Geneviève«), die im Jahre 451 die Stadt vor den

Hunnen rettete. So wie Paris am Ausgang der Antike von einer Frau gerettet wurde, so war es auch am Ausgang des Mittelalters eine Frau, die ganz Frankreich rettete – Jeanne d'Arc. Frauen wurden im Panthéon, dem Ruhmestempel der französischen Nation, erst in der jüngeren Vergangenheit aufgenommen. So war Marie Curie 1995 die erste Frau, deren Sarg wegen ihrer Verdienste feierlich dorthin überführt wurde, obgleich oder gar weil sie als Fremde und unter ihrem polnischen Namen Maria Sklodowska nach Frankreich gekommen war. Doch es gab schon seit 1907 eine Frauenleiche in den unterirdischen Totenkammern – Madame Berthelot hatte dort nicht wegen eigener Verdienste Einzug gehalten, vielmehr wegen der grenzenlosen Liebe zu ihrem Gemahl, dem Chemiker Marcelin Berthelot, mit dem sie am selben Tag, dem 18. März, und zur selben Stunde auch den Tod geteilt hatte.

Als der große Kuppelbau des Architekten Germain Soufflot erst von wenigen Toten bewohnt wurde – neben zahlreichen Generalen Napoléons auch Soufflot selbst, der sich aus Angst um die Stabilität der überdimensionierten Kuppel in den Tod gestürzt hatte – hat Franz Grillparzer 1836 den Bau besichtigt und sogar bestiegen:

»Bin heute (...) in der Stadt herumgeschlendert. Pantheon. Prachtvolles Gebäude, wunderlicherweise ganz leer. In den Souterrains höchst widerlich die Sarkophage einiger grands hommes aufgeschichtet, die niemand kennt. Ich dachte mir die Monumente in der Kirche selbst. Rousseaus erstes Grabmal. Voltaires Bildsäule. Charakteristisch liegt der eine und der andere steht. Die Kuppel bestiegen. Unangenehme Empfindung beim Emporsteigen. Seit mich vor Jahren auf dem Tischberge bei Gastein der Schwindel so heftig ergriff, machen alle Höhen mir einen beängstigenden

Eindruck. Ungeheure Aussicht, doch sollte man eigentlich gar nie die Grenzen eines großen Gegenstandes zu sehen begehren. Paris ist größer, wenn man seine endlosen Gassen durchwandert, als wenn man die Massen Stein und Kalk vom Pantheon aus überschaut.«

Um Entstehung und Bestimmung des Baus, den eine Säulentorte in der Höhe krönt – eine architektonische Konzeption, die bis nach Amerika ausstrahlte, wo das Panthéon im Kongreßgebäude von Washington seine Kopie fand –, rankte sich lange Ungewißheit. Ludwig XV. mußte den gewaltigen Steinkoloß unter dem Titel Église Sainte Geneviève der Kirche versprechen, die ihn in Metz, als er 1744 auf den Tod erkrankte, zu dieser großen Donation zwang, um sein Seelenheil zu retten. Aber nicht klar ist bis heute die ursprüngliche Funktion des Baus: Sühnekirche eines sündigen Königs, den erst die Drohung der Kirche von seiner Mätresse Madame de Châteauroux trennte, oder Grabeskirche der Bourbonen, die dort unabhängig von der Kathedrale in Saint-Denis mit den Kapetingern bis zu den Valois ihre eigene letzte Ruhestätte finden wollten?

Diesen Fragen bereiteten die Revolutionäre von 1789 ein gewaltsames Ende, indem sie in Anlehnung an das römische Vorbild im Giebel vermerkten: »Aux Grands Hommes. La Patrie Reconnaissante« (»Den großen Menschen. Das dankbare Vaterland«). Es war eine konsequente Säkularisierung, denn nicht Götter sollten dort einziehen, sondern Menschen, deren Verdienste ihnen einen gottähnlichen Rang und Ruhm beschert hatten. Wolfgang Koeppen hat sich denn auch nicht lange bei der Vielzahl der Toten aufgehalten, sondern sich bald dem bunten Leben des Panthéon-Platzes zugewandt:

»Der Prachtbau, den Ludwig XV. während einer schweren Krankheit der heiligen Genoveva versprochen hatte, ist noch immer das Panthéon, der weltliche Ruhmestempel, in dem mancher begraben liegt, der nach der Ansicht der strengen Dogmatiker hinter den Zäunen verscharrt sein müßte. In der Krypta finden wir in dämmrig weihevollem Licht Rousseau, Voltaire, Hugo, Zola und den ermordeten Menschenfreund, der den ersten der Weltkriege verhindern wollte, Jean Jaurès, alle dem Volke lieb, alle der Gerechtigkeit, der Freiheit, dem Menschenglück, aber nicht immer dem Papst und den Bischöfen verschworen, und draußen auf dem quadratischen Platz um den Kuppelbau herum treffen sich die beflissenen Studierenden der juristischen Fakultät der Sorbonne mit den Clochards, die hier die Sonne lieben.«

Mit den gleich am Eingang in diese Unterwelt wartenden Särgen hat es seine überraschende Bewandtnis. Jean-Jacques Rousseau und Voltaire, den beiden »Vätern« der Revolution, die im Leben eine solide Feindschaft verband, ist im Tode gemeinsam, daß sich in ihren Särgen ihre Leichname fast sicher nicht mehr befinden. Im Jahre 1897 zeigte man sich gewillt, den Zweifeln ein Ende zu bereiten, wozu sogar die Photographie herangezogen wurde. Doch wahrscheinlich hatten die Reaktionäre der Restauration sogar an den Toten Rache genommen und ihre Reste bei Bercy in ungelöschtem Kalk versenkt. Denn die geöffneten Särge wiesen eine so peinliche Leere auf, daß die Aufnahmen kunstvoll verdunkelt wurden, um wenigstens den noblen Nebel des Ungewissen über der Ruhmesstätte zu erhalten und den Besucherstrom nicht abrupt abreißen zu lassen. So konnte noch im Jahre 1981 der soeben gewählte Staatspräsident François Mitterrand mit der Rose der Sozialisten in der Hand einsam – bis auf das begleitende Fernsehen natürlich –

in dem auratischen Gewölbe der Spur des Ruhms auf der Suche nach der eigenen Größe folgen, die ihn jedoch bisher nicht hat ins Panthéon einziehen lassen. Dort haben jedoch einige der großen Autoren Frankreichs Aufnahme gefunden – natürlich Victor Hugo gleich bei seinem Tod, Émile Zola schon 1908 sechs Jahre nach seinem Ableben, André Malraux mußte zwanzig Jahre bis 1996 warten, und Alexandre Dumas père ist erst im Jahr 2002 dort eingezogen – im 200. Jahr seiner Geburt.

Zugleich ist das Panthéon von Gustave Flaubert bis Michel Butor Schauplatz der Literatur geworden. So läßt etwa Michel Butor eine Figur seines Romans *Paris – Rom oder Die Modifikation* exakt in dem Haus »15, place du Panthéon« wohnen:

»Die Place du Panthéon war, wie immer um diese Stunde, fast ausgestorben, doch sonst bist du um diese Zeit meistens schon zu Hause, da du mit deinem Wagen fährst, der sich aber am Montagabend noch in der Garage in der Rue de l'Estrapade befand, wohin du ihn gestern abend zurückgebracht hast; die dunkle Masse des Panthéon mit seiner unsichtbaren Kuppel lastete über dem Platz, dessen Überquerung dir unendlich lang vorkam, die Scheinwerfer eines Autos, das im Regen um die Ecke bog, bestrahlten einen Augenblick lang die Statue Jean-Jacques Rousseaus.«

Übrigens wohnte seit 1918 im nahe gelegenen Hotel »Des Grands Hommes« André Breton, der das Hotel sogar in seinem Prosatext *Nadja* erwähnt. 1919 versammelten sich dort Breton, Éluard und Aragon, um gemeinsam den Roman *Ancinet oder das Panorama* zu lesen. Einer ähnlichen Zusammenkunft hat Klaus Mann beigewohnt, der das Atelier Bretons bis in die Details genau beschreibt:

»Das Atelier mit den phantastischen Bildern, Negerschnitzereien, Balifiguren gehört André Breton. Der Intensive und Wortgewandte, der, in den Taschen die Hände, mit der Eitelkeit eines prachtvollen Vogels den edlen kleinen Kopf drehend und wendend, im Zimmer spazierengeht, ist Louis Aragon. Stiller sitzt Paul Éluard, den man, mit magerem und empfindlichem braunen Gesicht, blondem Haar, schmaler Nase zugleich nachlässiger und feierlicher Haltung, eher für einen verfeinerten Engländer hielte. Hinter seinem Stuhl René Crevel mit einem Gesicht von beunruhigender Kindlichkeit; unter einer mitgenommenen und reinen Stirn die unglaublichsten Augen, die seit Rimbaud diese mysteriöse Welt angeschaut haben. Während die Männer sprechen und sich erregen, scheinen die nachdenklichen, geschminkten Frauen bei ganz anderen Dingen zu sein, etwa damit beschäftigt, das langhaarige graue Hundetier zu streicheln, das zwischen den Traumlandschaften von Max Ernst spazierengeht. Wenn sie aber eine gedämpfte und kluge Bemerkung in die Konversation werfen, merkt man, daß sie in aller Stille durchaus teilgenommen haben.

Worum es in dem Gespräch geht, ist nebensächlich, es kann sich um eine neu zu gründende Zeitschrift oder um den geplanten Überfall auf einen mißliebigen Kritiker handeln. Was beeindruckt, ist dieses gemeinsam aufgebrachte Pathos, Erregtheit und Leidenschaft einer Gruppe, und zwar einer Gruppe höchst differenzierter, also ihrer Anlage nach zur Einsamkeit neigender Menschen.

Ihre Gemeinsamkeit ist so bewußt, so prinzipiell, so sehr beschlossene Sache, daß sie sich sogar in Schlagworten ausdrücken kann. Als Ehrennamen geben sie sich am liebsten die, mit denen man sie beschimpft hat, was die sicherste Methode von jeher war, Schmähungen unschädlich zu machen.«

Rechts neben dem Panthéon endet die Rue d'Ulm, in der sich ein weiteres, vielleicht *das* Bildungsinstitut Frankreichs befindet – die École Normale Supérieure. Am 8. Brumaire (30. Oktober) des Jahres 1794 vom Convent gegründet, ist sie die Aufzuchtstätte der geistigen Elite des Landes – allerdings nach den Kriterien reiner Rationalität. Zu ihren Absolventen zählen der Philosoph Henri Bergson, die Schriftsteller Jean Giraudoux und Romain Rolland, der Politiker Georges Pompidou und der afrikanische Schriftsteller-Politiker Léopold Sédar Senghor. Die strengen Prüfungen haben schon früh für den aristokratischen Hochmut ihrer Studenten gesorgt, auch und gerade wenn sie sich scheinbar mühelos mit dem Volk verbanden. Jean-Paul Sartre, einer der berühmtesten Absolventen des Instituts, hat diesen Mechanismus der Eliteentrückung einschließlich sozialer Bevorzugung und Arroganz sogar offengelegt, als er die Studentenrevolte von 1968 kommentierte:

»Ein Normalien erinnert sich. Nehmen wir die Studenten: Schließlich haben sie ja die Bewegung ins Rollen gebracht... Doch wir waren wenige, und wir hielten uns leider Gottes für eine Elite. Wir waren fünfundzwanzig an der École Normale – ein Jahrgang –, wir hatten eine wundervolle Bibliothek, Buden zum Arbeiten, Räume zum Schlafen, etwas Taschengeld, um uns zu amüsieren. Wir hielten die Bücher für besser als die Vorlesungen – das war auch richtig –, und das bekundeten wir einfach dadurch, daß wir nicht zu den Vorlesungen gingen. In die Sorbonne bin ich ein einziges Mal gegangen, als rechte Studenten beschlossen, die Vorlesungen eines Professors zu boykottieren, dessen Ideen ihnen nicht gefielen. An jenem Tag sind wir alle von der École Normale, die wir sonst nie einen Fuß dorthin setzten, weil das unter unserer Würde war, in die Sorbonne geströmt.

Bei uns gab es noch keine überfüllten Vorlesungen, denn wir waren nur wenige. Man arbeitete mit ausgezeichneten Hilfsmitteln, war unter sich. Ich habe mich auf die *Agrégation* zusammen mit Nizan, Maheu – der jetzt bei der UNESCO ist –, Aron und Simone de Beauvoir vorbereitet. Man konnte mit den Professoren diskutieren, und es gab ständig Auseinandersetzungen, aber all das geschah in einer Atmosphäre aristokratischer Muße.«

Mochten dort in aller Regel Professoren und Studenten in ihrem Elitebewußtsein vereint sein, ein Dozent hat sich nur mühsam durch das teure Pariser Leben geschlagen, bis ihm 1969 der Nobelpreis für Literatur zuerkannt wurde – der Ire Samuel Beckett. Trotz seiner bedrängten Verhältnisse war er zu kostenlosen Diensten gegenüber seinem Landsmann James Joyce bereit, der nicht nur ein großer Schriftsteller war, sondern auch eine extreme Begabung besaß, andere Menschen für sich arbeiten zu lassen, was die Amerikanerin Mary Ellen Jordan Haight offen ausgesprochen hat:

»Wenn Sie Ende der zwanziger Jahre in den frühen Abendstunden an den Mauern dieser renommierten Schule, an der viele Größen der literarischen Welt studiert haben, vorbeigegangen wären, hätten Sie den jungen Samuel Beckett hören können, wie er zur Unterhaltung der Studenten auf seiner Flöte melancholische Weisen spielte. Da er nur einen Studenten zu unterrichten hatte, brauchte er erst am späten Vormittag aufzustehen. Er verabredete sich mit ihm im Dôme, und zusammen lasen sie dort Shakespeare.

Beckett war 1928 als Graduate des Trinity College in Dublin nach Paris gekommen, um an der École für zwei Jahre als Dozent für Englisch zu arbeiten. Der hochgewachsene, magere junge Ire mit den dicken Brillengläsern hatte James Joyce' *Ulysses* gelesen und war nun dankbar für die

Gelegenheit, in Paris Joyce – ohne Bezahlung – vorlesen und Besorgungen für ihn erledigen und so dem Landsmann seine Bewunderung ausdrücken zu können.«

Heute hat die École Normale Supérieure solche Ausmaße erreicht, daß sich ihre Gebäude entlang der Rue d'Ulm zu beiden Seiten der links einbiegenden Rue Erasme ausbreiten. Übrigens hat auch der Fürst der Humanisten, Erasmus von Rotterdam, in diesem Pariser Quartier ein sehr dürftiges Dasein gefristet, als er im Jahre 1497 als armer Student im Collège Montaigu Quartier beziehen mußte. Später hat er in dem Gespräch *Das Fischessen* in der Figur des »Fischhändlers«, hinter der er sich kaum verborgen hält, Anklage erhoben:

»In diesem Kolleg hatte damals Johannes Standoneus die Leitung, ein Mann, dem man nicht Mangel an gutem Willen vorwerfen konnte, der aber jede Einsicht vermissen ließ. Daß er nämlich, eingedenk der Jugend, die er selbst in größter Armut verbracht hatte, sich den Armen annahm, ist völlig zu billigen. Und wenn er die Bedürftigkeit der jungen Leute so weit beseitigt hätte, daß ihnen die nötigen Mittel zu einem ordentlichen Studium zur Verfügung gestanden wären, nicht Überfluß zu einem ausschweifenden Leben, so hätte er Lob verdient. Aber daß er an die Sache mit einer so harten Liegestatt heranging, mit so rauher und so magerer Kost, mit so schweren Nachtwachen und Arbeiten, daß er beim ersten Versuch innerhalb eines Jahres viele junge Leute mit glücklicher Begabung, die sehr viel versprachen, teils in den Tod trieb, teils in die Blindheit, teils in den Wahnsinn – etliche erkrankten auch am Aussatz, einige davon habe ich selbst gekannt, unter allen gab es jedenfalls keinen einzigen, der nicht gefährdet war –, wer würde nicht einsehen, daß das Grausamkeit gegenüber dem Nächsten war!«

Rechts biegt die schmale Rue L. Thuillier ab, und nach Überqueren der breiten Rue Gay Lussac windet sich die Rue de l'Abbé de l'Épée bereits in Richtung Jardin du Luxembourg. Hier befand sich im Haus Nr. 3 ein Gasthof, in dem sie Ruhe nach ihren wilden Ausflügen in die turbulente Stadt oder bei der literarischen Fixierung ihrer weit ausschweifenden Ideen fanden – die deutschen Schriftsteller Stefan George und Rainer Maria Rilke, aber auch der Däne Herman Bang und der Schwede August Strindberg. Heute ist der ruhig-preiswerte Gasthof von einst ein verschwiegen elegantes Luxushotel mit dem Namen »Relais St.-Jacques« geworden, dessen Übernachtungspreis mühelos zweihundert Euro übersteigt und das heute nicht mehr für zwangsläufig sparsame Dichter, sondern für finanzkräftige Amerikaner bereitsteht. Max Dauthendey hat die einladende Atmosphäre des einstigen Refugiums festgehalten:

»In dem ruhigen Gasthof stiegen meistens ausländische Künstler ab und einige ältere französische Studenten, die Prüfungsarbeiten machten. Zur Frühstücks- und Abendessensstunde sah man kluge, ernste, gedankenvolle Köpfe in dem schmalen Eß-Saal. Dieser Saal war schmal wie ein Hausflur. Durch die Verglasung seiner einen Längsseite sah man in den kleinen dreieckigen Hausgarten, der mit hohen, dichtverwachsenen Efeurankenmauern und einem grünen Rasen eine wohltuende Oase für das Auge war, wenn man ermüdet von dem Weltstadtlärm und aus der wüsten Pariser Lebensjagd, aus der Innenstadt, heimkehrte und sich zur Mahlzeit niedersetzte.«

Von dort führt der Weg über den Boulevard Saint-Michel nach wenigen Schritten entlang der Rue Auguste Comte gleichsam durch die Hintertür in den Jardin du Luxembourg. Diesen Park, eine der großen Grünoasen der Stadt,

Palais du Luxembourg

haben fast alle gerühmt und nur wenige bespöttelt. Beherrscht vom Palais du Luxembourg, das Maria von Medici errichten ließ, nachdem ihr der Louvre nach der Ermordung von Henri IV zu düster geworden war, ist der weitläufige Park um den heutigen Sitz des Senats, der zweiten parlamentarischen Kammer Frankreichs, ein echter Volkspark geworden. Eine Liebeserklärung hat Erich Kästner ihm in seinem Gedicht »Jardin du Luxembourg« gemacht.

Manès Sperber ließ sich von der friedlichen Atmosphäre anregen, in seiner großen Romantrilogie *Wie eine Träne im Ozean* seine Figur Paul am zentralen Bassin, wo noch heute kleine Holzschiffe stundenweise entliehen werden können, große Seefahrt spielen zu lassen:

»Das kleine Segelboot schwamm zuerst auf die Fontäne zu, aber dann begann es, auf und ab zu schwanken, und kam nicht weiter. Der kleine Paul sah verzweifelt zu ihm hin, er reichte mit dem Stock nicht weit genug, um den förderlichen Stoß zu geben. Dojno tröstete ihn. In diesem Bassin fanden alle Boote die gute Richtung, alle kamen an. ›Es ist das beste Bassin der Welt. Überall, auf der ganzen Erde gibt es Kinder, die nur einen Gedanken haben: im *Jardin du Luxembourg* zu spielen.‹

Das Kind hörte ihm kaum zu.«

Nicht nur Schiffchen standen und stehen den Kindern zur Verfügung, sondern auch das Karussell, das Rilke mit seinem Gedicht berühmt gemacht hat. Für den Refrain »und dann und wann ein weißer Elefant« sorgt bis heute das hölzerne Tier in der scheinbar ewigen Kreisbewegung, auch wenn seine Farbe inzwischen ins Grau gewechselt hat – seinem natürlichen Fell angenähert. Eine kleine künstlerische Freiheit ähnlicher Art hat sich Victor Hugo erlaubt, der die stolzen Statuen auf dem hohen Terrassenrund um das Bassin zu Göttinnen erhoben hat. Es sind jedoch Königinnen Frankreichs bis ins tiefe Mittelalter hinab, die erst der Bürgerkönig Louis-Philippe in den vierziger Jahren des 19. Jahrhunderts aufstellen ließ – der Großschriftsteller als unmittelbarer Zeuge der Aufstellung wußte es also besser. Er läßt in seinem umfangreichen Romanwerk *Die Elenden* das Elendspaar Jean Valjean und seine Adoptivtochter Cosette bei ihrer Anstrengung, ins bürgerliche Leben zurückzukehren, im Luxembourg Platz nehmen und feiert dabei den Park hymnisch:

»Am 6. Juni 1832, gegen elf Uhr vormittags, war der einsame und entvölkerte Luxembourg zauberhaft. Die schachbrettartigen Baumgruppen und die Blumenbeete sandten sich im Sonnenlicht balsamischen Wohlgeruch und blendende Farben zu. Die von der Mittagshelligkeit wie berauschten Zweige schienen sich umarmen zu wollen. In den Ahornbäumen lärmten die Grasmücken, die Sperlinge triumphierten, die Spechte kletterten die Kastanienbäume entlang, indem sie mit ihren Schnäbeln in die Spalten der Rinde hieben. Die Rabatten huldigten dem berechtigten Königtum der Lilie...«

Die diskreteste und schönste Nische im ganzen Park aber ist der Platz vor dem Medici-Brunnen, in dessen steinerner Grotte Galathea selig in die Arme von Acis sinkt, mag auch der Polyphem aus der Höhe eifersüchtig drohen. Hier fällt nur gelegentlich ein großes Blatt in die spiegelruhige Wasserfläche, und unter dem Schutz der Platanen, wo heute die Studenten in ihre Bücher versinken, läßt André Gide auch seinen Roman *Die Falschmünzer* beginnen. In diesem Roman, den Gide selbst als seinen einzigen bezeichnet hat, reflektiert die Figur des Romanciers Édouard in seinem

Der Medici-Brunnen im Jardin du Luxembourg

»Journal« das Romangeschehen, eine Technik, die dieses Werk zum Markstein in der Geschichte des modernen französischen Romans gemacht hat:

»... Die Straße, in der Bernard Profitendieu sein bisheriges Leben zugebracht hatte, liegt ganz nah am Jardin du Luxembourg. In diesem Park, in der Allee, die die Fontäne der Maria von Medici beherrscht, pflegten sich mittwochs zwischen vier und sechs einige seiner Kameraden zu treffen. Man plauderte über Kunst, Philosophie, Literatur, Sport, Politik. Bernard war sehr rasch gegangen. Schon vom Tor aus bemerkte er Olivier Molinier und verlangsamte alsbald seinen Schritt.«

Hier im Jardin du Luxembourg trafen sich Jean-Paul Sartre und Simone de Beauvoir nicht nur als Studenten, sondern auch in der Zwischenkriegszeit, als es galt, die schwierige Zukunft zu gestalten. Dieser Park ist eben bis heute ein Ort der Kontemplation für jedermann und eine reizvolle Einladung, nicht nur sich mit anderen zu treffen, sondern auch sich selbst zu begegnen. Die beiden, die später weltberühmt werden sollten, haben dort beides getan und Pläne geschmiedet:

»Sartre sollte bald zum Militärdienst eingezogen werden; bis dahin hatte er Ferien. Er wohnte in der Rue Saint-Jacques bei seinen Großeltern Schweitzer, und wir trafen uns jeden Morgen im graugoldenen Luxembourg-Park unter den blicklosen Augen steinerner Königinnen. Erst spät in der Nacht trennten wir uns. Wir durchwanderten Paris und setzten unsere Gespräche fort über uns selbst, unsere Beziehungen, unser Leben und unsere künftigen Bücher. Wir bestimmten unseren Standort.«

Der Ausgang, der unmittelbar am Palais du Luxembourg vorbei auf die Rue de Vaugirard – übrigens die längste

Straße von Paris – stößt, könnte dazu verleiten, noch einmal in das sechsbändige Romanwerk *Die Thibaults. Geschichte einer Familie* von Roger Martin du Gard zu schauen. Dieses Werk ist gleichsam das französische Pendant zu den *Buddenbrooks* von Thomas Mann, und sein Autor wurde 1937 ebenfalls mit dem Nobelpreis für Literatur ausgezeichnet. Auch hier entfaltet sich ein großbürgerliches Familientableau, dessen Anfang schon auf die Heftigkeit der Konflikte verweist:

»An der Ecke der Rue de Vaugirard, als sie schon an den Gebäuden des Internats entlanggingen, blieb Herr Thibault, der während des ganzen Weges noch kein Wort an seinen Sohn gerichtet hatte, plötzlich stehen. ›Nein, diesmal, Antoine, diesmal geht es denn doch zu weit!‹

Der junge Mann gab keine Antwort.

Das Internat war geschlossen. Es war Sonntag, neun Uhr abends. Ein Pförtner öffnete einen Spaltbreit den Schalter.

›Wissen Sie, wo mein Bruder ist?‹ rief Antoine. Der andere riß die Augen auf.

Herr Thibault stampfte ungeduldig mit dem Fuß auf den Boden. ›Holen Sie den Abbé Binot.‹«

Bevor der Leser jedoch ganz in der komplizierten Pubertät des jüngsten Thibault versinkt, dessen harte Erziehung übrigens derart mißlingt, daß kein Weg an seinem tragischen Tod vorbeiführt, sei ihm als heitere Ablenkung ein kurzer Besuch im Odéon-Théâtre auf der anderen Seite der Rue de Vaugirard gestattet. Dorthin begab sich Ludwig Börne eines Abends im Januar 1831 und erlebte eine höchst gemischte Aufführung, die zudem ein lexikalisches Nachspiel hatte, das ihn bis zur ironischen Einsicht in das Leben generell führte:

Fünfundzwanzigster Brief

Paris, Donnerstag, den 13. Januar 1831
Gestern abend habe ich mich im *Odeon* recht satt gehört und gesehen; das ganze Gesicht ist mir noch rot und dick davon. Von halb sieben bis halb zwölf Uhr bei Tische, und zwanzig Schüsseln! Dreißig Jahre dauert die Geschichte, Napoleons Anfang und Ende ist darin; aber die größte aller seiner Taten ist gewiß die: daß er mich sechs Stunden weniger zehn Minuten auf einer Stelle festgehalten, so daß ich nicht einmal in den Zwischenakten hinausging. In einem deutschen Theater habe ich nie drei Stunden aushalten können. Den Hunger zu stillen, war es zu viel, und den Appetit über den Hunger zu reizen, fehlte es an Würze. Ja das ist ein großer Unterschied! – – –

Eine starke halbe Stunde mußte ich das Schreiben unterbrechen, und meine Wut war grenzenlos. Da ich Napoleon gestern abend hatte sterben sehen und ich vergessen hatte, in welchem Jahre er gestorben, wollte ich das im Konversationslexikon nachsuchen. Ich schlug den Artikel *Napoleon* auf, da hieß es: suche *Bonaparte*. Ich suche Bonaparte auf, da hieß es: suche *Buonaparte*. Ich suche Buonaparte auf und sehe nach dem Ende seines Lebens, da hieß es: suche *Helena*. Ich suche Helena auf, da hieß es: suche *St. Helena*. Ich suche Saint-Helena und St. Helena und kann beides nicht finden. Endlich entdeckte ich *Sanct-Helena*. Da war aber von Napoleon gar keine Rede, sondern es hieß: suche *Longwood*. Ich suche Longwood, finde aber nichts über Napoleons Tod, und da entdecke ich endlich, daß mein Konversationslexikon nur bis 1819 geht. Da lebte Napoleon noch. Das sind die Leiden des menschlichen Lebens!

Unmittelbar gegenüber dem Théâtre de l'Odéon öffnet sich die Rue de l'Odéon, in der ein wichtiges Kapitel Literaturgeschichte nicht nur Frankreichs geschrieben wurde. Zunächst war da eine kleine rundliche Frau mit Namen Adrienne Monnier, die von sich bekannte: »Die Rive Gauche lockte mich, und bis heute hat dieser Lockruf nichts von seiner Kraft eingebüßt. Ich kann mir nicht vorstellen, sie jemals zu verlassen, genausowenig wie ein Organ den ihm zugewiesenen Platz im Leib aufgeben kann.«

Sie eröffnete 1915 im Haus Nr. 7 mutig eine Buchhandlung mit dem Namen »Les Amis des Livres«, und später hat sie aus der Perspektive der von ihr verehrten Schriftsteller André Breton, Louis Aragon oder Philippe Soupault, die ihre Freunde wurden, sich selbst porträtiert: »Mademoiselle Monnier spricht langsam, mit ein wenig singender Stimme. Ist sie Französin? Ihrem rundlichen und farbenfrohen Gesicht nach könnte sie Flämin sein. Auch deren Naturell besitzt sie, ist zugleich mystisch und materiell veranlagt: ein gutes Stück Fleisch schätzt sie ebensosehr wie ein gutes Buch, und das wohlgestaltete Gedicht schließt den schmackhaften Kuchen nicht aus. Sie hat eine Vorliebe für Breughel. Und doch ist sie Französin...«

Dann erschien als ebenso mutige Buchhändlerin auf der gegenüberliegenden Straßenseite im Haus Nr. 12 die Amerikanerin Sylvia Beach – beide wurden lebenslange Freundinnen – und nannte ihre speziell der englischen und amerikanischen Literatur vorbehaltene Buchhandlung »Shakespeare and Company«. Sie schlug sich tapfer durch die wirtschaftlichen Schwierigkeiten und etablierte nicht zuletzt für die jungen, noch wenig arrivierten amerikanischen Autoren eine Leihbücherei. Ernest Hemingway hat sie und ihren Laden so beschrieben:

»Damals hatten wir kein Geld, um Bücher zu kaufen. Ich borgte mir Bücher aus der Leihbibliothek von Shakespeare and Company; das war die Bibliothek und der Buchladen von Sylvia Beach in der Rue de l'Odéon 12. Auf einer kalten, vom Sturm gepeitschten Straße war hier im Winter ein warmer, behaglicher Ort, mit einem großen Ofen, mit Tischen und Regalen voller Bücher, mit Neuerscheinungen im Fenster und Fotografien berühmter Schriftsteller... Sylvia hatte ein lebhaftes, scharfgeschnittenes Gesicht, braune Augen, die so lebendig waren wie die eines kleinen Tieres und so vergnügt wie die eines jungen Mädchens, und welliges braunes Haar, das von ihrer hübschen Stirn zurückgebürstet war und das unterhalb der Ohren und an der Kragenkante der braunen Samtjacke, die sie trug, dicht gestutzt war. Sie hatte hübsche Beine, und sie war freundlich, vergnügt und interessiert und ulkte und klatschte gern. Ich habe nie jemanden gekannt, der netter zu mir war. – Als ich zum erstenmal den Buchladen betrat, war ich sehr schüchtern, und ich hatte nicht genügend Geld bei mir, um der Leihbibliothek beizutreten. Sie sagte mir, daß ich den Beitrag jederzeit, wenn ich Geld hätte, bezahlen könne, und stellte mir eine Karte aus und sagte, ich könnte so viele Bücher mitnehmen, wie ich wollte.

Es gab keinen Grund, warum sie mir trauen sollte. Sie kannte mich nicht, und die Adresse, die ich ihr gab, Rue Cardinal-Lemoine 74, hätte keine schlechtere sein können. Aber sie war entzückend und bezaubernd und hieß mich willkommen, und hinter ihr, so hoch wie die Wand, waren Fächer und Fächer mit den Reichtümern ihrer Bibliothek, die sich bis ins Hinterzimmer, das auf den Innenhof des Hauses hinausging, ausdehnte.«

Dort kam es dann auch zu jener schicksalhaften Begegnung zwischen Sylvia Beach und James Joyce, worüber sie selbst später berichtet hat:

»Ich überließ es Adrienne, ihre Freunde zu verteidigen, und schlenderte hinüber in ein kleines Zimmer, das bis zur Decke mit Büchern vollgestopft war. In einer Ecke, zwischen zwei Bücherschränken, lehnte Joyce.

Zitternd fragte ich: ›Ist das der große James Joyce?‹

›James Joyce‹, antwortete er.

Wir schüttelten einander die Hände, das heißt, er legte seine schlaffe, knochenlose Hand in meine feste kleine Pratze – wenn man das Händeschütteln nennen kann. Er war mittelgroß, schlank, leicht gebeugt, graziös. Seine überschmalen Hände fielen auf. Am Mittel- und Ringfinger der linken Hand trug er Ringe mit Steinen in schweren, großen Fassungen. Seine tiefblauen Augen, aus denen das Genie strahlte, waren wunderschön. Mir fiel jedoch auf, daß das rechte Auge nicht ganz normal dreinsah und das rechte Brillenglas dicker war als das linke. Das gewellte, dichte, sandfarbene Haar war über den mächtigen Kopf zurückgebürstet und gab eine hohe, gefurchte Stirne frei. Noch nie hatte ich einen Menschen vor mir gehabt, der so sensitiv wirkte. In sein Gesicht, hellhäutig, mit ein paar Sommersprossen, stieg leicht die Röte. Er trug eine Art Spitzbärtchen am Kinn. Mit seiner wohlgeformten Nase und den schmalen, feingeschnittenen Lippen mußte er als junger Mann sehr hübsch gewesen sein. Joyce' Stimme, von einem süßen Klang wie die eines Tenors, bezauberte mich. Seine Aussprache war ungewöhnlich klar. Bei manchen Worten wie ›book‹, das er ›boo-k‹, oder ›look‹, das er ›loo-k‹ aussprach, und bei den Worten, die mit th anfingen, hörte man den Iren heraus, vor allem seine Stimme klang irisch. Sonst unterschied sein Englisch sich in nichts von dem eines Engländers. Er drückte sich ganz einfach aus, verwandte aber, wie ich bemerkte, auf Wort und Klang besondere Sorgfalt – zum Teil sicherlich auf Grund seiner Liebe zur Sprache und seiner Musikalität, ich denke aber, wohl auch deshalb, weil er so viele Jahre lang Englisch unterrichtet hatte.

Joyce sagte mir, er sei erst vor kurzem nach Paris gekommen.«

Inzwischen ist in unzähligen Versionen beschrieben worden, wie die junge Buchhändlerin den wirtschaftlichen Kraftakt wagte, den später so berühmten Roman *Ulysses* von Joyce zu verlegen, dessen Veröffentlichung im englischsprachigen Raum verboten worden war. Die Kosten für Druck und Korrektur, zumal der Autor den Text ständig änderte und erweiterte, wuchsen ins Unabsehbare, aber schließlich erschien das Werk 1922, das neben Marcel Prousts *Auf der Suche nach der verlorenen Zeit* die Literatur des 20. Jahrhunderts revolutioniert hat. Djuna Barnes hat von dieser »Revolution« berichtet:

»Dann geschah an einem Februartag des Jahres 1922 etwas anderes. Ein Exemplar eines blaugebundenen Buches mit dem Titel ›Ulysses‹ tauchte im Schaufenster von Sylvia Beachs Buchhandlung Shakespeare & Co. auf. Die expatriierten Federn standen still. War das nicht das Buch, das man bereits vor Gericht gezerrt hatte, noch ehe sein Abdruck in der *Little Review* über wenige Seiten hinaus gediehen war? So war es. Pernod, Byrrh, Dubonnet Cognac standen reglos in den Gläsern. Diesmal waren die Schriftsteller mattgesetzt. Sie weinten vor Freude und kopierten voller Verzweiflung.«

Leider gehört es in der Welt der Literatur zu den häufigeren Vorkommnissen, daß die Begabung eines Schriftstellers im umgekehrten Verhältnis zu seiner moralischen Integrität steht. Sylvia Beach hat noch voll Verehrung den Auftritt von Joyce und seiner Familie in keineswegs preiswerten Restaurants von Paris beschrieben und dabei taktvoll verschwiegen, daß es meist mit jenem Geld geschah, das sich der bald berühmte Autor von ihr »geliehen« hatte:

»In Paris aßen Joyce und seine Familie jeden Abend auswärts. Das Restaurant seiner Wahl in den frühen zwanziger Jahren hieß ›Les Trianons‹ – und lag dem Gare Montparnasse gegenüber. Besitzer und Personal behandelten Joyce mit größter Ergebenheit. Noch ehe er ausstieg, standen sie schon an der Tür seines Taxis und eskortierten ihn nach rückwärts zu einem reservierten Tisch, wo er mehr oder weniger unbehelligt sitzen konnte, ziemlich sicher vor Leuten, die kamen und ihn anstarrten, während er aß, oder ihm Exemplare seiner Werke zur Unterschrift brachten.

Der Oberkellner las ihm die einzelnen Speisen auf der Karte vor, damit er sich nicht erst die Mühe machen mußte, etliche Brillen und vielleicht auch noch ein Vergrößerungsglas herauszuziehen. Joyce tat, als sei er an gutem Essen interessiert, aber es bedeutete ihm nichts, wenn es nicht gerade etwas mit seiner Arbeit zu tun hatte. Doch er forderte seine Familie und die Freunde, die sich vielleicht dazugesellt hatten, dringend auf, die besten Sachen auf der Speisekarte auszusuchen. Er sah es gern, wenn sie eine ordentliche Mahlzeit zu sich nahmen, und redete ihnen zu, den oder jenen Wein zu probieren...

Joyce' Trinkgelder waren berühmt – die Kellner, der Boy, der ihm ein Taxi holte, alle, die ihn bedienten, müssen mit einem Vermögen in Pension gegangen sein. Ich habe niemals jemand ein Trinkgeld mißgönnt, aber bei meiner Kenntnis der Lage kam mir doch vor, als tue Joyce des Guten zuviel.«

Joyce hatte mit Sylvia Beach einen Vertrag geschlossen, in dem ihr der Autor weltweit die Rechte am *Ulysses* übertrug. Die deutsche Photographin Gisèle Freund, die zahlreiche klassische Autorenportraits geschaffen hat, hat sich offen empört über das Verhalten des irischen Schriftstellers: »*Ulysses* zu verlegen, das war unglaublich! Sylvia Beach tat es und ging dank Joyce Bankrott. Sie hatte keinen Pfennig mehr, rein gar nichts. Und da schloß er einen Vertrag mit einem amerikanischen Verleger und vergaß die Vereinbarung, die er mit Sylvia Beach getroffen hatte.« Bitter bilanziert auch Mary Ellen Jordan Haight:

»Das einzige größere verlegerische Risiko, James Joyces Roman *Ulysses* drucken zu lassen, brachte das Unternehmen 1922 an den Rand des Bankrotts... Sylvia Beach gab nicht nur ihre privaten Mittel aus, um die Veröffentlichung zu finanzieren, sondern sie ›lieh‹ Joyce auch häufig Geld für den Unterhalt seiner Familie. Als Joyce die amerikanischen Rechte an den Verlag Random House in New York verkaufte, entschädigte er Sylvia Beach weder für ihre Ausgaben und Anleihen noch für Jahre bedingungsloser Unterstützung.

Nun, Joyce kassierte den üppigen Vorschuß von 45 000 Dollar für den Vertrag, den er hinter ihrem Rücken geschlossen hatte, und als er seine sparsame Verlegerin mit keinem Penny beteiligte, obgleich ihr die volle Summe zustand, gab sie in noblem Zorn ihm alle Rechte zurück, die sie am *Ulysses* besaß.«

Während des Zweiten Weltkriegs hatte Sylvia Beach in ihrer Buchhandlung ausgeharrt, und dann kam der amerikanische Soldat Ernest Hemingway, der einst ärmlicher Buchentleiher bei »Shakespeare and Company« gewesen war, und vollzog seinen Teil an der Befreiung von Paris – in der glücklichen Wiederbegegnung mit Sylvia Beach: »Immer noch gab es Schießereien in der Rue de l'Odéon, und wir hatten es langsam satt. Da kam eines Tages eine Reihe Jeeps die Straße herauf und hielt vor meinem Haus. Ich hörte eine tiefe Stimme ›Sylvia!‹ rufen. Und auf der Straße stimmten alle in den Ruf ›Sylvia!‹ mit ein.

›Es ist Hemingway! Es ist Hemingway!‹ schrie Adrienne. Ich flog die Treppe hinunter, wir krachten zusammen, er hob mich hoch, schwang mich herum und küßte mich, während die Leute auf der Straße und in den Fenstern uns zujubelten.

Wir gingen in Adriennes Wohnung und schoben Hemingway auf einen Stuhl. Er war in Felduniform, schmutzig und blutig. Eine Maschinenpistole klirrte auf den Boden. Er bat Adrienne um Seife, und sie gab ihm ihr letztes Stück.

Er wollte wissen, ob er irgend etwas für uns tun könne. Wir fragten, ob er in der Lage sei, etwas gegen die Nazi-Schützen zu unternehmen, die oben auf den Dächern in unserer Straße saßen, besonders gegen die auf Adriennes Dach. Er holte seine Kompanie aus den Jeeps und führte sie aufs Dach. Wir hörten zum letzten Mal in der Rue de l'Odéon schießen. Hemingway und seine Leute kamen wieder herunter und fuhren in ihren Jeeps ab – ›um den Keller im Ritz zu befreien‹, wie Hemingway sagte.«

Nur wenige Schritte durch die Rue Saint-Sulpice vom Carrefour de l'Odéon entfernt, liegt die Rue de Tournon, und dort hat sich, noch bevor deutsche Soldaten Paris besetzten und sein Leben hätten bedrohen können, der österreichische Schriftsteller Joseph Roth langsam, aber konsequent dem Tod entgegengetrunken. Es geschah im Haus Nr. 17 der Rue de Tournon, und Klaus Mann hat den Autor der *Legende vom heiligen Trinker*, der bis zu seinem Tod der untergegangenen k. und k.-Welt Österreichs verhaftet blieb und sie in seinen Romanen wie dem *Radetzkymarsch* literarisch wiederaufleben ließ, noch als großen Causeur beobachten können: »Während der Dichter dergleichen (die Wiederherstellung der Habsburger Monarchie) auseinandersetzte, konsumierte er erstaunliche Mengen äußerst konzentrierten Alkohols. In meiner Erinnerung waren es meist Getränke von ungewöhnlich dunkler, bräunlich trüber Farbe und geradezu diabolischer Intensität, die unser Freund aus kleinen Gläsern schlürfte. Glasigen Blicks, aber stets in sonst würdig-zusammengenommener Haltung, hielt er Cercle in den Kaffeehäusern von Paris, Wien, Amsterdam. Wo immer er sich aufhalten mochte, immer wurde sein Tisch zum Zentrum.«

Es muß fast um dieselbe Zeit gewesen sein, daß Ernst Jünger, der 1942 als deutscher Offizier an der Besatzung von Paris seinen Anteil hatte, sich als Liebhaber erlesener Bücher in die Rue de Tournon begeben hatte, wo noch heute mehrere renommierte Antiquariate zu finden sind: »Nachmittags bei Poupet in der Rue Garancière. In diesen Gassen um Saint-Sulpice mit ihren Antiquariaten, Buchhandlungen und alten Manufakturen fühle ich mich so heimisch, als ob ich schon fünfhundert Jahre in ihnen gelebt hätte.

Als ich das Haus betrat, entsann ich mich, daß ich im Sommer 1938 zum ersten Mal seine Schwelle überschritten hatte, damals vom Luxembourg kommend wie heute von der Rue de Tournon. So schloß sich der Zirkel der verflossenen Jahre wie in einem Gürtelstück.«

Der Weg führt nun weiter zur Place Saint-Sulpice, wo vor dem mächtigen Kirchenbau, in dessen Türmen Joris-Karl Huysmans seinen Roman *En route* spielen läßt, eine große Fontäne springt und zwei im Leben feindliche Bischöfe in statuarischer Erinnerung friedlich vereint, die in Kanzelreden und Schriften es sogar zu literarischem Rang brachten: Jacques-Bénigne Bossuet und François Fénelon.

Entspannt läßt es sich wieder in Richtung Jardin du Luxembourg promenieren, entlang der vornehmen Rue Guynemer, von deren Wohnungen der Blick frei in den Park schweifen kann. Rechts biegt die Rue de Fleurus ab; und in einem Atelier dieser Straße hat sich am 31. Mai 1877 ein seltsames Spektakel von und um Guy de Maupassant ereignet, das selbst den sonst so toleranten Edmond de Goncourt zu ablehnenden Gefühlen zwang:

»Heute abend ließ der junge Maupassant in einem Atelier der Rue de Fleurus ein von ihm verfaßtes obszönes Stück aufführen; es hat den Titel *Rosenblatt* und wurde von ihm selbst und seinen Freunden gespielt.

Trostlos, diese als Frauen verkleideten jungen Männer, mit dem Bild eines großen, halb geöffneten Geschlechts auf ihrem Trikot; ganz unwillkürlich stellt sich vor diesen Schauspielern, die einander berühren und das Trugbild der Liebesgymnastik erzeugen, eine Art Ekel ein. Das Stück beginnt mit einem jungen Seminaristen, der Kondome wäscht. Mittendrin tanzen Ägypterinnen unter einem monumentalen erigierten Phallus, und den Abschluß bildet eine nahezu naturgetreue Wichserei.

Das Monströse dabei war, daß der Vater des Autors, der Vater Maupassants, bei der Aufführung zugegen war.«

Mit der Hausnummer 27 ist ein weiterer Treffpunkt der internationalen Kulturszene der zwanziger Jahre des 20. Jahrhunderts erreicht – die Residenz von Gertrude Stein, die dort mit ihrer Freundin Alice B. Toklas Hof hielt. Picassos Portrait von ihr – er war dort häufig zu Gast – hat sie ebenso bekannt gemacht wie ihr Wahlspruch »A rose is a rose is a rose«. Eine Rose ziert sogar das Titelblatt ihrer Autobiographie *Das Leben der Alice B. Toklas*. Hemingway, seinerzeit ein armer Autor mit Aufstiegsehrgeiz, hat mit seiner ersten Frau bei der begüterten Dame Visite gemacht, und auch andere haben die zahlreichen Empfänge beschrieben. Hier seine Nahaufnahme der amerikanischen Kollegin: »Meine Frau und ich hatten bei Miss Stein Besuch gemacht, und sie und die Freundin, die bei ihr lebte, waren sehr freundschaftlich und herzlich gewesen, und wir fanden das große Studio mit den wunderbaren Bildern herrlich. Es war wie einer der besten Säle in dem schönsten Museum, und abgesehen davon gab es hier einen großen Kamin, und es war warm und gemütlich; und sie gaben einem gute Dinge zu essen und zu trinken, Tee und destillierte Naturschnäpse, die aus blauen Pflaumen, gelben Pflaumen oder wilden Himbeeren gemacht waren. Dies war duftender farbloser Alkohol, der aus Kristallkaraffen in kleine Gläser eingeschenkt wurde, und ob es *quetsche*, *mirabelle* oder *framboise* war, alle schmeckten sie wie die Früchte, aus denen sie hergestellt waren, und verwandelten sich auf der Zunge in ein gezügeltes Feuer, das einen wärmte und sie löste.

Miss Stein war sehr dick und nicht groß und war schwer gebaut wie eine Bauernfrau. Sie hatte wunderschöne Augen und ein grobes deutsch-jüdisches Gesicht, das auch friaulisch hätte sein können, und sie erinnerte mich an eine norditalienische Bauernfrau mit ihren Kleidern, ihrem ausdrucksvollen Gesicht und dem schönen, dichten, lebendigen Haar einer Einwanderin, das sie in derselben Art aufgesteckt trug, wie sie es wahrscheinlich im College getragen hatte. Sie redete die ganze Zeit, und zuerst sprach sie über Menschen und Orte.«

Gertrude Stein, die es ablehnte, mit den Frauen oder Partnerinnen ihrer intellektuellen Gäste auch nur ein Wort zu wechseln – darum mußte sich Alice B. Toklas in der Küche kümmern –, hat 1940 diese Jahre in ihrer Rückschau *Paris Frankreich* festgehalten:

»Wir wohnten in der rue de Fleurus ein nur einhundert Jahre altes Viertel, sehr viele von uns wohnten in der Nähe und am Boulevard Raspail der damals noch nicht einmal durchbohrt war und als er durchbohrt wurde kamen Ratten und Tiere unter unser Haus und wir mußten einen Pariser Kammerjäger kommen und bei uns ausräuchern lassen, ich bin neugierig ob es heute noch welche gibt, sie sind verschwunden mit den Pferden und riesigen Wagen, die die Abzugskanäle unter den Häusern zu reinigen pflegten die noch nicht an das neue Kanalisationssystem angeschlossen waren, jetzt sind selbst die ältesten Häuser an das neue System angeschlossen. Es ist nett in Frankreich sie passen sich allem langsam an ändern sich vollständig sie wissen aber daß sie sind wie sie waren.«

Montparnasse

Gare Montparnasse
Boulevard du Montparnasse
Boulevard Edgar Quinet
Cimetière du Montparnasse
Rue du Maine
Rue de la Gaîté
Rue Daguerre
Place Denfert-Rochereau
Closerie des Lilas

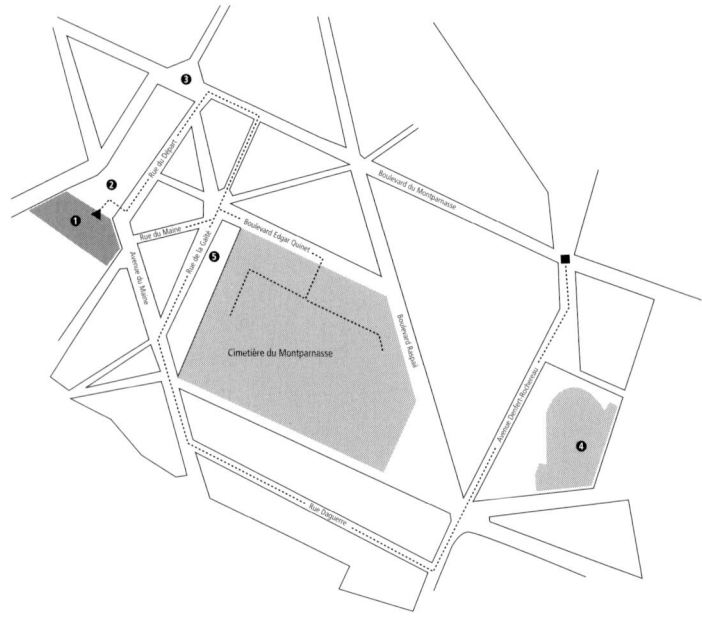

1 Gare Montparnasse
2 Tour Montparnasse
3 Place du 18 Juin 1940
4 Observatoire de Paris
5 Comédie Italienne

Am Anfang von Montparnasse standen der Schutt aus Steinbrüchen und die Gedichte der Studenten des Quartier latin. Im 17. Jahrhundert spazierten die Studenten, wenn sie die literarische Muse geküßt hatte, von der Sorbonne aus der Stadt nach Süden auf den steinernen Abfallhaufen der Pariser Steinbrüche, die die Stadt mit dem gelb-weißen Baumaterial versorgten. Dort deklamierten sie in maßvoller Höhe ihre erhebenden Poeme – der Montparnasse war geboren. Der antiken Mythologie zufolge hatten auf dem griechischen Gebirge dieses Namens Apoll und die Musen ihren Wohnsitz genommen – nun verschafften sich die poetisierenden Studenten mit der Namensgebung ebenfalls göttlichen Status. 1725 wurde der Steinhügel abgetragen, und als 1784 die neue Zollmauer errichtet wurde, entstand jenseits der Stadtgrenze eine für den Wein und das Vergnügen steuerfreie Zone, die sich zum Freiraum von Spelunken, Tanzlokalen und Bordellen entwickelte. Die Atmosphäre eines Vergnügungsviertels mit Boulevard-Theatern, Kinos und Kneipen hat sich noch heute in der Rue de la Gaîté – nomen est omen – erhalten wie allerorten auf dem Montparnasse. Es ist bis heute ein Anziehungspunkt nicht nur für Touristen aus aller Welt.

Hier im Süden brach auch ein neues Zeitalter an, als zum ersten Mal eine Eisenbahn nach Orléans startete. Heinrich Heine hat den Tag des 5. Mai 1843 wie ein welthistorisches Ereignis empfunden:

                      Paris, 5. Mai 1843

Die Eröffnung der beiden neuen Eisenbahnen, wovon die eine nach Orléans, die andere nach Rouen führt, verursacht hier eine Erschütterung, die jeder mitempfindet, wenn er nicht etwa auf einem sozialen Isolierschemel steht. Die ganze Bevölkerung von Paris bildet in diesem Augenblick gleichsam eine Kette, wo einer dem andern den elektrischen Schlag mitteilt... So muß unsern Vätern zumute gewesen sein, als Amerika entdeckt wurde, als die Erfindung des Pulvers sich durch ihre ersten Schüsse ankündigte, als die Buchdruckerei die ersten Aushängebogen des göttlichen Wortes in die Welt schickte. Die Eisenbahnen sind wieder ein solches providentielles Ereignis, das der Menschheit einen neuen Umschwung gibt, das die Farbe und Gestalt des Lebens verändert; es beginnt ein neuer Abschnitt in der Weltgeschichte, und unsre Generation darf sich rühmen, daß sie dabeigewesen.

Damit hatte das technische Zeitalter sich ein neues Zentrum geschaffen, den Bahnhof Montparnasse. Vor ihm plazierte man in den siebziger Jahren des 20. Jahrhunderts den 200 Meter hohen Turm Montparnasse, der nach dem Willen des Staatspräsidenten Georges Pompidou den Parisern Wolkenkratzer-Atmosphäre vermitteln sollte, was sie aber bis heute nicht über den Verlust des verführerischen Flairs hinwegtröstet, den der überdimensionierte Klotz in seinem Umfeld mit sich brachte. So wie oberirdisch sich der Bahnhof Montparnasse ausbreitete, so tat es unterirdisch die Métropolitain, die Pariser Métro, mit ihrem sich weit ausfächernden Netz an Verbindungen – nicht zuletzt um die isoliert im Pariser Stadtgebiet verstreuten Bahnhöfe zu verbinden. Im Jahre 1911 hat sich Franz Kafka mit seinem Freund Max Brod dem unterirdischen Verkehrsgewimmel ausgesetzt, als noch Schaffner die Türen schlossen und die Touristen hofften, in der Tiefe der Métro das Geheimnis von Paris zu finden:

»Die Einfahrt in die leere Endstation der Porte Dauphine, Menge von sichtbar werdenden Röhren, Einblick in die Schleife, wo die Züge die einzige Kurve machen dürfen nach so langer geradliniger Fahrt. Tunnelfahrten in der Eisenbahn sind viel ärger, (hier) keine Spur von der Bedrückung, die der Passagier unter dem wenn auch zurückgehaltenen Druck der Bergmassen fühlt. Man ist auch nicht weit von den Menschen, sondern eine städtische Einrichtung, wie zum Beispiel das Wasser in den Leitungen... Die Métro ist wegen ihrer leichten Verständlichkeit für einen erwartungsvollen und schwächlichen Fremden die beste Gelegenheit, sich den Glauben zu verschaffen, richtig und rasch im ersten Anlauf in das Wesen von Paris eingedrungen zu sein.«

Ein Geheimnis der Métro liegt verborgen in nur zwei Pünktchen über einem Buchstaben. Die Station des Bahnhofs trägt den Namen Montparnasse-Bienvenüe, und nahezu jeder, die Pariser eingeschlossen, sieht in dem Bienvenüe einen Willkommensgruß der Stadt Paris an die eintreffenden Reisenden. Doch die zwei Pünktchen, die bei der Aussprache verlorengehen, verweisen auf eine Person, auf Fulgence Bienvenüe, den »Vater der Métro«, wie die dankbare Stadt Paris über seinem Ehrengrab auf dem Friedhof Père Lachaise festschreiben ließ. Dieser Absolvent des Institut Polytechnique, geboren 1852, verlor beim Bau der Eisenbahn zwar den linken Arm, doch sein Kopf und sein rechter Arm genügten, um ihn 1898 zum Direktor der Arbeiten an der noch zu schaffenden Pariser Untergrundbahn zu machen. Es war Eile geboten, denn die Seine-Metropole hatte sich beim Wettlauf um das neue Verkehrsmittel bereits arg verspätet. London besaß schon seit 1863 eine unterirdische Dampfbahn, und New York folgte nur fünf Jahre später. Selbst Chicago und Budapest hatten sich schon entsprechend ausgestattet, während man in Paris noch immer diskutierte. Zur Wahl stand auch eine oberirdische Schwebebahn auf Stelzen, deren freie Fahrt den Durchbruch durch Häuser mit sich bringen würde – also Löcher in den Gebäuden wie beim Schweizer Käse.

Der Zeitverlust brachte aber den Vorteil der Entscheidung für die modernere Technik der Elektrizität mit sich: die Abzugsschächte für den Dampf entfielen, ganz abgesehen von den Rußflecken auf der feinen Kleidung der Fahrgäste. So startete die Métro dann exakt im Jahre 1900 zur Weltausstellung und wurde sofort ein großer Erfolg, der bis heute anhält. Für Walter Mehring war sie Inbegriff der modernen Hektik, wie sie das Gerenne nach Profit mit sich bringt:

>Métropolis
>Das ist die Welt
>Von Sous-Paris,
>Die Tout-Paris
>In Atem hält.
>
>Die Menschen schluckt
>Und Züge spuckt
>Durch die Couloirs
>Zum Geld? Ici!
>»La Bourse« – »La Vie!«
>Et »Grands Boulevards« ...
>Sie öffnet und
>Affichenschlund!
>C'est le goût américain
>Et attention! Changez le train!
>Prenez le Métro

Ein typischer Métro-Eingang im Jugendstil

> Prenez le Métro
> C'est le plus beau
>   le plus beau du monde
>   Dansons la ronde
>   la ronde du Métro!

> Ein Schuß! A moi!
> Man macht wen kalt!
> Man kreischt, es knallt!
> Und: Halte-là!
> Police! Les »flics«
> Verbrechertrick ...

> Man hetzt, man rennt,
> Steigt aus am End:
>   »Aux Abattoirs«
> Zur letzten Ruh!
> Ah je m'en f ...
> C'est le goût de Tout-Paris
> Et jusqu'au dernier cri:
>   Prenez le Métro
>   Prenez le Métro
>   C'est le plus beau
>   le plus beau du monde –
>   Dansons la ronde
>   la ronde du Métro!

Diese rasende Geschäftigkeit vermag allenfalls eine andere Errungenschaft der kapitalistischen Gesellschaft zum Stillstand zu bringen, wie sie bis heute in Paris in recht häufigem Gebrauch ist. Daran hat ein sehr eigenwilliges junges Mädchen Anstoß genommen, das sich an der freien Ausübung seines Vergnügens verhindert sah – Zazie von Raymond Queneau:

Zazies Ankunft

»Onkel, schreit sie, nehmen wir die Metro?
 Nein.
 Wieso nein?
 Sie ist stehengeblieben. Gabriel macht ebenfalls halt, dreht sich um, stellt den Koffer hin und beginnt zu erklären:
 Nun ja: nein. Heute geht's nicht. 'S wird gestreikt.
 'S wird gestreikt?
 Nun ja: 's wird gestreikt. Die Metro, dieses durch und durch pariserische Transportmittel, ist unter der Erde eingeschlafen, denn die Angestellten mit den durchlöchernden Zangen haben die Arbeit niedergelegt.
 Ach, diese Halunken, schreit Zazie, ach, diese Sauhunde. Mir das anzutun.
 Das tun sie nicht nur dir an, sagt Gabriel vollkommen objektiv.
 Das ist mir wurscht. Deshalb bin ich doch die Gelackmeierte. Dabei war ich so glücklich und so froh und alles, mal in der Metro rumzukutschen. Verfluchte Scheiße nochmal.
 Du mußt dich damit abfinden, sagt Gabriel ...
 Ah! Paris, stößt er in aufmunterndem Ton hervor, welch eine schöne Stadt. Sieh nur mal, wie schön das ist.
 Das ist mir wurscht, sagt Zazie, was ich gern gewollt hätte, das ist in der Metro fahren.«

Der Boulevard du Montparnasse von der Place du 18. Juin 1940 (Erinnerung an den Aufruf des Generals de Gaulle in der BBC an die Franzosen, den Widerstand gegen die deutsche Besatzung fortzusetzen) bis zur Place Pablo Picasso ist gleichsam gepflastert mit den fast mythischen Lokalen von der »Coupole« über das »Dôme« und das »Select« bis zur »Rotonde«. Auf dieser kurzen Meile mit Ausläufern in die Seitenstraßen hat sich ein großer Teil des turbulenten Künstlertreibens abgespielt, als die Maler in den zwanziger Jahren vom Montmartre, wo der Andrang der Touristen bereits arbeitsstörende Ausmaße angenommen hatte, nach Montparnasse umzogen. Wolfgang Koeppen, der in den fünfziger Jahren des vergangenen Jahrhunderts dort eintraf, kam schon recht spät und mußte die glorreichen Jahre der Zwischenkriegszeit beschwören, um wenigstens in seiner Phantasie die Gegenwart der Künstler herbeizuzitieren – zugleich zeigte er sich skeptisch hinsichtlich ihrer Überlebenschance in der Geschäftswelt von heute:

»Im ›Coupole‹ ereifern sich bis in den Morgen hinein die Fanatiker der informellen und der figurativen Malerei, es ist viel Volk da, wenn auch kein Modell wie die musengleiche Kiki, und wenn man durch das von der Gesprächserregung beschlagene Glas der Terrasse blickt, scheint doch allerlei Buntes und vielleicht ein neuer Ismus im Topf zu schmoren. Am Tage zeichnet den Boulevard du Montparnasse ein kaltes graues Licht aus. Große altgraue oder backsteinrote Schulen stehen wie Zwingburgen französischer Volkstüchtigkeit zwischen Geschäfts- und Bürgerhäusern, deren Atelierwohnungen so teuer sind, daß man, um sie zu kaufen, ihren Boden mit Goldstücken bedecken müßte. Noch immer sind es Amerikaner und andere Emigranten auf Zeit, die alle Preise stabil halten. Es ist nicht zu erraten, wo van Gogh heute untergekommen wäre.«

Die leibhaftige Muse von Montparnasse war in der Tat

Kiki. Ihr Schicksal spiegelt Aufstieg und Fall des Künstlerviertels. Geboren als Alice Prin von einer Mutter, die im Suff die Namen der Väter ihrer sechs unehelichen Kinder vergessen hatte, begann sie als Rüstungsarbeiterin, wurde dann Dienstmädchen bei einem Bäcker und bald darauf Modell bei einem Maler – ihrer schwarzen Haare und ihrer wohlgerundeten Brüste wegen. Zunächst war sie die »copine« der Maler Moïse Kisling und Tsugoharu Foujita; erst mit dem amerikanischen Photographen Man Ray begann 1920 die Liebe, die immerhin zehn Jahre Bestand hatte. Er photographierte sie von allen Seiten, und die Rückenansicht mit den beiden Violinschlüsseln ist zum Kultbild geworden. So plötzlich, wie sie begonnen hatte, endete sie auch – die Liebe zu Man Ray, der ihr jedoch das Existenzminimum garantiert hatte: »Er ist nicht reich, aber bei ihm kriegt man zu jeder Mahlzeit etwas zu essen.« Kiki reiste als Chanson-Sängerin durch die USA, wollte aber früher als geplant zurückkehren, weshalb sie Man Ray telegraphisch um das nötige Geld bat, das er auch schickte. Zu ihrem Empfang fand er sich sodann auf der Gare Saint-Lazare ein, verabreichte ihr stumm zwei Ohrfeigen, und damit war das Ende einer Leidenschaft erreicht, die auch reich an Schlägen gewesen war.

In der Nachkriegszeit, als die Zahl der Künstler nicht geringer, aber deren Berühmtheit abgenommen hatte, gestaltete sich die Begegnung von Alberto Giacometti und einer Studentin ähnlich kompliziert, doch war die Zeit, eine Frau zu prügeln, endgültig vorbei. So mußte der arrivierte Bildhauer Alberto Giacometti viel Verständnis für eine verständnislose junge Frau aufbringen. Simone de Beauvoir hat diese Begegnung beschrieben: »Er hatte Lise im ›Dôme‹ gesehen, hatte sie angesprochen, fand sie amüsant. Er faßte eine freundschaftliche Neigung zu ihr. Sie behauptete, er sei nicht intelligent. Sie hatte ihn gefragt, ob er Descartes möge, und er hatte eine ganz falsche Antwort gegeben. Sie war also zu dem Schluß gekommen, daß er sie langweile. Er lud sie jedoch im ›Dôme‹ zu Diners ein, die sie sagenhaft fand. Bei ihrer Jugend, ihrer Robustheit, ihrer Gefräßigkeit gelang es ihr nie, sich in ihren Studentenrestaurants satt zu essen. Sie nahm seine Einladungen bereitwillig an. Kaum hatte sie jedoch den letzten Bissen verdrückt, wischte sie sich den Mund und stand auf. Um sie zum Bleiben zu bewegen, war er auf den Trick verfallen, ein zweites Essen zu bestellen, das sie genauso fröhlich verschlang wie das erste. Wenn sie alles vertilgt hatte, brach sie unerbittlich auf. ›Wie eine Wilde!‹ sagte er fast bewundernd ...«

Authentisches Künstlerleben fand bereits vor den zwei Weltkriegen auf dem Montparnasse statt und schloß die Beteiligung von Schriftstellern ein. Max Dauthendey hat 1897 in der Rue de la Grande Chaumière, wo noch heute eine Malerschule Talente aus aller Welt anzieht, die Kneipe »Crémerie« aufgesucht. Dort vermittelte die Wirtin Madame Charlotte den Künstlern jenes kostbare Gefühl, daß ihre Werke etwas wert waren – wenigstens eine Mahlzeit:

»Dieses war damals die echteste Künstlerwirtschaft des Stadtviertels Montparnasse. Dort waren auch Strindberg und Munch jeden Tag. Im Strindbergschen Drama *Rausch* spielen ein paar Akte in jener urechten französischen Künstlergarküche, über deren Eingang geschrieben stand: ›Rothschild ist der Eintritt verboten. Wer nicht Schulden machen kann, bleibe draußen‹, und ähnliches.

Die Wände des kleines Raumes hatten keine Tapeten nötig. Sie waren dicht behangen mit Hunderten von eingerahmten Ölbildern. Da fand sich aber selten eine Anfängerskizze darunter, denn die eigenartigsten Künstler, die besten von Paris, hatten hier gegessen und Schulden gemacht und in jungen Jahren die Madame Charlotte mit einem guten Ölbild bezahlt. Da waren selbst Bilder von van Gogh und Gauguin zu sehen.«

Nach dem Zweiten Weltkrieg, als das Quartier von Montparnasse seine turbulenteste Phase erlebte, hat sich Simone de Beauvoir nicht nur in die Debatten um Kunst und Politik gestürzt. Sie nahm auch, als alle Themen im Café an der Ecke Boulevard Raspail-Boulevard Edgar Quinet ausdiskutiert waren, an einer Exkursion in das Nachtleben teil. Dafür stand das Etablissement »Sphinx« ebenfalls auf dem Boulevard Edgar Quinet zur Verfügung. Die Autorin von *Das andere Geschlecht* hat darin weniger die Ausbeutung der Frau beobachtet als vielmehr ein poetisches Flair:

»Eines Nachts, nachdem das Café zugemacht hatte, zog die ganze Bande ins ›Sphinx‹, und ich mit. Toulouse-Lautrec und van Gogh hatten mich auf die Idee gebracht, ein Bordell sei eine höchst poetische Stätte: ich wurde nicht enttäuscht. Die Einrichtung, deren Abgeschmacktheit noch schreiender war als das Innere von Sacré-Coeur, die Beleuchtung, die halbnackten Frauen unter den luftigen bunten Geweben, das schlug bei weitem die idiotischen Gemälde und Jahrmarktsbuden, die Rimbaud so teuer waren.«

Heute ruht sie – an der Seite ihres Lebensgefährten Jean-Paul Sartre – keine hundert Meter von dieser sündig-poetischen Stätte entfernt. Es sind vom Haupteingang des Friedhofs Montparnasse nur elf Gräber zur rechten Hand, um jenen stillen Ort zu erreichen, wo 1980 der streitbare Philosoph unter dem tumultuösen Geleit von Zehntausenden seiner Verehrer seinen Einzug hielt und wohin ihm zehn Jahre später die engagierte Frauenrechtlerin folgte. Jetzt

Über den Dächern von Paris

sind sie, die jede bürgerliche Bindung programmatisch ablehnten, unter einem weißen Steindeckel vereint, wie es ein Ehepaar nicht enger sein könnte.

Kompliziert gestaltete sich im Leben und schließlich auch im Tode die Dreiecksbeziehung zwischen Charles Baudelaire, seiner vielgeliebten Mutter und seinem ungeliebten Stiefvater, dem General Aupick. Der düstere Dichter der *Blumen des Bösen*, den es ruhelos durch das nächtliche Paris und durch die Nachtseiten des Lebens trieb, hat auf dem Cimetière de Montparnasse eher notdürftig im Familiengrab Unterschlupf gefunden, als er 1867 im Alter von nur 46 Jahren zu helleren Ufern zu gelangen hoffte. Dieser Hoffnung hat er in dem letzten Gedicht »Die Reise« seiner *Blumen des Bösen* emphatischen Ausdruck gegeben:

Auf, alter Schiffer Tod, die Anker lichte!
Dies Land hier langweilt uns, o Tod. Auf Fahrt!
Uns strahlt das Herz – du kennst es – hell vom Lichte,
Wo schwarzes Meer sich schwarzen Himmeln paart.

Schenk ein dein Gift, daß es uns Kräfte spende!
Zu neuem Funde wollen wir ins Reich
Des Unbekannten tauchen bis zum Ende,
Ob Himmel oder Hölle gilt uns gleich!

Am anderen Ende des großflächigen Toten-Quartiers, das mit dem Auto befahrbar ist und folgerichtig Avenuen mit prachtvollen Namen aufweist, findet sich in einem Winkel versteckt ein Symbol des geglückten Lebens, das über den Tod hinausweist – *Der Kuß* des rumänischen Bildhauers Constantin Brancusi. In kubistischer Reinheit sind Mann und Frau verschmolzen, unlösbar in ihre Zärtlichkeit versunken, als wendeten sie den Toten und dem Tod erfolgreich den Rücken. Dieses eine ideale Leben vis-à-vis von soviel realem Tod hat der deutsche Lyriker Reiner Kunze gefeiert:

*Brancusi: Der Kuß, Grabskulptur
auf dem Friedhof Montparnasse*

Als hätten sie sich verirrt
zwischen diesen festungen von gräbern
und der friedhof habe unter aufbietung der letzten mauer
sie auf der flucht gestellt,
um endlich zwei zu haben
die leben.

Einer Liebe, die sich, wenn überhaupt, nicht lange beim Kuß aufhielt, hat sich der amerikanische Schriftsteller Henry Miller zugewandt. Sein kleines Hotel in der Rue du Maine Nr. 1 bis ist über den Boulevard Edgar Quinet und wenige Schritte entlang der Rue de la Gaîté zu erreichen. Dort suchte der Autor Stoff für seine Bücher *Wendekreis des Krebses* und *Stille Tage in Clichy*, die eine weltweite Debatte über die Frage auslösten, ob Literatur Pornographie sein kann und umgekehrt. Bei seiner Ankunft in Paris, daran erinnert die Amerikanerin Mary Ellen Jordan Haight, hatte er noch das primäre Problem, nicht zu verhungern:

1 bis, rue du Maine

Vom Hotel, das an der Ecke steht, blickt man auf einen kleinen Platz mit sieben kümmerlichen Bäumen und ein paar Holzbänken. 1930 logierten hier Henry Miller und Alfred Perlès in zwei nebeneinander liegenden Zimmern. Perlès schrieb damals für ›Paris Tribune‹. Miller hatte keine Arbeit und war fast so arm wie die Bettler und Sandwichmänner aus dem Viertel, die auf dem Platz ihre Käsebrote aßen und billigen Wein dazu tranken. Die Stelle, die Perlès ihm schließlich bei der ›Tribune‹ verschaffte, war auf wenige Monate befristet. Im übrigen behauptete Miller, er sei nach Paris gekommen, um Sünde und Laster zu studieren.

Die Rue de la Gaîté war und ist eine jener traditionsreichen Straßen, wo sich Volk und Theater aufs engste vereinigen – heute weiter »popularisiert« durch eine Reihe von Sex-Shops, als gelte es, Henry Millers Obsessionen wachzuhalten. Schon in den dreißiger Jahren des 19. Jahrhunderts hatte Ludwig Börne sein Vergnügen an diesem höchst vitalen Volkstheater und an der seligen Vereinigung des Volkes im Weinen. So verlagerte sich das Spektakel für den Beobachter aus Deutschland völlig von der Bühne ins Publikum:

Dreiundsechzigster Brief

                          Montag, den 19. Dezember
Neulich war ich im Theater de la Gaité, welches ich früher noch nie besucht. Seitdem haben Wind und Frost meine Augen wieder getrocknet; denn wahrhaftig, gleich darauf hätte ich Ihnen gar nicht davon schreiben können. Nie in meinem Leben habe ich so viel geweint als in diesem Théâtre de la Gaité. Ich hatte mich nicht vorgesehen, hatte meine Augen nicht verriegelt, und jetzt stürzte die spitzbübische Rührung herein und raubte allen Verstand in meinem Kopfe. Dieses Theater ist das vornehmste unter den gemeinen, unter den Boulevardtheatern. Das volle Haus gewährte einen wohltuenden, sanft erwärmenden Anblick, und nie habe ich

mich zwischen den Akten so behaglich gefühlt als hier. Das Aufziehen des Vorhangs störte mich jedesmal. Die Zuschauer gehörten alle zu den niedern Bürgerklassen, die den Mittelstand von dem Pöbel trennen. Meistens Weiber und Mädchen, sehr wenige Männer. Sie trugen alle weiße Häubchen. Sie können sich nichts Lieblicheres denken. Alle Galerien rundumher, von oben bis unten, und das ganze Parterre waren weiß. Ich wußte vor lauter Wohlgefallen gar nicht, womit ich diesen schönen Anblick vergleichen sollte. Bald erschien es mir wie ein beschneiter Wald; bald wie ein Bleichgarten, wo die Wäsche zum Trocknen aufgehängt ist; bald wie eine Herde (aber gutmeinender) Gänse; bald wie eine Lilienflur, auf welcher die wenigen vornehmen und farbigen Hüte als Tulpen hervorstanden. Jetzt war zu bewundern der Fleiß und die Aufmerksamkeit dieser Zuschauerinnen den ganzen Abend. Diese guten Mütter und Töchter sind nicht abgestumpft, sie gehen selten in das Theater und sehen wohl nur einmal das nämliche Stück. Sie kommen mit einem tüchtigen Hunger und wollen sich satt hören und sehen. In der Mitte der ersten Galerie, ganz genau in der Mitte, wo bei uns die Prinzessinnen sitzen, saß, wie ein Solitär in einem Ringe, ein Marktweib, fleischig, rotwangig, mit Armen wie junge Tannen. Ich konnte kein Auge von ihr abwenden. Sie hatte ihre verschränkten Arme auf die rotgepolsterte Lehne gelegt und starrte regungslos fünf Stunden lang mit durchbohrender Aufmerksamkeit nach der Bühne hin. Es war, als hätte sie die Worte schockweise gekauft und bezahlt und zählte ängstlich nach, ob sie keines zu wenig bekomme. Und jetzt das allgemeine Weinen! Nein, einen solchen Augenbruch habe ich nie gesehen. Wer Augen hatte, weinte; wer ein weißes Schnupftuch, trocknete seine Tränen; wer ein farbiges, (das ist keine Erfindung) ließ sie fließen.

In diesem Viertel vielfältiger Vergnügungen läßt der Schriftsteller Léon Werth auch den viel leidenden, ja fast ausschließlich seine Schmerzen protokollierenden Helden seines Romans *Das weiße Zimmer* aus dem Jahre 1913 aufwachsen. Es ist eine Jugend im »Milieu« am Ausgang der Rue de la Gaîté. Übrigens hat Antoine de Saint-Exupéry dem Autor, der für dieses Buch hoch gelobt wurde und der zahlreiche Schriftsteller zu seinen Freunden zählte, sein berühmtestes Werk *Der kleine Prinz* gewidmet:

»Mein Vater hatte eine Weinstube in der Avenue du Maine, dicht an der Ecke Rue de la Gaîté. Ich war sieben, als ich meine Mutter verlor. Im Restaurant bestand die Kundschaft aus Kutschern und einigen Dirnen, die in Pantoffeln aus dem Hôtel d'Armorique und dem Hôtel Avenir herüberkamen, aber in der Schankstube war sie viel gemischter. Was habe ich am Tresen nicht alles für Arbeiter und Straßenverkäufer, fahrende Sänger und Zirkuskünstler und stellungslose Angestellte gesehen! Wenn die Lichter angingen, kamen die Hausfrauen manchmal auf dem Rückweg vom Waschhaus und tranken einen Raspail (einen Kräuterschnaps), und später am Abend kamen die Dirnen, um zwischen zwei Nummern oder zwei Schichten auf dem Strich ein Glas zu trinken.

Auf einer Bank im hinteren Teil des Ladens machte ich an einem von den Marmortischchen meine Schularbeiten.«

Entlang der Avenue du Maine – den Bahnhof Montparnasse im Rücken – öffnet sich bald zur Linken die Rue Daguerre, die dem Photographen gewidmet ist, der 1839 die Entwicklung des Bildes durch die Verwendung von lichtempfindlichen Silbersalzen auf Metallplatten entdeckte und der Daguerreotypie ihren Namen gab. Die Straße, die noch viel authentisches Kleinbürgertum sowie täglich einen lebhaften Gemüsemarkt aufweist, haben Simone de Beauvoir und Jean-Paul Sartre 1970 bei einem Protestmarsch durchschritten, um für ihr Blatt *La Cause du Peuple* zu werben und die Freilassung von dreißig Verkäufern des Blattes zu erzwingen. Die vielseitig engagierte Publizistin achtete sorgsam darauf, daß ihre Aktivität in den Medien ins rechte Licht gerückt wurde:

»Dreißig Verkäufer der *Cause du Peuple* waren in Haft… Wir wollten uns nicht verhaften lassen, wie es M. Dutourd und Minute behaupteten, sondern erreichen, daß die Regierung dadurch, daß sie uns nicht verhaftete, in Widerspruch zu sich selbst geriet. Wir waren nur etwa zehn, wurden aber von einer ganzen Kolonne von Journalisten und Fotografen begleitet. In der rue Daguerre, dieser mir so vertrauten Umgebung, vor einem Laden, wo ich meine Lebensmittel kaufe, holten wir uns von einem Wagen einen Sack voll Zeitungen und Flugblätter und teilten sie unter uns auf… *Le Monde* brachte am 22. Juni einen sehr guten Bericht über diese kleine Demonstration.«

Dort, wo die Rue Daguerre auf die Avenue Général Leclerc stößt, liegt linker Hand die Place Denfert-Rochereau. Hier ist viel deutsch-französische Kriegsgeschichte präsent, denn es war einerseits der Colonel Philippe-Aristide Rochereau, der 1870 den preußischen Truppen in Belfort bis zum Friedensschluß Widerstand leistete, und andererseits der General Leclerc, der 1944 über diese Straße in das von den Deutschen nicht mehr verteidigte Paris einzog, allerdings verspätet, denn zunächst mußten die siegreichen Amerikaner vor der französischen Hauptstadt haltmachen, damit die »Rückeroberung« der Metropole den Franzosen vorbehalten blieb.

An diese hochdramatischen Ereignisse der französischen

Geschichte zeigte sich der spanisch-französische Schriftsteller Jorge Semprun nicht gebunden (obgleich er als Häftling in Buchenwald auch ein Opfer der deutschen Geschichte geworden war), als er seinen anarchistischen Frauenhelden in dem Roman *Netschajew kehrt zurück* sein Doppelleben im Umfeld des Löwen-Denkmals Denfert-Rochereau und auf dem angrenzenden Square Georges Lamarque mit einem fulminanten Mord beginnen läßt. Um Geschichte geht es auch in diesem Roman, doch hier werden Revolutionäre, die ins bürgerliche Leben zurückgekehrt sind, von ihrer Vergangenheit eingeholt:

»Genau in diesem Augenblick wurde Luis Zapata niedergestreckt. Luis stand aufrecht, den rechten Unterarm auf den oberen Rand der offenen Tür des Jaguars gestützt ...

Man vernahm lediglich zwei dumpfe Detonationen, so als hätte man Champagnerkorken knallen lassen. Etwas in der Art: flop, flop! Bestimmt war der Revolver mit einem Schalldämpfer versehen, was, wenn man später darüber nachdachte, den ungewöhnlich langen Lauf erklärte.

Die junge Frau setzte ihren Weg im selben Schritt fort, ohne den Kopf zu drehen, ohne sich zu beeilen: eine lebendige Mordmaschine, ein marschierender Roboter. Zapata sackte zusammen, verschwand, auf die Straße rollend, neben dem Jaguar, einem nunmehr lächerlichen Statussymbol.«

In der Verlängerung der Avenue Général Leclerc dringt die Avenue Denfert-Rochereau tiefer in das Pariser Zentrum vor und stößt auf den Boulevard du Montparnasse – fast genau dort, wo auch die Rue d'Assas, die Rue Notre-Dame-des-Champs und die Avenue de l'Observatoire zusammentreffen. Dort, gegenüber der Métro-Station Port-Royal, liegt das Lokal – heute Bistro und Restaurant – »Closerie des Lilas«. Dort haben einst Lenin und Trotzki Schach gespielt, gelegentlich erschien im Radfahrerkostüm Alfred Jarry, der Erfinder des *König Ubu*, und schoß entsprechend seinem Rollenverständnis als Bürgerschreck mit der Pistole in die großen Restaurantspiegel. Die Surrealisten feierten dort 1925 ein Bankett, dem die Dichterin Rachilde präsidierte, die mit ihren Romanen *Monsieur Venus* und *Madame Adonis* Aufsehen erregt hatte. Rachilde tut darin ihr möglichstes, die Grenzen zwischen »männlichen« und »weiblichen« Figuren zu verwischen. Sie selbst war leidenschaftlich ihrem eigenen Geschlecht zugetan.

Vielleicht war es dieser Mangel an Aufmerksamkeit ihm gegenüber, der André Breton zu dem wenig literarischen und noch weniger höflichen Ausruf veranlaßte: »Diese Dame kotzt uns schon lange an.« Der biedere Ehrengast Saint-Paul Roux aus der Bretagne versuchte zu schlichten: »Aber, aber, so behandelt man doch nicht eine Dame, welcher Mangel an Galanterie!« Darauf folgte das Signal der Runde: »Wir scheißen auf die Galanterie!« und der Lyriker Robert Desnos kletterte zur Gardinenstange empor und stieß von dort oben mit den Füßen die Tafel um. Der Krawall war groß genug, um bis auf den Boulevard du Montparnasse zu dröhnen, wo einige Passanten sich beschwerten: »Das sind Lebemänner, die dort feiern. Eine Schande, wo es doch so viele Waisen und Kriegerwitwen gibt ...« Darauf erhob sich der deutsche Maler Max Ernst mit dem Ausruf: »Nieder mit Deutschland!«, und der französische Autor Michel Leiris sekundierte: »Nieder mit Frankreich!« Sodann stürzte der volltrunkene Leiris auf die Straße und geriet in die Verfügungsgewalt des Volkes, was ein bestimmtes Risiko der körperlichen Mißhandlung einschloß. Dieser Gefahr des Volkszorns begegnete der Dichter Louis Aragon mit dem

Appell: »Alle raus, Leiris wird gelyncht!« Mit einigem Glück geriet der schon blutende Leiris in die Hände der herbeieilenden Polizei, aus deren Gewahrsam ihn am nächsten Morgen der Dichterfreund Édouard Herriot, im Hauptberuf Ministerpräsident Frankreichs, befreite.

Hier haben sie sich immer wieder eingefunden – die französischen Künstler und ihre Kollegen aus anderen Ländern, besonders von jenseits des Atlantiks. Noch Thomas Wolfe läßt in seinem umfangreichen Roman *Von Zeit und Strom* aus dem Jahre 1936 genau in der »Closerie des Lilas« seine autobiographisch gefärbte Figur Eugene mit seinem Freund und späteren Feind Starwick über die Frage diskutieren, wo man wirklich zu Hause sei – in Paris mit seinen Verführungen oder an heimatlichen Orten, wo sich die traditionellen Tugenden bewahrt haben:

»›Sag mal, fühlst du dich eigentlich hier zu Hause?‹
›Was verstehst du unter Sich-zu-Hause-Fühlen?‹
›Nun, ich meine, ob du dir hier je etwa fehl am Platz vorkommst. Ob du etwa empfindest, daß du nicht in dieses Leben hier gehörst. Daß du ein Fremder bist.‹
›Aber keine Spur!‹ sagte Starwick leicht ungeduldig. ›Ganz im Gegenteil. Hier geschieht mir's zum erstenmal im Leben, daß ich mir *nicht* wie ein Fremder vorkomme. Ich hab mich in meinem Geburtsland im Mittelwesten nie zu Hause gefühlt, ich hab die Gegend von frühester Kindheit an nicht ausstehen können, hatte immer das Gefühl, daß ich dort fehl am Platz wäre, und stets hab ich von dort weggewollt. Aber in Paris hab ich mich vom ersten Augenblick an heimisch gefühlt. Diesem Leben hier steh ich näher als irgendeinem andern, das ich je kennenlernte; seit ich denken kann, fühl ich mich zum erstenmal irgendwo richtig zu Hause.‹«

Ernest Hemingway, Thomas Wolfe eine Generation voraus, wohnte in unmittelbarer Nähe. Er machte die »Closerie« zu seiner Stammkneipe:

»Die ›Closerie des Lilas‹ war das nächstgelegene gute Café, als wir in der Wohnung über der Sägemühle in der Rue Notre-Dame-des-Champs 113 wohnten, und es war eines der besten Cafés in Paris. Im Winter war es drinnen warm, und im Frühling und Herbst war es draußen wunderbar mit den Tischen im Schatten der Bäume auf der Seite, wo das Denkmal des Marschalls Ney war, und an den viereckigen Tischen unter den großen Markisen am Boulevard. Zwei der Kellner waren gute Freunde von uns ...«

Dort fand er schließlich auch die Antwort auf den Vorwurf von Gertrude Stein, daß jene aus dem Ersten Weltkrieg körperlich heil heimgekehrten Soldaten dennoch eine »lost generation« seien. Er saß dort auf der Terrasse vor der Statue des Generals Ney, der seinem Kaiser Napoléon sogar noch während der hundert Tage nach dessen Rückkehr von Elba die Treue gehalten hatte und dafür an dieser Stelle 1815 erschossen worden war. Es wurde eine tiefsinnige und tröstliche Antwort:

»... während ich mich der ›Closerie des Lilas‹ näherte, mit dem Licht auf meinem alten Freund, der Statue des Marschalls Ney mit seinem gezogenen Säbel und dem Schatten der Bäume auf der Bronze, und er allein dastand und niemand hinter ihm – und was für ein Fiasko er aus Waterloo gemacht hatte, da dachte ich, daß alle Generationen durch irgend etwas verloren waren und immer gewesen waren und immer sein würden, und ich machte in der ›Closerie‹ halt, um der Statue Gesellschaft zu leisten, und trank ein kaltes Bier ...«

Saint-Germain-des-Prés

Place Saint-Germain-des-Prés
Boulevard Saint-Germain-des-Prés
Rue des Saints-Pères
Rue de l'Université
Rue Jacob
Rue de Seine
Rue des Beaux Arts
Rue de Buci
Rue Saint-André-des-Arts
Rue Mazet
Rue des Grands-Augustins
Quai de Conti
Quai Malaquais
Quai Voltaire

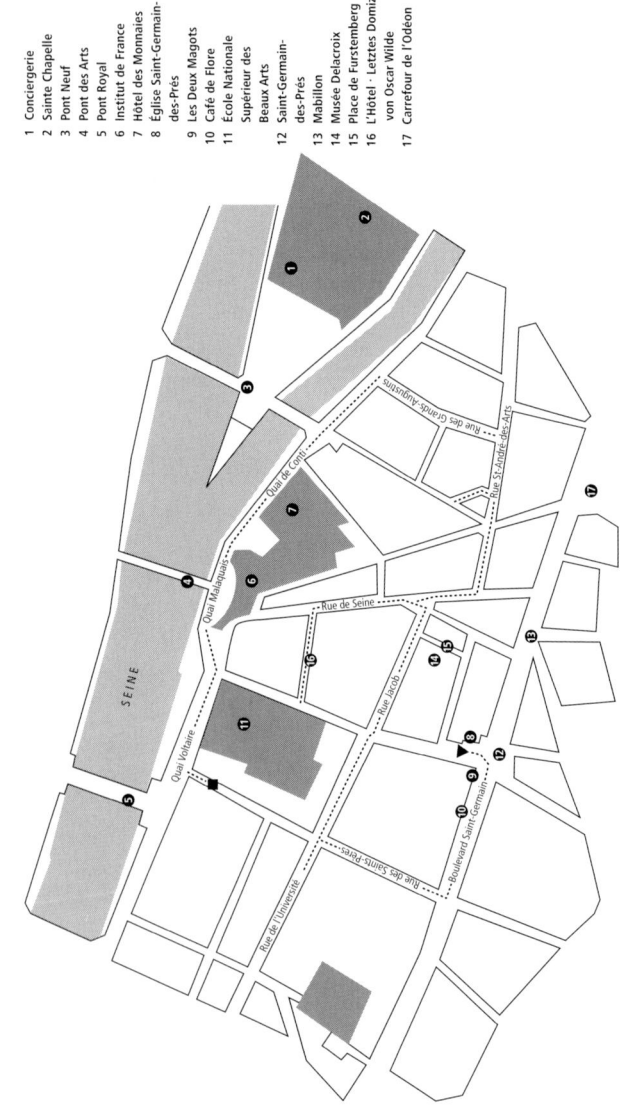

1 Conciergerie
2 Sainte Chapelle
3 Pont Neuf
4 Pont des Arts
5 Pont Royal
6 Institut de France
7 Hôtel des Monnaies
8 Église Saint-Germain-des-Prés
9 Les Deux Magots
10 Café de Flore
11 École Nationale Supérieur des Beaux Arts
12 Saint-Germain-des-Prés
13 Mabillon
14 Musée Delacroix
15 Place de Furstemberg
16 L'Hôtel - Letztes Domizil von Oscar Wilde
17 Carrefour de l'Odéon

»Sollen wir anhalten, um nen Apéritif zu trinken? ...

In Saint-Germain-des-Prés? fragt Zazie, die vor Aufregung schon zappelt.

Aber Mädchen, sagt Gabriel, was stellst du dir denn vor? Das ist doch ein ganz alter Hut.

Wenn du mir damit andeuten willst, daß ich hinterm Mond zu Hause bin, sagt Zazie, dann kann ich dir nur antworten, daß du ein altes Arschloch bist.

Hörst du das? sagt Gabriel.

Was willst du da tun, sagt Charles, das ist eben die neue Generation.«

Auf der Place Saint-Germain-des-Prés, die vor kurzem in Place Jean-Paul Sartre umbenannt wurde, läßt sich vis-à-vis der Kirche desselben Namens lange darüber nachsinnen, wie alt, modern, démodé oder zeitlos jung dieses einstige Intellektuellenviertel heute ist. Einiges recht Alte findet sich schon – etwa die Kirche selbst und die dort nicht vollständig angelangten Gebeine des Philosophen René Descartes, der als der französischste aller französischen Denker gilt, obgleich er meist im Ausland gelebt hat. Die Kirche im Rücken, fällt der Blick auf das »Café Deux Magots«, das seinen Namen einem dort einst etablierten Kaufhaus mit zwei chinesischen Figuren als Hausheiligen verdankt. Die Figuren finden sich im Innern des seit Jahrzehnten immer wieder besuchten Treffpunkts von Künstlern und Schriftstellern. So ist auch Djuna Barnes von der Kirche zum Café gewandelt und traf dort auf einen berühmten Kollegen:

»Als ich eines Abends aus dieser Kirche kam, schaute

ich ins ›Café Aux Deux Magots‹ hinein und trank ein Glas Wein, während Joyce, James Joyce, der Autor des verbotenen *Ulysses*, über die Griechen sprach.

Ein ruhiger Mann, dieser Joyce, mit dem Hinterkopf eines afrikanischen Götzen, lang und flach. Dem Hinterkopf eines Mannes, der mit der vulgären Notwendigkeit geistigen Stauraums gebrochen hatte.«

Es war ebenfalls in der Zwischenkriegszeit, 1924, als sich im »Deux Magots« die Autoren Louis Aragon, André Breton und Philippe Soupault trafen, um an ihrem »surrealistischen Manifest« zu schreiben, und sich die Künstler André Masson, Max Ernst, Man Ray und Joan Miró ihnen zugesellten. Das gemeinsame Programm erwies sich jedoch nur kurzfristig als tragfähig für die sehr unterschiedlichen Temperamente, und selbst der dominierende Breton konnte sich nicht lange als Leitfigur behaupten. Die amerikanische Journalistin Janet Flanner hat die Kampfmethoden sowie die im Innern aufbrechenden Konflikte der surrealistischen Gruppierung beobachtet:

»Die Surrealisten hatten ihren Stammtisch gegenüber der Eingangstür des ›Deux Magots‹, und von diesem günstigen Platz aus konnte ein dort sitzender Surrealist bequem jeden Neuankömmling, der sich mit ihnen auf eine Fehde einließ, beleidigen, oder mit ihm einen Plan diskutieren, den Verleger einer kampflustigen, antisurrealistischen Zeitung auszupeitschen, weil er seinen Namen erwähnt hatte, oder schlimmer noch, weil er seinen Namen nicht erwähnt hatte im neuesten surrealistischen Klatsch über den erbitterten Machtkampf zwischen den ergebenen Anhängern des Begründers des Surrealismus, André Breton, und ihren Rivalen, die zu Louis Aragon, dem Dichterfürst und größten Romancier des Surrealismus, übergelaufen waren.«

Während des Zweiten Weltkriegs war das nur wenige Schritte entfernte »Café de Flore« der Rückzugsort für Simone de Beauvoir, die dort im ersten Stock arbeitete. Hier war es auch, wo in der unmittelbaren Nachkriegszeit jenes intellektuelle Klima entstand, das den Namen Saint-Germain berühmt gemacht hat – ebenso wie die »schwarze Muse von Saint-Germain« Juliette Greco, für die selbst Sartre einige Chanson-Texte schrieb. Simone de Beauvoir hat die sehr modische Nonchalance der frühen Nachkriegsgeneration beschrieben, die ihre Lässigkeit mit dem angemaßten Etikett »Existentialismus« versehen hatte:

»Das ›Flore‹ hatte seine Sitten, seine Ideologie. Die kleine Gemeinde der Getreuen, die sich dort täglich traf, gehörte nicht ganz zur Bohème und nicht ganz zur Bourgeoisie. Die meisten hatten lose mit dem Film und dem Theater zu tun. Sie lebten von unsicheren Einkünften, Notbehelfen und Hoffnungen ... Ein jeder hatte reihum mit einer jeden ein Verhältnis von unterschiedlicher, im allgemeinen aber kurzer Dauer. Wenn die Runde gemacht war, begann man wieder von vorn; das ging nicht ohne Eintönigkeit ab. Sie verbrachten ihren Tag damit, in kleinen, blasierten, von Gähnen unterbrochenen Sätzen ihren Ekel zu verströmen. Des Klagens über die menschliche Sauerei war kein Ende.«

Dort tauchte eines Tages auch Jean Genet auf, den Jean Cocteau entdeckt hatte. Seine Biographie entsprach genau dem ideologischen Nachkriegsideal und dem Freiheitsbegriff der Existentialisten: Kellerkind, Kleinkrimineller, kühner Künstler, Tabuverletzer. Entsprechend günstig verlief die Begegnung mit Sartre im »Flore«, als Genet gerade wieder einmal aus dem Gefängnis entlassen worden war:

»Als ich an einem Mainachmittag mit Sartre und Camus im ›Flore‹ saß, kam er an unseren Tisch: ›Sind Sie Sartre?‹

fragte er brüsk. Rasierter Schädel, verkniffene Lippen, mißtrauischer, fast aggressiver Blick – wir sahen einen harten Burschen vor uns. Er setzte sich, blieb aber nur kurz. Er kam wieder, und nun sahen wir ihn oft. Hart war er. Mit der Gesellschaft, die ihn von Geburt an ausgeschlossen hatte, verfuhr er schonungslos. Aber seine Augen konnten lächeln, und um seinen Mund spielte noch immer das Staunen der Kindheit.«

Die gegenüberliegende »Brasserie Lipp« mit der Hausnummer 151 des Boulevard Saint-Germain-des-Prés wurde 1880 von dem Elsässer Ehepaar Léonard und Élise Lippmann gegründet, das 1871 nach der Abtretung von Elsaß und Lothringen an Deutschland nicht die französische Staatsbürgerschaft aufgeben wollte. In den zwanziger Jahren des vergangenen Jahrhunderts wurde das Lipp von Schriftstellern wie Léon Daudet, Antoine de Saint-Exupéry, Max Jacob oder Jean Giraudoux frequentiert, aber auch Politiker wie Léon Blum sah man häufig dort. Noch in der Nachkriegszeit wurde das »Lipp« gern als politische Bühne benutzt, etwa als ein heftiger Meinungsstreit zwischen den Ministern Georges Pompidou und Valéry Giscard d'Estaing ausgebrochen war und der Staatspräsident Charles de Gaulle sie zwang, sich zum »Versöhnungsessen« im »Lipp« einzufinden, zu welchem Ereignis auch zahlreiche Photographen bestellt wurden. Photographen waren dagegen völlig unerwünscht und auch konsequent abwesend, als der marokkanische Oppositionspolitiker Ben Barka dort speisen wollte und beim Betreten des Lokals vom marokkanischen Geheimdienst entführt wurde – die französische Polizei schaute so perfekt weg, daß er nie wieder aufgetaucht ist.

Auch der deutsche Autor Alfred Andersch hat die Atmosphäre von sich selbst inszenierenden Artisten der Literatur

»Les Deux Magots« bei Nacht

wie des Theaters beobachtet und bewundert, zumal eines Abends, als in diese Atmosphäre des 19. Jahrhunderts Michèle Morgan »wie eine große, weißblonde, von Dior angezogene bretonische Seeräuberin« einbrach und für Veränderung sorgte.

Der Boulevard Saint-Germain-des-Prés wird, wenn man sich auf der Seite des »Lipp« von der Place Saint-Germain-des-Prés entfernt, sodann von der Rue des Saint-Pères gekreuzt. Rechts führt die Straße auf die Kreuzung zu, wo die Rue de l'Université endet und die Rue Jacob beginnt. In der Rue de l'Université Nr. 9 befand sich ein Hotel, in dem der englische Lyriker T. S. Eliot abzusteigen pflegte. Als ihn dort 1948 die Nachricht von der Auszeichnung mit dem Literaturnobelpreis erreichte, sagte ein Freund zu ihm: »Gratuliere zu dem Preis, alter Junge. Es war höchste Zeit, würde ich sagen.« Doch Eliot erwiderte düster: »Ich würde eher sagen: zu früh. Der Preis ist eine Fahrkarte zur Beerdigung. Niemand hat jemals noch was geleistet, nachdem er ihn hatte.«

Doch zurück zu der Kreuzung Rue des Saints-Pères und Rue Jacob, wo in den zwanziger Jahren ein vielbesuchtes Restaurant namens »Michaud« existierte. Hemingway hat in seinem Erinnerungsbuch *Paris – Ein Fest fürs Leben* festgehalten, wie sein Kollege Francis Scott Fitzgerald ihm ein sehr persönliches Problem anvertraute, das seine kapriziöse Frau Zelda in die Welt gesetzt hatte. Sie hatte ihrem Mann vorgeworfen, an der »entscheidenden Stelle« seines Körpers nicht das männliche Normalmaß zu erreichen. Freund Hemingway, diskret konsultiert, konnte ihn beruhigen und ihm verraten, daß es sich bei dem Vorwurf seiner Frau »um die älteste Art und Weise der Welt« handelte, »Leute außer Betrieb zu setzen«.

In die Rue Jacob ließ Alphonse Daudet, der mit seinen

Briefen aus meiner Mühle einen bis heute anhaltenden Welterfolg erzielte, in seinem Roman *Sappho* einen jungen Mann namens Jean Gaussin aus dem Süden Frankreichs gelangen, der auf einer Faschingsfestlichkeit eine Eroberung gemacht hatte und es nicht bei der Begegnung im Kostüm belassen wollte. Es wurde ein fatales, sein Leben zerstörendes Abenteuer, das in der Rue Jacob seinen symbolischen Anfang nahm. Daudet hat diesen Entwicklungsroman mit negativem Ausgang seinen Söhnen gewidmet, um sie vor den Gefahren von Paris warnen. Noch zeigt sich der junge Mann aus dem Süden Frankreichs kräftig und zuversichtlich, doch läßt ihn sein Autor bereits am ersten Abend spüren, daß die kühnen Versprechungen in der Metropole schnell ihr Ende finden können:

»Die Droschke hielt in der Rue Jacob vor einem Studentenhotel. Vier Stockwerke waren zu erklimmen, das war hoch und beschwerlich. ›Wollen Sie, daß ich Sie trage?‹ sagte er lachend. Sie hüllte ihn in einen langen Blick, einen verächtlichen und zärtlichen, einen erfahrenen, prüfenden Blick, und sagte vernehmlich: ›Armer Kleiner…‹

Da nahm er sie mit einem schönen Schwung, recht nach seinem Alter und seinem Süden, auf die Arme und trug sie wie ein Kind, denn er war stark und kräftig gebaut mit seiner hellen Mädchenhaut, und das erste Stockwerk stieg er in einem Zug hinauf, glücklich über dieses Gewicht, das mit zwei frischen nackten Armen um seinen Hals geschlungen war.

Das zweite Stockwerk zog sich schon länger und ohne Vergnügen hin. Die Frau überließ sich ihm ganz, wurde schwerer und schwerer. Ihr Metallklunker, der ihn anfänglich kitzelnd streichelte, grub sich nach und nach und schmerzlich in seine Haut.

Im dritten Stock keuchte er wie ein Möbelpacker, der ein

Klavier schleppt; er rang nach Luft, während sie entzückt, mit halbgeschlossenen Lidern, murmelte: ›Oh! Mein Schatz, wie schön ... wie wohl man sich fühlt...‹ Und während er sich die letzten Stufen eine um die andere hinaufstemmte, schien ihm die Treppe riesenhaft und deren Wände, deren Geländer, deren schmale Fenster eine sich endlos windende Spirale. Das war keine Frau mehr, was er da trug, sondern etwas Schweres, Grauenerregendes, das ihn erstickte und das fallen zu lassen, wütend fortzuwerfen er jeden Augenblick versucht war, sollte er sie dabei auch brutal zerschmettern.

Als sie auf dem schmalen Treppenabsatz anlangten, sagte sie: ›Schon...‹ und öffnete die Augen. Er dachte: ›Endlich...!‹, hätte es aber nicht aussprechen können, so bleich war er, und preßte beide Hände auf seine Brust, die zerspringen wollte.

Das war ihre ganze Geschichte, dieses Treppensteigen in der grauen Trübseligkeit des Morgens.«

In ganz unmittelbarer Weise war die Sappho-Gruppe um Nathalie Clifford Barney der griechischen Dichterin verpflichtet. Die reiche Amerikanerin lebte seit 1902 im Haus Nr. 20 der Rue Jacob, und in der Tiefe des Gartens war ein kleiner griechischer Tempel errichtet, der im Fries die Widmung »à l'amitié« trug. Djuna Barnes, deren Zuneigung ebenfalls eher den Frauen galt, deutet an, daß ihre Landsmännin sich ihre ganz eigene Gesellschaft in einem höchst eigenwilligen Ambiente geschaffen hatte:

»Miss Barney empfing französische Staatsmänner, alternde Philosophen, Dichter und hagere Damen aus dem Faubourg St. Germain und der Proust-Tradition. Hier drängten sich Titel und Höflinge zwischen den Kallas und balancierten Seeigel oder Sorbets, wie es die Umstände verlangten, während schöne blonde Damen in fließenden Gewändern an Harfen zupften.«

Auch André Germain wurde zu Veranstaltungen der Sappho-Gruppe eingeladen und durfte dort auch die Schriftstellerin Colette in ihrem bevorzugten Zweitberuf als wenig bekleidete Tänzerin beobachten:

»Einige Jahre später sollte ich Colette in einem Garten wiedersehen, wie sie nackt einen Faun nachahmte. Der Garten gehörte einer Freundin, Nathalie Clifford Barney, der ich damals sehr ergeben war.«

Die Rue Jacob stößt auf die Rue de Seine, die bis ans Ufer der Seine läuft und heute von zahlreichen Galerien moderner Kunst aus allen Kontinenten beherrscht wird. Abgesehen von den Abenden der jeweiligen Vernissage fallen die Läden durch jene Stille auf, die schon Rilkes Malte dort beobachtet hat. Seinerzeit waren es Geschäfte mit höchst gemischtem Angebot, und der Dichter läßt spüren, daß nicht nur sein Held sich dort wohl gefühlt hätte, wenn er nicht von literarischem Ehrgeiz getrieben gewesen wäre:

»Manchmal gehe ich an kleinen Läden vorbei in der Rue de Seine etwa. Händler mit Altsachen oder kleine Buchantiquare oder Kupferstichverkäufer mit überfüllten Schaufenstern. Nie tritt jemand bei ihnen ein, sie machen offenbar keine Geschäfte. Sieht man aber hinein, so sitzen sie, sitzen und lesen, unbesorgt; sorgen nicht um morgen, ängstigen sich nicht um ein Gelingen, haben einen Hund, der vor ihnen sitzt, gut aufgelegt, oder eine Katze, die die Stille noch größer macht, indem sie die Bücherreihen entlang streicht, als wischte sie die Namen von den Rücken.

Ach, wenn das genügte: ich wünschte manchmal, mir so ein volles Schaufenster zu kaufen und mich mit einem Hund dahinterzusetzen für zwanzig Jahre.«

Im Haus Nr. 36 der Rue de Seine, dem kleinen Hotel »Mont Blanc«, das nicht mehr existiert, hat in den neunziger Jahren des 19. Jahrhunderts Frank Wedekind gewohnt und in seinen Tagebüchern über sein Leben freimütig Auskunft gegeben. Nur wenige Worte sind seiner Arbeit gewidmet, die übrigen Aufzeichnungen bleiben den nächtlichen Erkundungen von jenem Paris vorbehalten, das noch viele Attraktionen und Versuchungen der Belle Époque bereithielt, die bis heute ganz wesentlich den Mythos von Paris bestimmen. Seine Streifzüge beendete Wedekind stets in seinem Hotelzimmer und in den Armen einer »Dame«, so auch am 3. Januar 1894: »Ich mache Feuer, Alice entledigt sich ihrer reizenden Toilette, ich entkleide mich gleichfalls bis auf meine silbergrauen Trikots, und wir setzen uns vor den Kamin, rauchen und plaudern. Sie löst ihr dunkelblondes, üppiges Haar auf, das ihr wie eine Mantille um die Schultern bis auf die Hände fällt. Ihre großen, lichtvollen blauen Augen, das Olympisch-triumphierende in ihren Zügen, ihre herrlich gezeichneten frischen Lippen, ihre vollen, frischen, weißen Arme, ihr feines Spitzenhemd mit den blauen Schleifen, das alles ist von einem Reichtum, von einer Vollendung, wie ich sie noch bei keiner anderen gefunden.

Ich nehme ihre Füße auf meinen Schoß, klappe sie mehrmals auseinander, sinke dann dazwischen und mache ihr Minet. Obschon sie sich vorher nicht gewaschen, ist nicht der leiseste Beigeschmack zu spüren. Ich genieße die gebotene Delikatesse um ihrer selbst willen, als Lusthyliker, als Gourmet, ohne mich dabei im geringsten aufzuregen. Sie hat mir ihre Beine über die Schultern gelegt und setzt mir die Fersen in den Rücken, um mich anzuspornen. Mit den Händen hält sie mich an den Haaren fest. Ihr voller Körper gerät ins Zittern, er windet sich und bäumt sich auf; schließlich wiehert sie wie ein Füllen. Ich renke mir die Kinnlade wieder ein, merke, daß ich mir das Zungenband zerrissen habe und lispele wie ein Jude. Nachdem sich der Sturm in ihrem Körper gelegt hat, geht sie ins cabinet de toilette, um sich zu waschen, ein Bedürfnis, das ich meinerseits nicht empfinde.

Nachdem wir noch eine Ewigkeit geschwatzt, legen wir uns zu Bett. Ich frage sie, ob sie Sozialistin oder Anarchistin sei. Sie sagt, sie sei je-m'en-Foutiste. Sie hat un petit pucelage von 14 Tagen und genießt mich mit der Klugheit, Umsicht und Vorsorge einer Künstlerin in ihrem Beruf. Bei brennenden Kerzen schlafen wir unter einem neuen schottischen Plaid, den ich mir heute im Bon-Marché gekauft und den ich der großen Kälte wegen über meine Bettdecke gebreitet habe.«

Von der Rue de Seine biegt die Rue des Beaux Arts ab und stößt dann auf die Kunstakademie, der sie ihren Namen verdankt. Dort liegt zur Linken als Haus Nr. 13 das seinerzeit kleine »Hôtel d'Alsace« (heute sehr nobel und diskret nur mit dem Namen »L'Hôtel« versehen), an dem eine kleine Steinplatte davon kündet, daß hier Oscar Wilde auf der Flucht vor der englischen Justiz und seinen Schulden am 30. November 1900 starb. Wilde hatte zuvor in dem Prosatext *De profundis* bittere Bilanz gezogen – Anklage gegen seinen jungen Freund Lord Alfred Douglas und Klage über sein eigenes verpfuschtes Leben. So ist »L'Hôtel« ein Kult-Hotel geworden, in dem der argentinische Dichter Jorge Luis Borges häufiger wohnte, wovon die steinerne Tafel ebenfalls Kunde gibt. Hier hat Borges in einem Gedicht an den Tod eines anderen Dichters in Paris erinnert, an den Tod Heinrich Heines:

Paris, 1856

Das lange Siechenbett hat ihn daran
gewöhnt, den Tod vorherzusehn. Er hätte
Angst, in den lauten Tag hinauszugehen
und unter den Menschen zu sein. Entkräftet
denkt Heinrich Heine wohl an jenen Fluß,
die Zeit, die ihn allmählich mit sich trägt,
fort von dem langen Zwielicht und dem wehen
Geschick, ein Mensch zu sein und auch ein Jude.
Er denkt an anmutige Melodien,
denen er Instrument war, doch er weiß,
es ist kein Klang von Bäumen oder Vögeln,
sondern von Zeit und ihren vagen Tagen.
Nun retten dich nicht deine Nachtigallen
noch goldne Nächte noch die Sangesblumen.

Es geht offensichtlich von jenen Orten, wo einmal ein Dichter gelitten hat oder gar gestorben ist, eine magnetische Kraft aus, so daß nach Borges auch noch der amerikanische Schriftsteller Thomas Wolfe in dem kleinen Hotel Quartier nahm und in seinem Roman *Von Zeit und Strom* seinen Helden Eugene dort zunächst idyllische Ruhe finden läßt – vor den stürmischen Nächten auf dem Montmartre:

»Im neuen Jahr führte Eugene ein großartiges Leben. Er wohnte in einem kleinen Hotel in der Rue des Beaux Arts und hatte ein gutes Zimmer, das täglich 12 Francs kostete. Das Hotel war gut; außerdem war es das Haus, in dem Oscar Wilde gestorben war. Wollte jemand das berühmte Sterbezimmer sehen, brauchte er es nur zu wünschen, und dann zeigten ihm Monsieur Gely oder eine von dessen strammen Töchtern gern *la chambre de Monsieur Vield*.

Morgens um neun kam das Zimmermädchen mit Schokolade oder Kaffee, Brot, Marmelade und Butter dazu, denn das kleine Frühstück war im Zimmerpreis inbegriffen.«

Es war ebenfalls dort im engen Straßengeflecht nahe des Seine-Ufers, wo einst der Turm de Nesle stand – nur die Sackgasse Rue de Nesle kündet noch davon –, daß Hochdramatisches sich abspielte. Zunächst hatte Philippe der Schöne drei Schwiegertöchter, die seine Erbfolge im Jahre 1314 hätten sichern können, sich aber in mancherlei Ehebrüche verstrickten und statt dessen im Kerker oder Kloster landeten: die Königin von Navarra, Margarethe von Burgund, die an der Seite Ludwigs X. zur Königin Frankreichs hätte aufsteigen können, sodann Blanca von Artois, die Gemahlin von Philippes drittem Sohn Karl von der Marche, und schließlich ihre mit Philippe von Poitiers verheiratete Schwester Johanna. Die hochadligen, aber von ihren Ehemännern vernachlässigten Damen veranstalteten im Schloß Nesle Orgien mit willkürlich aufgelesenen Männern, die sie nach erfolgtem Gebrauch, ermordet und in Säcke genäht, in die Seine werfen ließen, um ihren guten Ruf zu wahren. Vom Turm spannte sich übrigens in jener Epoche eine eiserne Kette über die Seine zum Louvre, um nachts bei Gefahr die Schiffahrt zu sperren. Diesen Stoff ließ sich François Villon um 1460 in seiner *Ballade des Dames du temps jadis*, die Teil seines *Testament* ist, nicht entgehen:

> ... ou est la royne
> Qui commanda que Buridan
> Fust geté en ung sac en Saine?
> Mais ou sont les neiges d'antan?

La royne Blanche comme lis
Qui chantoit a voix de seraine...*

Seigneur de Brantôme, der als geistlicher Fürst sich auch literarisch-historisierend dem *Leben der galanten Damen*, aber nicht nur ihnen, sondern auch den kriegerischen Herren zuwandte, hat die seltsamen Liebessitten jener königlichen Dame beklagt, »die sich auf Schloß von Nesle bei Paris aufhielt und den Reisenden auflauerte; jene, die ihr am besten paßten und am angenehmsten waren, was für eine Art von Leuten es auch sein mochte, ließ sie rufen und zu sich kommen; nachdem sie aus ihnen herausgezogen, was sie von ihnen verlangte, ließ sie sie von der Spitze des Turms, der noch steht, hinunter ins Wasser stürzen und ertränken.« Damit war es so gut wie unabwendbar, daß sich 1832 Alexandre Dumas père, der von der Geschichte sagte, daß er sie als Nagel benutze, um seine Romane daran aufzuhängen, sich diesem Stoff zuwandte – die Folge: das Melodrama *La Tour de Nesle*, uraufgeführt im Théâtre de la Porte Saint-Martin.

Alexandre Dumas père ist auch in der kurzen Rue Mazet zur Stelle, denn im Haus Nr. 5 befindet sich das Wirtshaus »Auberge du Cheval Blanc«, wo seine Romanhelden *Die Drei Musketiere* (die eigentlich vier sind) ein- und ausgehen. Im Haus Nr. 9 gab es das renommierte Restaurant »Magny«, wo im 19. Jahrhundert alle verkehrten – die Schriftsteller Baudelaire, Gautier, Taine, Turgenjew, Sainte-Beuve, die Brüder Goncourt, Flaubert, George Sand. Beim Diner am 18. Januar 1864 dürfte George Sand nicht zugegen gewesen sein, denn Flaubert entwickelte ein Frauen-

---

* Wo, die befahl, daß Buridan / Im Sacke in der Seine man / Ertränkte, wo die Königin? / Wo schmolz der Schnee des Winters hin?
Die Königin Blanche, lilienweiß, / Die lieblich sang, wie die Sirene...

bild, das ziemlich extravagante Züge aufweist und recht gewaltsam in seiner ästhetischen Begründung ausgefallen ist. Die Brüder Goncourt durften natürlich nicht fehlen:

>18. Januar 1864. Bei Magny
>Und man geht zu den Frauen über, dem gewöhnlichen Thema der Gespräche. Gautier sagt, er liebe nur die nichtsexuelle Frau, das heißt die so junge, daß sie jeden Gedanken an Gebären, Gebärmutter, Schwangerschaft zurückdrängt; und er fährt fort: da er diese Vorliebe wegen der Polizeibeamten nicht befriedigen könne, hätten alle anderen Frauen, ob sie zwanzig oder fünfzig Jahre alt wären, für ihn das gleiche Alter.
>Darüber beginnt Flaubert mit flammendem Gesicht, dröhnender Stimme, die großen Augen rollend und sagt, Schönheit sei nicht erotisch, die schönen Frauen seien nicht dazu da, gevögelt zu werden, sie seien dazu gut, Statuen zu inspirieren; die Liebe entstünde vielmehr aus jenem Unbekannten, das Erregung hervorruft, wie sie Schönheit nur selten hervorrufe. Er entwickelt sein Ideal, das sich als das Ideal der gemeinen normannistischen Schlampe erweist. Man bespöttelt ihn. Da sagt er, noch niemals habe er wirklich eine Frau gevögelt, er sei noch jungfräulich; aus allen Frauen, die er besessen habe, habe er nur die Matratze einer anderen, erträumten Frau gemacht.
>... Flaubert ist heute abend noch ein wenig wortreicher als sonst; er schleudert seine Paradoxe nicht mit der Leichtigkeit des indischen Jongleurs eines Gautier, sondern hält sie nur mühsam im Gleichgewicht, wie ein Jahrmarktsherkules oder eher noch ganz einfach wie ein aufgebrachter Provinzler; er behauptet, der Koitus sei für die Gesundheit des Organismus keineswegs nötig; er sei nur ein von unserer

Phantasie geschaffenes Bedürfnis. Taine gibt ihm zu bedenken, daß er selbst, der wirklich kein großer Vögler sei, jedesmal, wenn er sich alle vierzehn Tage oder drei Wochen einem Koitus hingebe, von einer gewissen Unruhe, einer gewissen Besessenheit, erlöst sei und daß er den Kopf dann für die Arbeit freier habe.

Die nächste Seitenstraße, die von der Rue Saint-André-des-Arts abbiegt, ist die Rue des Grands-Augustins, in der das Haus Nr. 7 – eher ein dezentes Palais – in Honoré de Balzacs Erzählung *Das unbekannte Meisterwerk* einging. Dort nähert sich der junge Maler Poussin einem bereits zu hohem Ansehen gekommenen Meister der Malkunst, François Porbus, und stößt in dem Augenblick, da er ängstlich-achtungsvoll wartet, auf den exzentrischen Maler Frenhofer. Dieser arbeitet seit Jahrzehnten an einem Werk, das er ständig verändert und vor jedermann verborgen hält. Balzac legt auch in diesem Prosatext von 1831, in den 1837 lange kunsttheoretische Passagen eingebaut wurden, die Exposition sehr breit an – schließlich brauchte er jede Zeile zur Finanzierung seines aufwendigen Lebensstils und später zur Begleichung seiner Schulden:

»Gegen Ende des Jahres 1612, an einem kalten Dezembermorgen, ging ein junger Mann, dessen Kleidung von sehr dürftigem Aussehen war, vor der Tür eines Hauses in der Rue des Grands-Augustins in Paris auf und ab. Nachdem er ziemlich lange, mit der Unentschlossenheit eines Liebenden, der nicht wagt, seiner ersten Geliebten gegenüberzutreten, so umgänglich sie auch sei, in dieser Straße hin und her gelaufen war, setzte er schließlich den Fuß über die Schwelle jener Tür und fragte, ob Meister François Porbus zu Hause sei...«

Die Erzählung geht übrigens hochdramatisch aus: Poussin bietet, um das unbekannte Meisterwerk Frenhofers zu sehen, ihm seine Geliebte als Modell an, doch zeigt sich, daß das angebliche Meisterwerk durch ständiges Übermalen nur aus wenigen Strichen besteht. Es existiert nur in der Phantasie seines Schöpfers, der schließlich alle seine Werke vernichtet und stirbt. In diesem Haus bezog 1937 Pablo Picasso ein Atelier, und zwei Jahre später wurde es auch sein Wohnsitz; hier entstand 1937 sein Gemälde *Guernica*. Übrigens hatte die Photographin und Malerin Dora Maar, die lange Jahre seine Gefährtin war und dies wie auch andere Frauen Picassos teuer bezahlte, das Gebäude für ihn ausgesucht – sie wohnte zurückgezogen bis zu ihrem Lebensende 1997 »um die Ecke« in der Rue de Savoie. Picasso hat auch Balzacs Erzählung illustriert und läßt einleitend ein variantenreiches Spiel der abstrakten Linienführung sich entfalten – gleichsam eine Hommage an seinen fiktiven »Vorgänger« Frenhofer.

Während der deutschen Besetzung von Paris sprachen Picasso und der deutsche Schriftsteller und Offizier Ernst Jünger über die Annäherung ihrer Künste, aber auch über den Krieg und sein mögliches Ende:

Paris, 22. Juli 1942

Nachmittags bei Picasso. Er wohnt in einem weiträumigen Gebäude, dessen Etagen zu Speichern und Lagerräumen herabgesunken sind. Das Haus, Rue des Grands Augustins, spielt in den Romanen von Balzac eine Rolle, auch brachte man Ravaillac nach seinem Mordanschlag dorthin. In einer seiner Ecken zog sich eine schmale Wendeltreppe nach oben mit Stufen aus Steinen und altem Eichenholz. An eine schmale Tür war ein Blatt Papier geheftet, auf das mit Blaustift das Wörtchen: ›Ici‹ geschrieben stand. Nachdem ich geklingelt hatte, öffnete mir ein kleiner Mann in einfachem Arbeitskittel, Picasso selbst. Ich war ihm schon einmal flüchtig begegnet, und wieder hatte ich den Eindruck, einen Magier zu sehen – einen Eindruck, der damals noch durch ein spitzes grünes Hütchen gesteigert worden war. ...

Wir sahen unten erst alte Papiere an und stiegen dann in den oberen Stock hinauf. Unter den Bildern, die dort standen, gefielen mir zwei einfache Frauenportraits und dann vor allem ein Strandstück, das beim Betrachten in roten und gelben Tönen stärker und stärker aufzublühen schien. Wir unterhielten uns bei seinem Anblick über das Malen und Schreiben aus der Erinnerung. Picasso erkundigte sich dabei nach der realen Landschaft, die hinter den *Marmorklippen* zu suchen sei. ...

Über den Krieg: ›Wir beide, die wir hier zusammensitzen, würden den Frieden an diesem Nachmittag aushandeln. Am Abend könnten die Menschen die Lichter anzünden.‹

Am Ende der Rue des Grands-Augustins gibt die Seine den Blick frei auf die Quais an beiden Ufern. Im selben Jahr, da Picasso in das Gebäude von Balzacs Erzählung einzog, hat sie der französische Schriftsteller Léon-Paul Fargue beschrieben. Er, der ein unruhig durch die Stadt schweifendes Leben führte, hat die Größe und Gegensätze dieser grandiosen Steinlandschaft immer wieder zu seinem Thema gemacht:

»Als poetisches Meisterwerk von Paris haben die Quais die meisten Dichter, Touristen, Photographen und Bummler der Welt entzückt. Es ist ein in seiner ganzen Länge einzigartiger Bereich, eine Art geschwungenes Band, eine Art phantastische Halbinsel, die aus der Einbildungskraft eines bezaubernden Wesens hervorgegangen zu sein scheint... Es kommt öfter vor, daß ich in einer Winkelkneipe der Halles, die ich übrigens nur finde, wenn ich mich bei Nacht hintaste, ein Glas Weißwein trinke. Ich finde da nächtliche Gäste, die sich dann, nach dem Austausch von allerlei Gedanken, unter irgendeiner Brücke hinlegen. Unwillkürlich beteilige ich mich an ihren Gesprächen. Wir drücken uns sehr höflich die Hand. Eines Tages wurde ich mit einer Art lebendem Flikkenbündel bekannt gemacht, bärtig, gelehrt und würdevoll, das unmittelbar unter dem Pont des Arts logierte und das man mir folgendermaßen vorstellte: Monsieur Hubert von der Académie française. Nur Paris ermutigt zu diesen prächtigen Abkürzungen.«

Es gab nicht nur einen selbsternannten Monsieur Hubert von der Académie française, es gab und gibt sie auch selbst – die Académie française als eine der fünf Akademien (außer ihr Académie des Inscriptions et Belles-Lettres, Académie des Sciences, Académie des Beaux Arts und Académie des Sciences morales et politiques) des Institut de France, das schnell erreicht ist, folgt man der Seine flußabwärts. Rechts liegt der Pont Neuf, und am sich anschließenden Quai Conti liegt bereits der barocke Prachtbau mit seiner wieder reichlich mit Gold geschmückten Kuppel, den der Kardinal Mazarin Frankreich großzügig zum Geschenk gemacht hat, nachdem er das Land zur persönlichen Bereicherung grausam ausgeplündert hatte. Über die Académie française, die Mazarins Vorgänger und Entdecker, der Kardinal Richelieu, aus mancherlei Gründen ins Leben gerufen hatte, auch um die in seiner Epoche unruhigen Geister besser kontrollieren zu können, schwanken die Urteile durch die Geschichte seit 1631. Heinrich Heine war nicht beeindruckt:

»Alle Jahre besuche ich regelmäßig die feierliche Sitzung

Pont des Arts mit Blick auf das Institut de France,
Sitz der Académie française

in der Rotunde des Palais Mazarin, wo man sich stundenlang vorher einfinden muß, um Platz zu finden, unter der Elite der Geistesaristokratie, wozu glücklicherweise die schönsten Damen gehören. Nach langem Warten kommen endlich durch eine Seitentür die Herren Akademiker, die Mehrzahl aus Leuten bestehend, die sehr alt oder wenigstens nicht sehr gesund sind; Schönheit darf hier nicht gesucht werden. Sie setzen sich auf ihre langen, harten Holzbänke; man spricht zwar von den Fauteuils der Akademie, aber diese existieren nicht in der Wirklichkeit und sind nur eine Fiktion. Die Sitzung beginnt mit einer langen, langweiligen Rede über die Jahresarbeiten und die eingegangenen Preisschriften, die der temporäre Präsident zu halten pflegt. Hierauf erhebt sich der Sekretär (Mignet)... der jetzige Secrétaire perpétuel der Akademie ist einer der größten Friseure unsrer Zeit und besitzt den rechten Schick für dieses edle Gewerbe. Selbst wenn an einem Menschen kein einziges gutes Haar ist, weiß er ihm doch einige Löckchen des Lobes anzukräuseln und den Kahlkopf unter dem Toupet der Phrase zu verbergen. Wie glücklich sind doch diese französischen Akademiker! Da sitzen sie im süßesten Seelenfrieden auf ihren sichern Bänken, und sie können ruhig sterben, denn sie wissen, wie bedenklich auch ihre Handlungen gewesen, so wird sie doch der gute Mignet nach ihrem Tode rühmen und preisen. Unter den Palmen seines Wortes, die ewig grün wie die seiner Uniform, eingelullt von dem Geplätscher der oratorischen Antithesen, lagern sie hier in der Akademie wie in einer kühlen Oase. Die Karawane der Menschheit aber schreitet ihnen zuweilen vorüber, ohne daß sie es merkten oder etwas anders vernahmen als das Geklingel der Kamele.«

Es fällt schwer, ein gerechtes Urteil über die heutige Académie française zu fällen. Denn andererseits fühlt sich der international hochgeachtete Ethnograph Claude Lévi-Strauss verpflichtet, seine Zeit für die endlosen Streitigkeiten über den akzeptablen Wortschatz der französischen Sprache zu opfern, um zu verhindern, daß allzu viele Anglizismen in das offizielle Wörterbuch eindringen. Zum anderen war das internationale Renommee des spanisch-französischen Schriftstellers Jorge Semprun den »Vierzig Unsterblichen« so störend für ihre schläfrigen Sitzungen, daß sie, die er einzeln besuchen mußte, weil sie in Inzucht ihre Kollegen selbst wählen, dankend abwinkten.

Wie viel oder auch wie wenig Arbeit möglich ist unter dem weiten Dach des Institut de France, konnte der junge Marcel Proust zu seinem und seines späteren Werks Nutzen erfahren, als seine besorgte Familie ihm eine berufliche Perspektive als Bibliothekar eröffnen wollte. Doch sich bezahlter Arbeit auszuliefern war für den reich geborenen und schließlich auch reich sterbenden Autor von *Auf der Suche nach der verlorenen Zeit* wahrhaft verlorene Zeit, wie sein Biograph George D. Painter zu berichten weiß:

»Im Juni 1895 begann ein tragikomischer Abschnitt in Prousts Leben: er wurde Bibliothekar. Nach einem Jahr Privatunterricht bei M. Darlu hatte er die *licence ès lettres* recht ehrenvoll an 23. Stelle seines Jahrgangs bestanden; seine Familie hatte ihn, wenn auch mit schwindender Hoffnung und Festigkeit, bedrängt, einen festen Beruf zu ergreifen... Die Pflichten eines ehrenamtlichen, unbezahlten Assistenten konnten ihn kaum in seiner literarischen Arbeit behindern; der Arbeitstag dauerte nur fünf Stunden, und nicht mehr als eine persönliche Anwesenheit an mindestens zweieinhalb Tagen pro Woche wurde gefordert. Proust mußte am 28. Mai zu einer Auswahlprüfung für drei Vakanzen erscheinen und wurde als dritter und letzter Anwärter angenommen. In den folgenden vier Monaten ließ er sich auch tatsächlich ab und zu sehen, nämlich wenn er sich danach fühlte, wenn er glaubte, es seiner Gesundheit zumuten zu können, und wenn er (was allerdings selten genug vorkam) nicht gerade auf Urlaub war; er schwatzte dann ein wenig mit seinen geschäftigen, aber freundlichen Kollegen und blätterte in den Büchern des Kardinals. Die waren freilich voller Staub; und sobald er auf den Quai Conti hinaustrat, um dort seinen neuen jungen Freund Lucien Daudet zu treffen, zog er den Zerstäuber hervor und begegnete den gesundheitlichen Verheerungen des Tages mit einer Wolke von feinverteiltem Eukalyptus. Seine Kollegen Paul Marais (ein Spezialist für Wiegendrucke) und Alfred Franklin (der Bibliotheksdirektor) hielten ihn für nett, aber völlig unbrauchbar.«

Der Weg den Fluß abwärts über den sich anschließenden Quai Malaquais setzt sich dann fort auf dem Quai Voltaire. Mit dem Eckhaus zur Rue de Beaune, in dem sich heute eine muntere Kneipe etabliert hat, hatte es einst eine düstere Bewandtnis. Voltaire hatte sich von der Aussicht, mit einem Theaterstück noch einmal zur beifallumrauschten Attraktion von Paris zu werden und auch als Mitglied der Académie française deren Mitglieder mit einer Fülle ambitiöser Arbeitsprojekte zu erschrecken, in die Hauptstadt locken lassen. In seinem sicheren und von ihm selbst dank seines Reichtums zu seiner eigenen Stadt gestalteten Ferney hätte er alle Sorgfalt und Pflege eines alten, sterbenden Mannes von europäischem Rang erfahren können, in Paris erfuhr er jedoch das Gegenteil. Seine Nichte Marie-Louise Denis, die auf das Erbe lauerte, und eine katholische Kirche, die ohne Reue- und Glaubensbekenntnis keine christliche Beerdigung gestatten wollte, machten sein Sterben zu einer unabsehbaren Qual.

In einer ärmlichen Dachkammer, wo der Sterbende notdürftig untergebracht war, ging das Dienstpersonal ein und aus, ohne daß die beiden zu seiner Pflege bestellten Frauen sich um ihn kümmerten. Belauert wurden seine Aussagen und Ausbrüche, sollten sie ihn doch in seiner Ungläubigkeit und Gottlosigkeit verraten – Indizien waren von der Kirche gewünscht, um ihm das christliche Begräbnis zu verweigern. Als er schließlich am 30. Mai 1778 gestorben war, wurde sein Körper einbalsamiert, für die Reise eingekleidet und von seinen beiden Neffen in abenteuerlicher Flucht ins Kloster Sellières nahe Troyes transportiert, wo ein williger Prior sich zur christlichen Bestattung bereit fand, die ihm in Paris verweigert worden war. Sechs Messen wurden gelesen und sein Leichnam in ein Grab der Kirche gelegt, dessen Platte die Inschrift auswies: »A 1778 V«

PS: Der amerikanisch-französische Schriftsteller Julien Green, der noch vor seinem Tod im Jahre 1998 seinen Austritt aus der Académie française verlangt hatte (was dort heftige Unruhe auslöste, denn jeder der »Unsterblichen« war schließlich für die Ewigkeit gewählt worden), wollte ein Grab, das groß genug sein sollte, um später seinen Lebensgefährten an seiner Seite aufnehmen zu können. Selbst bei diesem sehr katholischen Autor zeigte sich die katholische Kirche Frankreichs dazu nicht bereit – in letzter Stunde fand sich ein katholischer Bischof im österreichischen Graz, der großherzig genug gegenüber dieser Liebe und dem Verlangen nach einem gemeinsamen Grab war.

Von der Rue de Varenne zum Pont Mirabeau

Rue de Varenne

Dôme des Invalides

Champ de Mars

Tour Eiffel

Pont d'Iéna

Avenue du Président Kennedy

Rue Ankara

Rue Berton

Rue du Dr. Germain Sée

Avenue Versailles

Pont Mirabeau

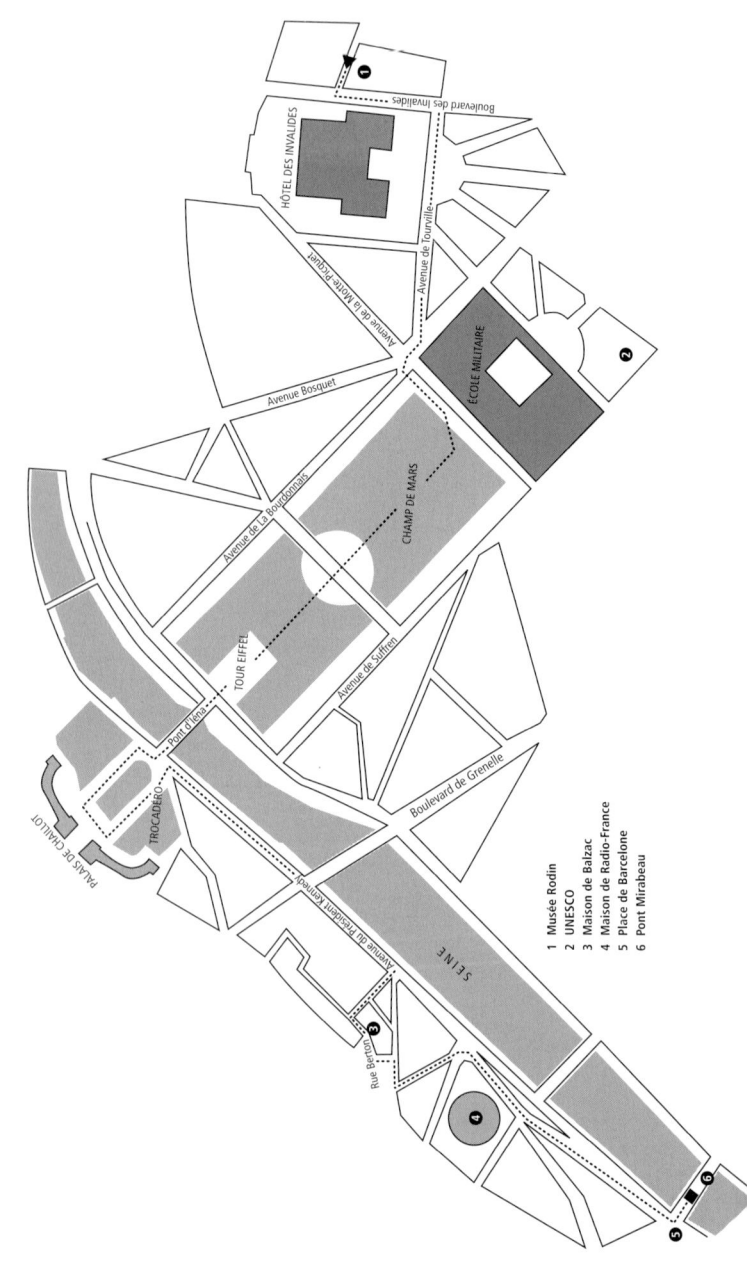

Rilke und Paris – eine erst spät geglückte Beziehung, Rilke und Rodin – ein von Konflikten belastetes Verhältnis. Am 28. August 1902 kam der noch junge Autor in die Seine-Metropole, um ein Buch über den Bildhauer zu schreiben. Drei Tage nach seiner Ankunft schrieb er an seine Frau, die Bildhauerin Clara Westhoff, eine Schülerin Rodins, die er in Worpswede zurückgelassen hatte: »Paris, das ist wirklich eine große, fremde Stadt, mir sehr, sehr fremd. Mich ängstigen die vielen Hospitäler, die hier überall sind. Ich verstehe, warum sie bei Verlaine, Baudelaire und Mallarmé immer vorkommen... Man fühlt auf einmal, daß es in dieser weiten Stadt Heere von Kranken gibt, Armeen von Sterbenden, Völker von Toten.«

Auch drei Wochen später hat sich der Horizont nicht aufgehellt, eher das Gegenteil, wie er gegenüber seinem Worpsweder Freund Heinrich Vogeler klagt: »Ich kann nicht sagen, wie unsympathisch mir hier alles ist, nicht beschreiben, mit welcher instinktiven Ablehnung ich hier herumgehe.« Paris empfindet er als eine Welt voller Düsternis: »die Stadt sehr groß und bis an den Rand voll Traurigkeit.«

Günstiges, ruhiges Quartier hatte er zunächst in der Rue de l'Abbé de l'Épée Nr. 3 gefunden, doch bald zog es ihn hinaus nach Meudon zu Rodin und seiner »Villa des Brillants«. Der Altersunterschied dürfte das gegenseitige Verständnis kaum erleichtert haben: der Dichter war 27 Jahre alt und empfand den 62jährigen Bildhauer als »Greis«. Hinzu kamen Sprachprobleme – Rodin sprach kein Deutsch, und Rilke hatte überaus Mühe, dem schnellen und undeutlichen Französisch des Bildhauers zu folgen. Im Oktober

Im Garten des Musée Rodin

desselben Jahres kam Rilkes Frau Clara für einige Zeit nach Paris, um mit finanzieller Unterstützung ihrer Eltern ihre Ausbildung als Bildhauerin bei Rodin fortzusetzen, während ihrer beider 1901 geborene Tochter Ruth bei Claras Eltern in Oberneuland bei Bremen aufwuchs. Schließlich kam dann doch ein geistiger Kontakt zwischen Rilke und Rodin zustande, zumindest vermittelte ihm der Bildhauer sein Arbeitsprinzip: »Il faut travailler, rien que travailler. Et il faut avoir patience« (»Man muß arbeiten, nichts als arbeiten. Und man muß Geduld haben.«) – Normen, die auch für Rilkes Schreiben und Leben galten. Im Oktober 1902 konnte bereits das Rodin-Bändchen in der Reihe *Die Kunst* im Verlag Richard Muther erscheinen.

Rilke, der stets viel auf Reisen war, ließ die Verbindung zu Rodin nicht abreißen, und 1905, als er im September im Hotel Voltaire am Quai Voltaire Quartier bezog, hatte sich sein Paris-Bild ins Hellere verändert: »Paris ist seiner so sicher wie je, ganz, ganz dasselbe, ebenso riesig und voll Notwendigkeit im Kleinen wie im Großen... Ach, vor dieser Stadt sind drei Jahre wie ein Tag.« Auch das Verhältnis zu Rodin intensivierte sich, als der Meister ihn einlud, in seinem Haus zu wohnen: »Es rauscht von Kräften, die in einen einströmen, es kommt eine Lebensfreude, eine Fähigkeit zu leben über einen, von der ich keine Ahnung hatte.« Der Bildhauer schlug ihm zudem vor, als Privatsekretär seine Korrespondenz zu übernehmen, wofür täglich zwei Stunden veranschlagt wurden. Rilke nahm an, das kleine Gehalt war ihm willkommen, es war die erste feste Einnahme des Dreißigjährigen, der nie ohne Zuschüsse von verschiedenen Seiten hatte leben können.

Acht Monate hielt der Arbeitsvertrag. Währenddessen waren aus den zwei Stunden ganze Tage geworden, und der

Dichter sah sich vom Bildhauer nicht im geringsten anerkannt. Im Mai 1906 kam es wegen einer Nichtigkeit zum Eklat, wohl ein Mißverständnis wegen zweier Briefe, und die »Schuld« dürfte eher bei Rodin zu suchen sein. Dieser aber machte dem Dichter eine Szene, die Folgen hatte. Rilke verließ »tief verletzt« das Haus in Meudon und fühlte sich »davongejagt wie ein diebischer Diener«. Er zog in ein kleines Hotel in der Rue Cassette Nr. 29 und wanderte des Morgens in den Jardin du Luxembourg, über die Brücken der Seine, und die Stadt war ihm nun »das helle, das seidige« geworden. 1907, als er wieder für einige Monate in Paris war, entstand das Gedicht *Das Karussell*.

1908 bot sich ihm Gelegenheit, in das frühere Palais des Marschalls Herzog Biron in der Rue de Varenne Nr. 77 umzuziehen, und damit war er es, der zuerst Wohnung im späteren und heutigen Rodin-Museum nahm, in das der Bildhauer erst später und dann auf Vermittlung Rilkes einziehen sollte. Das stilreine Barockschlößchen des Architekten Jean Aubert ist 1727 bis 1732 entstanden. In der Revolution enteignet, wurde es von Beamten verwaltet und vermietet – das Wohnen dort war weit preisgünstiger als im Hotel.

Das Palais diente von 1908 bis 1911 Rilke und auch anderen illustren Mietern als Wohnstatt: Der Maler Henri Matisse zog als biederer Ehemann mit seiner Ehefrau ein, die Tänzerin Isadora Duncan mit schnell wechselnden Liebhabern, Jean Cocteau mit ebenfalls schneller Rotation seiner Partner, auch der Sohn Gerhart Hauptmanns, der Maler Ivo Hauptmann. Mit ihm und Hans Arp zusammen besuchte Rilke den Bildhauer Aristide Maillol 1911 in Marly-le-Roi westlich von Paris.

Rilke hatte Rodin inzwischen großmütig verziehen und ihm am Tage seines Einzugs ins Hôtel Biron sogar vorgeschlagen, dort ebenfalls Quartier zu nehmen. Der Bildhauer nahm freudig an, richtete dort ein Atelier ein, wurde damit Rilkes Nachbar.

1911 wurde allen Mietern des Hôtel Biron gekündigt, und sie mußten zum 1. Januar 1912 ausziehen. Nur der robuste Rodin weigerte sich standhaft, kämpfte unermüdlich, und es gelang ihm, einen für sich und sein Werk vorteilhaften Vertrag zu schließen: Gegen Überlassung seiner Werke erhielt er dort Mietrecht bis zu seinem Tod, der 1917 eintrat. Danach wurde das Palais Rodin-Museum. Seit 1976 vermerkt eine Tafel im Hof, daß auch Rilke hier wohnte. Ein wesentlicher Teil seiner Werke der Pariser Zeit ist hier entstanden, darunter sein Künstlerroman *Die Aufzeichnungen des Malte Laurids Brigge*. Dieser literarische Halbbruder Rilkes beginnt seine Zeit in Paris wie der Dichter selbst in einem Hotel in der Rue Toullier und beklagt sich ebenfalls über die vielen Hospitäler und das Sterben: »So, also hierher kommen die Leute, um zu leben, ich würde eher meinen, es stürbe sich hier. Ich bin ausgewesen. Ich habe gesehen: Hospitäler ...«

Im Jahre 1904 hat auch ein anderer deutscher Schriftsteller dem Bildhauer Rodin seine Aufwartung gemacht – hier der Hymnus Stefan Zweigs auf Rodin:

»Nach Tisch gingen wir hinüber in das Atelier. Es war ein mächtiger Saal, der die wesentlichsten seiner Werke in Repliken vereinigte, dazwischen aber standen und lagen zu Hunderten köstliche kleine Einzelstudien... Er warf die Hausjacke ab, zog den weißen Kittel an, nahm einen Spachtel zur Hand und glättete mit einem meisterlichen Strich an der Schulter die weiche, wie lebend atmende Frauenhaut. Wieder trat er zurück. ›Und dann hier‹, murmelte er. Wieder war mit einem winzigen Detail die Wirkung erhöht. Dann

Der Invalidendom

sprach er nicht mehr. Er trat vor und zurück, blickte aus einem Spiegel die Figur an, murrte und gab unverständliche Laute von sich, änderte, korrigierte.

Das ging eine Viertelstunde, eine halbe Stunde, ich weiß nicht mehr, wie lange. Große Augenblicke sind immer jenseits der Zeit. Rodin war so vertieft, so versunken in seine Arbeit, daß kein Donner ihn erweckt hätte... Er atmete auf, tief und entspannt. Seine Gestalt schien wieder schwerer zu werden. Das Feuer war erstorben. Dann kam das Unfaßbare für mich, die große Lehre: er zog den Kittel aus, nahm wieder die Hausjacke auf und wandte sich zum Gehen. Er hatte mich total vergessen...

Er trat zur Türe. Wie er sie abschließen wollte, entdeckte er mich und starrte mich fast böse an: wer war dieser junge fremde Mensch, der sich eingeschlichen hatte in sein Atelier? Aber im nächsten Augenblick erinnerte er sich und kam fast beschämt auf mich zu. ›Pardon Monsieur‹, begann er.«

Das »Musée Rodin« liegt am Ende der Rue de Varenne, die auf den Boulevard des Invalides stößt. Jenseits des Boulevards liegt das Hôtel des Invalides, das König Ludwig XIV. nicht nur aus Mitleid für die verwundeten Soldaten seiner zahlreichen Kriege bauen ließ – während seiner 54jährigen Herrschaft führte er 30 Jahre Krieg. Es geschah auch, um die Tausende von Kriegskrüppeln, die keine Invalidenrente bekamen, sondern sich als Bettler und Diebe durchschlagen mußten, von den Straßen Frankreichs zu entfernen. So war Feldherr Napoléon gewiß dankbar, als er seinerseits die Invaliden-Quartiere vorfand, die reichlich zu füllen seine zahlreichen Feldzüge und Schlachten mühelos möglich machten. Als Frankreich sich schließlich entschloß, nicht länger das kostbare Blut der Franzosen in Kriegen zu vergießen, entstand im Jahre 1831 die Fremdenlegion, in die sich sogar der deutsche Schriftsteller Ernst Jünger in jugendlicher Abenteuerlust einkaufen ließ. Die Verwundeten und Alten dieser Legion bevölkern bis heute das Hôtel des Invalides, und demjenigen, der den Kriegszoll an Soldatenblut auf die nationale Rekordmarke getrieben hat, wurde sogar der Wunsch erfüllt, dort als Leichnam zu ruhen – Kaiser Napoléon I.: »Ich wünsche, daß meine Gebeine an den Ufern der Seine ruhen und inmitten des französischen Volkes, das ich so geliebt habe.« Das französische Volk, das seinen großen Schlachtenlenker bis zu dessen Tod im Jahre 1821 in englischer Obhut auf der entfernten Atlantik-Insel St. Helena gefangen sah, beeilte sich nur mäßig, seine Leiche in Paris einziehen zu lassen. Es geschah neunzehn Jahre später, exakt am 15. Dezember 1840, und der deutsche Schriftsteller Heinrich Heine wollte sich ein Urteil darüber verschaffen, ob der kriegerische Geist des großen Kriegsherrn nur im Volk schlummere, um jeden Augenblick wieder zu erwachen:

Paris, 11. Januar 1841

Die kriegerischen Gelüste, die bei den Franzosen seit den Zeiten der Gallier so stürmisch loderten und brodelten, sind nachgerade ziemlich erloschen, und wie wenig die militärische furor francese jetzt bei ihnen vorherrschend, zeigte sich bei der Leichenfeier des Kaisers Napoleon Bonaparte... Diese Gefühle waren ... nicht die des soldatischen Ehrgeizes und Stolzes, den siegreichen Imperator begleitete nicht jener Prätorianerjubel, jene lärmige Ruhm- und Raubsucht, deren man sich in Deutschland noch erinnert aus den Tagen des Empire. Die alten Eroberer haben seitdem das Zeitliche gesegnet, und es war eine ganz neue Generation, die dem Leichenbegängnisse zuschaute, und wenn nicht mit brennendem Zorn, doch gewiß mit der Wehmut der Pietät sah sie auf diesen goldenen Katafalk, worin gleichsam alle Freuden, Leiden, glorreiche Irrtümer und gebrochene Hoffnungen ihrer Väter, die eigentliche Seele ihrer Väter, eingesargt lag! Da gab's mehr stumme Tränen als lautes Geschrei. Und dann war die ganze Erscheinung so fabelhaft, so märchenartig, daß man kaum seinen Augen traute, daß man zu träumen glaubte ...

Bei dem seinerzeit friedlich schlummernden Geist der Soldateska sollte es in den folgenden hundert Jahren nicht bleiben, auch wenn der Kaiser Napoléon I. im Invalidendom endgültig zur Ruhe gelangt war – eingehüllt in sieben Särge und umgeben von seinen wichtigsten Generälen, soweit ihre Leichen verfügbar und nicht im Souterrain des Panthéon plaziert worden waren. Im ihm ebenfalls geweihten Museum des Hôtel des Invalides findet sich sein Totenbett, aber damit hat es eine besondere Bewandtnis. Sämtliche seiner ihm nach St. Helena gefolgten Getreuen konnten bezeugen, daß er in einem einfachen Tropenbett unter zahlreichen Vorhängen gestorben sei. Aber in seinem Exil-Nachlaß fanden sich zwei dieser Betten, ohne daß man hätte sagen können, welches das richtige war. So werden nun beide Betten gezeigt, obgleich auch Napoléon nur einen Tod gestorben ist.

Der kriegerische Geist Frankreichs und Deutschlands erwachte 1870/71 erneut, und der Friede von Frankfurt brachte den Franzosen den Verlust von Elsaß und Lothringen, so daß ausreichend Kriegsgründe für den Ersten Weltkrieg gegeben waren. Dessen Abschluß mit dem fragwürdigen Versailler Vertrag sorgte dann ganz wesentlich für den Ausbruch des Zweiten Weltkriegs. Zwischen diesen beiden Kriegen hat Gottfried Benn das Hôtel des Invalides besucht und sich eine Frage gestellt:

»Ist Paris deutschenfeindlich? Ich habe nichts davon bemerkt. Die Sachen stehen da, wo sie hingehören. Im Hof des Invalidenhotels links, auf den echten Schienen, umschirmt von hundert deutschen Mörserschlünden, der Salonwagen des Maréchal Foch, in dem er ›imposait‹ am 11. November 1918, 5 Uhr morgens, in Franc-Port den Besiegten die Bedingungen des Waffenstillstands. Eine sonderbare Trophäe steht nicht weit davon: ein altes Pariser Droschkenauto, bedeckt mit den Fahnen der Entente. Die Geschichte dazu: im September 1914, zur Zeit der Marneschlacht, gab es nicht genug Beförderungsmittel für die Truppen an die Front. Die Taxis wurden requiriert. Paris war autoleer, ein unvorstellbarer Gedanke.«

Während des Zweiten Weltkriegs, der Frankreich die größte Niederlage seiner Geschichte bescherte, vollzog sich ein weiterer Leichenzug Napoléons in den Invalidendom – der Napoléons II. Darüber spricht heute in Paris niemand mehr oder nur sehr ungern. Der Österreicher Adolf Hitler hatte, als seine Truppen die Seine-Metropole erobert hatten, die pikante Idee, den nach der Verbannung seines Vaters nach St. Helena in Wien festgehaltenen und dort 1832 gestorbenen Sohn des Kaisers – sein Sarg war standesgemäß in die Kapuzinergruft von Wien aufgenommen worden –, nach Paris zurückzuführen. Es sollte eine Geste der Großzügigkeit werden, um die Gunst der Franzosen mit einem Leichnam zu gewinnen, aber es wurde eine makabre Veranstaltung. Denn gewiß hätte Frankreich den Sohn seines größten Feldherrn gern heimgeholt, aber als Geschenk und Bestätigung der eigenen Niederlage war die Heimholung »vergiftet« und ist es bis heute geblieben. Frankreich hat den Leichnam des Kaisersohnes, der übrigens in der Geschichte vor Napoléon III. so korrekt mitgezählt wird wie Ludwig

XVII., obgleich beide nie gekrönt oder zur Herrschaft gelangt sind, nicht an Österreich zurückgegeben, und Österreich hat es auch nicht verlangt. Eigentlich wäre das wegen seiner ethisch-nationalen Kompliziertheit ein Stoff für die Literatur. Etwa für ein Drama von Rolf Hochhuth?

Auf dem Vorplatz vor dem Invalidendom ist der Eiffelturm schon sichtbar – zumindest seine Spitze. Aber am Eiffelturm endet das schwierige deutsch-französische Verhältnis noch nicht. Zunächst begann der Bau als rein französische Angelegenheit, auch wenn der Bauunternehmer Gustave Eiffel deutscher Herkunft war – sein Vorfahr, der Anfang des 18. Jahrhunderts nach Paris einwanderte, hieß Jean-René Bönickhausen und stammte aus der Eifel. Wegen der Unaussprechlichkeit seines Namens im Französischen ergänzte er ihn um den Namen des deutschen Mittelgebirges – erst Gustave Eiffel verzichtete endgültig auf Bönickhausen. Auch der Streit um den zur Weltausstellung von 1889 errichteten Bau war zunächst rein innerfranzösisch, denn der »Protest der Künstler« war unter anderen von den Schriftstellern Guy de Maupassant und Alexandre Dumas fils sowie dem Architekten der Pariser Oper, Charles Garnier, und dem Musiker Charles Gounod unterzeichnet:

»Wir, Schriftsteller, Maler, Bildhauer, Architekten, leidenschaftliche Liebhaber der bis jetzt unangetasteten Schönheit von Paris, kommen, um mit all unserer Kraft, all unserem Ansehen, zudem im Namen des verkannten französischen Geschmacks, im Namen der bedrohten Kunst und Geschichte Frankreichs, zu protestieren gegen die Errichtung – zumal im Herzen von Paris – des nutzlosen und monströsen Eiffel-Turms ... Es genügt übrigens, sich allein bewußt zu werden, was zu tun wir im Begriff sind, wenn wir uns einen Augenblick lang diesen Schwindel erregenden Turm, der Paris beherrschen wird, vorstellen, nichts als ein gigantischer schwarzer Schornstein, der allein durch seine barbarische Größe Notre-Dame, die Sainte Chapelle, den Turm Saint-Jacques, den Invaliden-Dom, den Arc de Triomphe ... zerdrücken wird, alle unsere erniedrigten Monumente, die in dem verblüffenden Wahnbild verschwinden werden...«

Maupassant wollte seinen Zorn noch bis zum Volkszorn gesteigert sehen: »Aber ich frage mich, was man von unserer Generation halten wird, wenn diese lange, magere Pyramide aus eisernen Leitern, dieses scheußliche Riesenskelett nicht in Kürze, gelegentlich einer Volkserhebung, wieder zerstört wird.« Den Gegnern, die in ihm eine »Entehrung von Paris« sahen, standen jedoch auch seine Befürworter gegenüber, darunter die Dichter Apollinaire und Cocteau sowie die Maler Camille Pissarro, Raoul Dufy, Maurice Utrillo, Georges Seurat und Robert Delaunay, die ihr Bekenntnis natürlich auch in Bildern zum Ausdruck brachten. Eiffel hatte eine Lizenz für den Bau nur für 20 Jahre erhalten, und es wäre sicher im Sinne des sonst so zurückhaltenden Schweizer Historikers Jacob Burckhardt gewesen, wenn »dieser Riesenturm, welcher offenbar als Reklame für die gedankenlosesten Tagediebe von ganz Europa, Amerika etc. zu wirken bestimmt ist«, 1909 termingerecht niedergelegt worden wäre.

Aber da zeichnete sich bereits der Erste Weltkrieg ab, denn schon 1892 war das Bündnis zwischen dem republikanischen Frankreich und dem reaktionären Rußland geschlossen worden – zur sichtbaren Besiegelung desselben war der Pont Alexandre III 1900 errichtet worden –, und der Eiffelturm wurde als militärischer Horchposten gebraucht.

Denn man hatte auf die 300 Meter hohe Turmspitze noch eine 20 Meter hohe Antenne gesetzt, mit der man im Ersten Weltkrieg dann auch den entscheidenden Funkspruch abhörte, daß die deutschen Armeen nicht direkt auf Paris, sondern zu einer Umzingelung der Stadt nach Süden marschieren wollten, was zu der für Frankreich siegreichen Marneschlacht führte. Schließlich hatten die Kugeln der von Krupp gebauten Kanone »Dicke Berta« schon im östlichen Stadtgebiet eingeschlagen.

Eine völlig unpolitische Auffassung vom Eiffelturm erlaubte sich Léon Tourneau unmittelbar nach dessen Fertigstellung. Sein Poème wurde auch als Chanson in Kabaretts gesungen, und um ganz sicher zu gehen, daß die Veröffentlichung ihm nicht schadete, publizierte er seinen *Blick auf den Turm* unter dem Pseudonym Xanrof:

Blick auf den Turm

Gott traut seinen Augen kaum:
Er schaut durch den Weltenraum
Und betrachtet voller Zweifel
Dieses Dings von Monsieur Eiffel.
Alle Heil'gen diskutieren,
Und Gott Vater sieht man stieren.
»'s ist ein Fernrohr«, sagt er wichtig.
Jesus denkt: »Der tickt nicht richtig.«

Petrus fürchtet um sein Tor,
Und er schreit: »Da sei Gott vor!
Weh! mit dieser Einbrechstange
Sind die an dem Tor zugange!«
Jesus fürchtet stets die Schmerzen,

Der Eiffelturm, vom Arc de Triomphe aus gesehen

Und er bangt in seinem Herzen:
»Das da unten ist ein Pfahl,
Aufgerichtet mir zur Qual.«

Michael, der kühne Streiter,
Argwöhnt eine Himmelsleiter;
Lorenz, schon mal angesengt,
Wieder nur an Fackeln denkt.
Und die Jungfrau lächelnd meint
– Leicht errötend – »dieses scheint
Ein Geheimnis, recht apart,
In des Heil'gen Geistes Art.«

Der Eiffelturm ist ein Relikt der Weltausstellung von 1889, deren Ausstellungshallen sich über das heutige Marsfeld bis zur Militärakademie und darüber hinaus erstreckten. Auf der anderen Seite der Seine, ihm über den Pont d'Iéna verbunden, lagern breit und martialisch die Bauten des Palais Chaillot und des sich anschließenden Palais de Tokyo, die ihre Existenz der bisher letzten Pariser Weltausstellung von 1937 verdanken und in ihrer Architektur schon der faschistischen Architektur verpflichtet sind, analog dem Haus der Kunst in München. Übrigens verweist die Brücke mit dem Namen Jena in zweifacher Hinsicht auf das deutsch-französische Verhältnis, denn sie erhielt ihren Namen nach dem Sieg Napoléons über die Preußen bei Jena und Auerstedt im Jahre 1806. Diese Schmach Preußens wollte dessen General Blücher, nachdem Paris 1815 erobert worden war, durch die Sprengung der Brücke tilgen. Doch der gerade von den Alliierten mühsam wieder in Paris etablierte Bourbonenkönig Ludwig XVIII. drohte für diesen Fall an, sich auf die Brücke zu setzen, um die Sprengung zu verhindern. Seine beträchtliche Körperfülle dürfte kaum ausgereicht haben, die Aktion zu verhindern, eher schon das dynastische Gewicht der Bourbonen, denn sonst hätte wahrscheinlich die erst vor kurzem zum Kaisertum aufgestiegene Dynastie Napoléons erneut Ansprüche auf den Thron Frankreichs geltend gemacht.

Heute ist das gesamte Gelände vom Eiffelturm bis zum Trocadéro der Kultur in mancherlei Ausformung vorbehalten: Marinemuseum, Museum der historischen Bauten Frankreichs, Theater von Chaillot.

In dieser weit schwingenden Terrassenlandschaft läßt Julien Green den Helden Philippe seines Romans *Treibgut* nächtens unruhig umherstreifen und verwandelt die Szenerie in eine magische Kulisse: »... Die Gärten des Trocadero bildeten eine einzige Masse, über die das Bauwerk selbst seine phallischen Türme reckte. Auf der anderen Seite des Stroms zeichnete eine Linie aus schimmernden Punkten den Quai Grenelle, aber die Häuser blieben in Dunkel gehüllt. Er näherte sich dem großen Viadukt, der sich über die Seine und ihre beiden Uferstraßen spannte und die Metro auf ihr oberes Stockwerk führt. Ein Windstoß zwang ihn, den Kopf zu senken und sich etwas zur Seite zu wenden. Als er weiterging, fuhr gerade ein Zug donnernd über den Fluß. Mit dem Blick verfolgte er noch die Strecke, als er nur noch ein winziges leuchtendes Band sehen konnte, das die Dunkelheit durchschnitt.« Sein Blick richtet sich flußabwärts bis zur nächsten Brücke – zum Pont Bir-Hakeim, die als einzige der 33 Pariser Brücken über die Seine eine Konstruktion mit zwei Verkehrsetagen darstellt – unten Straße, oben Métro. Auch diese Brücke ist, soweit es ihren Namen betrifft, in die deutsch-französische Geschichte, Abteilung Krieg, eingebunden. Bir-Hakeim ist der Name eines nordafrikanischen Wüstenorts, an dem die Truppen des »freien Frankreichs« erstmals dem deutschen Afrika-Corps für kurze Zeit standhielten, woraufhin General de Gaulle den Anspruch erheben konnte, es existiere ein anderes Frankreich, das auch zu kämpfen verstehe.

Am nördlichen Ufer entlang auf der Avenue du Président Kennedy – an der Brücke Bir-Hakeim vorbei – biegt dann die Rue Ankara rechts ab. Die Straße steigt an, und die zweite Nebenstraße zur Linken führt in das stille Umfeld der Rue Berton, in das sich schon Honoré de Balzac zur ruhigen Arbeit zurückzog und zugleich vor seinen Gläubigern versteckte. Gelegentlich war er auch auf der Flucht vor einer Geliebten. Heute strahlen die alle Außenwelt weit entrückenden Räume des »Maison de Balzac« idyllische Ruhe aus. Die in dem kleinen Museum ausgebreiteten Dokumente künden aber eher von dem unruhigen Leben des Autors der *Menschlichen Komödie,* der in der Rolle des Verlegers scheiterte und sein weiteres Leben mit Schulden belastete, die ihn zu immenser Schreibtätigkeit zwangen.

Anaïs Nin läßt zwei ihrer Gestalten, die sonst nur mit einer einzigen Tätigkeit in unabsehbarer Wiederholung beschäftigt sind, einen seltenen Ausflug zum Balzac-Haus machen. Sie zeigen sich neugierig am wechselvollen Schicksal des Schriftstellers:

»Balzacs Haus befand sich am Ende einer steil den Berg hinaufführenden Straße in Passy, von der aus man auf die Seine sehen konnte. Zuerst mußten sie an der Tür eines Mietshauses läuten, dann eine Treppe hinuntersteigen, die in einen Keller zu führen schien, aber an einer Gartenpforte mündete. Weiter ging es durch den Garten, und dann kam wieder eine Tür, an der man klingeln mußte. Dies war der eigentliche Eingang zu Balzacs Haus, ein Haus voller Ge-

Kinderkarussell am Eiffelturm

heimnisse, versteckt im Garten des Mietshauses, verborgen, abgeschieden und doch mitten im Herzen von Paris.

Die Frau, die ihnen öffnete, erschien wie ein Gespenst aus der Vergangenheit – verblaßtes Gesicht, verblaßtes Haar, verblaßte Kleidung, blutlos. Ein Dasein inmitten von Balzacs Manuskripten, Bildern, Stichen von Frauen, die er geliebt hatte, von Erstausgaben hatte sie derart mit der Vergangenheit erfüllt, daß alles Blut aus ihr gewichen war. Selbst ihre Stimme klang entfernt, gespenstisch. Sie wohnte in diesem Haus voll toter Andenken. Sie war genauso gestorben für alles, was in der Gegenwart lebte. Es war, als bettete sie sich jede Nacht in das Grab Balzacs, um mit ihm zu schlafen.

Sie führte ihre beiden Besucher durch eine Flucht von Zimmern zum hinteren Teil des Hauses. Dort befand sich eine Falltür. Sie hakte ihre langen knöchernen Finger durch den Ring und hob die Tür an, damit Elena und Pierre einen Blick hinunterwerfen konnten. Die Falltür ging auf eine kleine Treppe.

Balzac hatte sie selbst konstruiert, damit die Frauen, die ihn besuchten, nicht gesehen wurden und sie unerkannt ihren eifersüchtigen Ehemännern entkommen konnten. Er selbst hatte die Falltreppe benutzt, wenn allzu hartnäckige Gläubiger ihn bedrängten...«

Franz Kafka und sein Freund Max Brod haben es nicht einmal bis hierher gebracht – sie gelangten einfach nicht ans Ziel, was im Werk Kafkas ja so häufig Thema und auch Trauma ist:

»Wir fragen nach Musée Balzac, ein hübscher Junge mit von der Nässe aufgebauschter Frisur erklärt uns, daß wir das Musée Grevin (ein Panoptikum) meinen. Dienstbereit läßt er sich seine Kabine aufmachen, bringt einen kleinen Führer (vielleicht ein Neujahrsgeschenk eines Etablissements) und findet auch dort das Musée Balzac nicht. Wir haben uns schon innerlich fortwährend bedankt, da wir das voraussahen, und auch dringend abgeraten, es zu suchen. Es steht ja auch im Bottin nicht.«

Nun wäre es eigentlich Pflicht des literarischen Spaziergängers, weiter der Seine flußabwärts zu folgen, vorbei am strengen Funktionsbau »Maison de Radio France«, in Sichtweite der kleinen Freiheitsstatue auf dem Pont de Grenelle, um schließlich beim Pont Mirabeau anzulangen. Aber diese Strecke ist stark befahren, und so ergeht hier die Einladung und befreiende Aufforderung an den Leser, dieses Stück Weges nur in der Phantasie zurückzulegen, in der literarischen natürlich. Peter Handkes Held Gregor Keuschnig, Pressereferent in der österreichischen Botschaft von Paris, ist gleichsam stellvertretend in der *Stunde der wahren Empfindung* im weiten Quartier um den Pont Mirabeau herumgeschweift:

»Er blieb in der Mitte der Brücke stehen und schaute auf die Seine hinunter. ›Sous le pont Mirabeau coule la Seine et nos amours.‹ Ein Plakat warb für Hochhauswohnungen am andern Ufer mit dem Satz: ›Vom Pont Mirabeau ist Paris ein Gedicht.‹ Die unzuständig gewordene Poesie! Der Fluß war braun, wie gewöhnlich, und floß wie immer auf die Hügel im Westen zu, wo das Morgenlicht den Vorort Meudon näherrückte. Für Keuschnig war alles gleich weit entfernt und gleich ungültig: das Sandschürfwerk am linken Ufer, die Hügel von Meudon und St. Cloud, seine Schuhspitzen. Es war, als ob seine Blicke, bevor sie etwas aufnehmen konnten, von einer unsichtbaren Schicht unschädlich gemacht würden; nichts erreichbar – und er fühlte auch eine Unlust, etwas zu erreichen. Er sah nichts Freundliches; schaute nur, wie jemand Geprügelter, und dachte: ›Da kann ich gleich die

Métro hinuntersteigen, wo es nicht auffällt, man nur vor sich hinschaut.‹ Er nahm den Zug der Station JAVEL und betrat kurz nach sieben unverändert, vor Aussichtslosigkeit inzwischen nur noch schlecht gelaunt, die österreichische Botschaft.«

Aber auch Handkes Keuschnig und damit sein Autor haben den Pont Mirabeau nicht betreten können, ohne um das berühmte Gedicht von Apollinaire zu wissen. Dessen zwei erste Zeilen sind gleichsam zur mythischen Formel für Paris und den ewig schnellen Wechsel des Lebens und der Liebe in dieser Stadt geworden. Deshalb wäre der Weg dorthin eigentlich obligatorisch, auch wenn die Brücke keinerlei Sehenswertes aufweist. Es war wohl auch Apollinaires Gedicht, das diese Brücke zum literarisch-magischen Ort für Paul Celan werden ließ, der mit einem einsam-verzweifelten Sturz von dieser Brücke sein Leben beendete. Nicht nur »unsere Liebe«, sondern auch die Erinnerung daran fließt in der Seine und unter dem Pont Mirabeau dahin, dem Vergessen entgegen:

Le Pont Mirabeau

Sous le pont Mirabeau coule la Seine
Et nos amours
Faut-il qu'il m'en souvienne
La joie venait toujours après la peine

Vienne la nuit sonne l'heure
Les jours s'en vont je demeure

Les mains dans les mains restons face à face
                Tandis que sous

Le pont de nos bras passe
Des éternels regards l'onde si lasse

Vienne la nuit sonne l'heure
Les jours s'en vont je demeure

L'amour s'en va comme cette eau courante
                          L'amour s'en va
Comme la vie est lente
Et comme l'Espérance est violente

Vienne la nuit sonne l'heure
Les jours s'en vont je demeure

Passent les jours et passent les semaines
                        Ni temps passé
Ni les amours reviennent
Sous le pont Mirabeau coule la Seine

Vienne la nuit sonne l'heure
Les jours s'en vont je demeure*

---

* *Der Pont Mirabeau*
Unterm Pont Mirabeau fließt die Seine / Fließt unsre Liebe / Muß ich immer des gedenken / Stets noch folgte auf ein Leid die Freude
O komme Nacht o Stunde eile / Geht hin ihr Tage ich verweile
Wir bleiben Hand in Hand uns zugewendet / Während unterm / Brückenbogen unsrer Arme / Ewigen Blicks hinzieht die ach so müde Welle
O komme Nacht o Stunde eile / Geht hin ihr Tage ich verweile
Hingeht die Liebe wie dies Wasser fließet / Hingeht die Liebe / Langsam wie das liebe Leben / Wie die Hoffnung so voll Inbrunst
O komme Nacht o Stunde eile / Geht hin ihr Tage ich verweile
Hingehn die Tage und hingehn die Wochen / Nichts kehrt wieder / Nichts Vergangenes, nicht die Liebe / Unterm Pont Mirabeau fließt die Seine
O komme Nacht o Stunde eile / Geht hin ihr Tage ich verweile

Die Champs Elysées und der Boulevard Haussmann

L'Arc de Triomphe

Champs Elysées

Place de la Concorde

Rue Royale

Place de la Madeleine

Rue Tronchet

Rue du Havre

Rue d'Amsterdam

Rue de la Pépinière

Place Saint-Augustin

Boulevard Haussmann

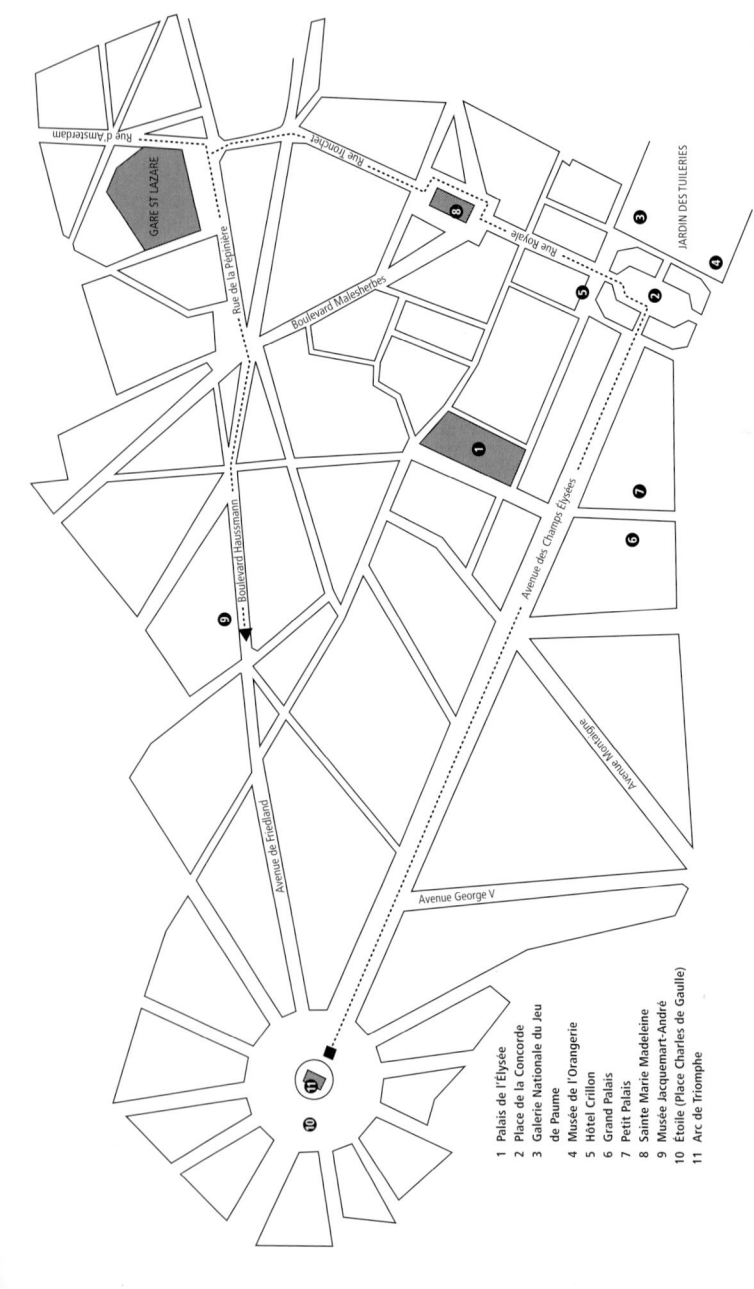

An den Triumphbogen

Du, das der Abendstrahl vergoldet schön, der gelbe,
Das weit den Himmel deckt, du prächtiges Gewölbe,
Das hoch die Stirn erhebt, so heiter und so fest,
Durch dessen breites Tor das Land gleicht tiefem Tale,
Du, das da dienen soll zu ewigem Denkmale,
Darauf ein eh'rner Aar sich einstens niederläßt!

So beginnt Victor Hugos Gedicht auf den Arc de Triomphe. Hugo, der es in seinem recht langen Leben vom leidenschaftlichen Royalisten bis zum mitfühlenden Sozialisten brachte, hat erst in diesem Hymnus auf Du und Du mit dem Denkmal seinen Frieden gemacht. Doch noch immer wirft er ihm sein mangelndes Alter vor, und zunächst hatte das Monument sogar seine emphatische Abneigung erfahren, weil er seinen Vater nicht unter den 660 namentlich in Stein gemeißelten Generälen gefunden hatte. Zudem hatte sein Erfinder Napoléon I., der es all seinen Siegen geweiht hatte, den Bau selbst gar nicht sehen können, denn auch noch, als er 1810 die österreichische Erzherzogin Marie Louise heiratete, ragten die Grundmauern nicht weiter aus dem Boden als der kriegsfreudige Kaiser selbst, dessen Körpergröße bekanntlich nicht erheblich war. So machte man es mit dem großen Bogen wie vor kurzem mit dem zerstörten Berliner Schloß – man errichtete ein Modell aus Holz und Leinwand. Ein Unwetter stürzte die Hilfskonstruktion um, als Napoléon seiner neuen Gemahlin mit dem Denkmal imponieren wollte.

Nach dem Ersten Weltkrieg, als das befreite Leben des

Der Arc de Triomphe

Friedens Paris mit neuer Freizügigkeit erfaßt hatte, ließ der Schriftsteller Louis Aragon in seinem Roman *Aurélien* seine Figur Bérénice – vom Namen her auch eine Göttin des Sieges – in das Quartier um den Triumphbogen ausschwärmen:

»Bérénice genoß ihr Alleinsein. Zum erstenmal in ihrem Leben war sie Herrin über sich selbst ...

Nehmen wir die Place de l'Étoile ... Um die Étoile herumgehen, aufs Geratewohl in eine Avenue einbiegen und sich, ohne wirklich gewählt zu haben, in einer Welt befinden, die von der, in die nächste Avenue hineingetaucht, vollkommen verschieden ist ... Nur, wenn man stickt, folgt man einem vorgegebenen, bekannten Muster, einer Blume, einem Vogel. Hier aber konnte man niemals im voraus wissen, ob es das verträumte Paradies der Avenue Friedland sein würde oder das Ganoven-Gewimmel der Avenue de Wagram oder die Filigranlandschaft der Avenue du Bois. Die Étoile herrscht über verschiedenartige Weiten wie über Lebewesen. Welten, in die ihre Lichtarme hineintauchen. ... Plötzlich gab die Stadt einen weiten Ausblick frei, und Bérénice trat aus diesem Universum, das sie erschreckte und gleichzeitig anzog, hinaus und sah in der Ferne den Arc de Triomphe und auf ihn zulaufend die Linie der Bäume mit ihrem sauber in einem Gitter gefangenen Stamm. Wie schön ist doch Paris!«

Zum Triumphbogen sind sie alle gezogen, die für, gegen oder zumindest in Frankreich gesiegt haben: die alliierten Sieger über Napoléon 1815, die deutschen Sieger über Frankreich 1871 und auch die französischen Sieger über Deutschland 1919. 2002 wurde in Sartres Zeitschrift *Les Temps Modernes* als offene Wahrheit folgendes »Paradox von Paris« gehandelt: »Im April 1944 applaudierten eine

Million Menschen auf den Champs Elysées dem Marschall Pétain bei seinem Besuch in der Ex-Hauptstadt von Frankreich (Anspielung auf die »Hauptstadt« Vichy im Restfrankreich während der deutschen Besetzung). Einige Monate später war es dieselbe Anzahl von Menschen, die entlang derselben Avenue General de Gaulle inmitten des Nationalen Komités der Résistance Beifall klatschte.« Genau war es am 26. August 1944, daß de Gaulle seinen triumphalen Fußmarsch über die Champs Elysées bis zum Triumphbogen zurücklegte, wo er vor dem Grab des unbekannten Soldaten niederkniete. Aber schon der in Frankreich überaus beliebte König Heinrich IV. hat mit Bitterkeit vermerkt, daß die Pariser heute ihm und morgen seinen Gegnern zujubeln. Deshalb sicherte er sich den Einzug in die Stadt beziehungsweise deren Eroberung nicht nur mit der berühmten Messe anläßlich seines Übertritts zur katholischen Konfession, sondern ganz wesentlich auch durch die Bestechung der Stadtwachen. Alle aber versöhnte 1998 der Sieg der französischen Fußballmannschaft über alle Welt, was den bisher letzten Triumphzug des Volkes zum Triumphbogen auslöste.

Ein entschiedener Gegner aller militärischen Triumphe, der Deutsche Wolfgang Koeppen, hat 1959 vis-à-vis dieses Triumphbogens eine eher skeptische Bilanz gezogen:

»Zwölf Avenuen laufen zum Étoile, huldigen dem Arc de Triomphe und dem armen Unbekannten Soldaten, der unter ihm begraben liegt. Dieser Bogen sollte Habsburg imponieren. Er empfing, erst eine Leinwandkulisse, Napoleons österreichische Gemahlin und ließ 1840, inzwischen aus Stein gemauert, den Leichnam des dynastiebesessenen Bräutigams passieren. Paris verbeugte sich eine Nacht lang vor dem hier aufgebahrten Victor Hugo, der seine Freiheit besungen hatte. Achthunderttausend Menschen folgten dem Sarg des Dichters. Welch ein Einzug für de Gaulle, der 1944 die Freiheit zu bringen meinte! Der tote Soldat von 1919 hat die einzig mögliche, die bittere Freiheit gefunden. Die Ehren nimmt er hin; sie erreichen ihn nicht in seinen Träumen vom friedlichen Dasein eines Bistrobesitzers. Der Bildhauer Rude hat am Bogenpfeiler die Marseillaise wie ›das Volk steht auf, der Sturm bricht los‹ versinnbildlicht. Der Schwung ist schön, die Geste ist töricht. Wie viele bissen ins Gras, und die Verhältnisse regelten sich nach ihren eigenen unkontrollierbaren Gesetzen.«

Keine zwei Jahrzehnte zuvor hatte ein anderer deutscher Schriftsteller – in seiner Rolle als deutscher Offizier und Besatzer Frankreichs – dessen Triumphbogen zu bewachen. In seinen *Pariser Tagebüchern* erwähnt Ernst Jünger diese militärische Funktion mit keinem Wort. Aber er führte ein abwechslungsreiches Leben um den Siegesbogen, zumal er in dem noblen Hotel Raphaël in der angrenzenden Avenue Kléber Quartier bezogen hatte. Sein Leben bestand nicht nur in dem Wachdienst vor dem großen Bogen, sondern auch in den Gesprächen mit französischen Künstlern und Schriftstellern sowie in langen Spaziergängen im Park Bagatelle des Jardin de Boulogne, der über die Avenue Foch – die breiteste und teuerste Straße von Paris – von de Place de l'Étoile direkt zu erreichen ist. Es war die Zeit der mehr oder weniger gelingenden Kollaboration zwischen Deutschen und Franzosen, die nach dem Krieg die französischen Kollaborateure zur Verurteilung oder in Verruf bringen sollte – den französischen Autor Robert Brasillach sogar bis zur Hinrichtung.

In seinem zweiten Pariser Tagebuch, einen Monat nachdem der französische Sieger des Ersten Weltkriegs noch

Die Champs Elysées

einmal triumphierend die Champs Elysées hinaufzog und schon die Flugzeuge der Alliierten Angriffe auf Paris flogen, hat Ernst Jünger einige höchst fragwürdige Sätze geschrieben. Auf makabre Weise triumphiert der Ästhet des Krieges über das Humane:

Paris, 27. Mai 1944
Alarme. Überfliegungen. Vom Dache des ›Raphael‹ sah ich zweimal in Richtung von Saint-Germain gewaltige Sprengwolken aufsteigen, während Geschwader in großer Höhe davonflogen. Ihr Angriffsziel waren die Flußbrücken. Art und Aufeinanderfolge der gegen den Nachschub gerichteten Maßnahmen deuten auf einen feinen Kopf. Beim zweiten Mal, bei Sonnenuntergang, hielt ich ein Glas Burgunder, in dem Erdbeeren schwammen, in der Hand. Die Stadt mit ihren roten Türmen und Kuppeln lag in gewaltiger Schönheit, gleich einem Kelche, der zu tödlicher Befruchtung überflogen wird. Alles war Schauspiel, war reine, vom Schmerz bejahte und erhöhte Macht.

Die Champs Elysées, die sich wie ein langer, silberner Teppich bis zum Tuileriengarten vor dem Louvre entrollen und im 19. Jahrhundert zur Prachtstraße von Paris aufstiegen, hatten eigentlich einen recht schmuddeligen Beginn. Im 16. Jahrhundert war es ein Sumpfgebiet, und Maria de Medici ließ einen »Cours de la Reine« durch das Gelände ziehen und Bäume zu beiden Seiten pflanzen. Der Weg, der heute die Nobel-Straße Avenue Montaigne bildet, war einst die »Allée des Veuves« – ein Spelunkenviertel außerhalb der Stadt, das Witwen, die während ihrer einjährigen Trauerzeit in Paris zu anständigem Verhalten verpflichtet waren, Freizügigkeiten erlaubte. An dieser Jahrmarktatmosphäre hat Ludwig Uhland 1810 als Augenzeuge teilgenommen – es war anläßlich des Festes, das Napoléon und seine österreichische Gemahlin dem Volk gaben:

»Von vier Uhr an waren auf den Champs-Elysées Spiele für das Volk: Karussells, Seiltänzer, Tanzmusik und dergleichen. Besonders belustigten mich die Mats de Cocagne, hohe Stangen, an welchen allerhand Preise, silberne Uhren, Becher, Halstücher aufgehängt sind, nach welchen die Schiffer klettern. Abends war Illumination. Der ganze Strich vom Schloß der Tuilerien bis ans Ende der Champs-Elysées war erleuchtet. Man glaubte, in einer Feenwelt zu sein, wenn man durch den Tuileriengarten ging, wo sich hinter den hohen Springbrunnen das erleuchtete Schloß herrlich ausnahm. Auch der ungeheure Place de la Concorde mit seinen Gebäuden zeichnete sich aus. Zwischen 9 und 10 Uhr fuhren der Kaiser und die Kaiserin mit ihrem Hofstatt von St. Cloud herein ins Hotel de Ville, wo von der Municipalität ein Ball veranstaltet war. Dem Hotel gegenüber wurde auf und an der Seine ein großes Feuerwerk veranstaltet...«

1843 ist auch Friedrich Hebbel die Champs Elysées aufwärts gewandert, aber er hat seine Bewunderung nicht mehr dem lebenden Napoléon darbringen können, sondern nur dem toten und seinem nun vollendeten Ruhmesbogen, durch den er drei Jahre vorher noch einmal als Leichnam in Paris eingezogen war:

»Gestern, Sonntag, war ein sehr schöner Tag, das Wetter war mild und die Herbstsonne vergoldete Paris, wie ein Juwel, mit rötlichen Strahlen. Ich ging um 2 Uhr aus und machte den schönsten Spaziergang, den man nur machen kann; ich durchwanderte die Boulevards ihrer ganzen Länge nach bis zur Madelaine, ging dann von der Madelaine geradeaus bis auf den Place de la Concorde und wandte mich nun rechts gegen die Champs-Elysées, die ich bis an den Arc de Triomphe durchschritt. Einen breiteren Strom des Lebens in einer glänzenderen Fassung kann man wohl auf der Erde nicht fluten sehen. Welche Gebäude, welche Straßen, welche Plätze, und an diesem Tage, der noch wie ein letztes köstliches Geschenk vom Himmel fiel, welche Massen von Menschen, Spaziergängern und Equipagen, die sich durcheinander drängten, um ihn zu genießen!«

Dann aber brach mit Napoléons Neffen die Belle Époque an. Er brachte sich 1851 per Staatsstreich an die Macht und erstickte als Kaiser Napoléon III. für zwanzig Jahre alle politischen Aktivitäten dadurch, daß er den Parisern wirtschaftlichen Aufstieg und permanente Vergnügungen nicht nur versprach, sondern diese Versprechungen auch erfüllte. Paris stieg zur weltweiten Metropole des Vergnügungstaumels und der bis ins Perverse verfeinerten Käuflichkeit der Liebe auf, wovon in mitreißenden Melodien Jacques Offenbachs Operette *Pariser Leben* kündet. Diese Epoche, die bis heute den Mythos von Paris bestimmt, riß jedoch auch eine ganze Generation in den Strudel selbstverlorenen Amüsements und weg von einer aufbauenden Lebensleistung, was unter anderen Gustave Flaubert in seinem negativen Bildungsroman *Lehrjahre des Gefühls* thematisiert hat.

Als Franz Kafka mit seinem Freund Max Brod im Jahre 1911 diese Avenue des fast ständigen Vergnügens besuchte, war das muntere Treiben zwar schon etwas geringer, aber keineswegs vorbei. Allerdings war dem düsteren Metaphysiker die Prachtstraße nur eine kurze Bemerkung wert:

»Sitzen auf den zwei einander zugewendeten Sesselchen in den Champs Elysées. Viel zu lang aufbleibende Kinder spielen noch im Halbdunkel, in dem sie die von ihnen in den Sand gezogenen Striche nicht mehr gut sehen.«

Ein deutscher Dichter, der ein Vierteljahrhundert in Paris

lebte, hat sein Leben 1856 an einem zentralen Punkt der Champs Elysées beendet – Heinrich Heine am Rond Point. Dort sah er, seit Jahren an sein Bett, die »Matratzengruft«, gefesselt, draußen das lustige Leben pulsieren, und der Abschied ist ihm nicht leichtgefallen. Nicht daß er sich vor dem Jüngsten Gericht gefürchtet hätte. Als ihn seine Frau Mathilde fragte, ob ihm denn seine Sünden verziehen würden, hatte der Spötter der Romantik natürlich die richtige Pointe parat: »Gewiß doch, das ist schließlich sein Beruf«. Aber dennoch ist ihm, der seine Heimat Deutschland voll Widerwillen verlassen und sich in seiner Wahlheimat stets wohl gefühlt hatte, der Begriff Heimat abhanden gekommen: Davon gibt sein Gedicht *Wo?*, das auch in seinen Grabstein auf dem Friedhof Montmartre eingemeißelt ist, schmerzlich-tröstliche Auskunft:

Wo?

Wo wird einst des Wandermüden
Letzte Ruhestätte sein?
Unter Palmen in dem Süden?
Unter Linden an dem Rhein?

Werd ich wo in einer Wüste
Eingescharrt von fremder Hand?
Oder ruh ich an der Küste
Eines Meeres in dem Sand?

Immerhin! Mich wird umgeben
Gotteshimmel, dort wie hier,
Und als Totenlampen schweben
Nachts die Sterne über mir.

Die Place de la Concorde in der Dämmerung

Die Champs Elysées stoßen auf die Place de la Concorde, die als Place Louis V mit dessen Reiterstandbild in der Mitte begann, dann seit 1789 unter dem Namen Platz der Revolution zur Hinrichtungsstätte wurde, wo die von einem französischen Arzt namens Dr. Guillotin entworfene und von einem deutschen Klavierbauer namens Tobias Schmidt gebaute Guillotine für die »Gleichheit« von König Louis XVI. sowie von Tausenden von Franzosen unter dem Fallbeil sorgte. Alle diese traurigen Taten des Tötens wurden schließlich bis heute unter dem Titel »Platz der Eintracht« zugedeckt. In der Mitte dieses Platzes fand 1836 ein ägyptischer Obelisk Aufstellung, der die Heldentaten des Pharaonen Ramses II. verzeichnet und Frankreich als »Geschenk« des Herrschers Mohammed Ali erreichte. Friedrich Hebbel hat 1843 den Platz bewundert und den Obelisk bestaunt: »Der Place de la Concorde wird schwerlich von irgend einem anderen in der Welt überboten, man mag ihn bei Tag betreten oder am Abend, wo die Réverbèren ihn feenhaft beleuchten. In der Mitte, zwischen zwei springenden Fontänen, erhebt sich der berühmte Obelisk und gibt jedem seine krausen Rätsel auf.«

Heinrich Heine hat sich nicht bei den neuen Réverbèren aufgehalten, die als Gasbeleuchtung den Platz mit seinerzeit moderner Magie versorgten, sondern hat an das »frevelhafte Beil« erinnert – was ihn nicht gerade als bedingungslosen Anhänger der Revolution ausweist:

»Jener, der Obelisk, stand einst vor den lotosknäufigen Riesensäulen am Eingang des Tempels von Luxor, welcher wie ein kolossaler Sarg aussieht, und die ausgestorbene Weisheit der Vorwelt, getrocknete Königsleichen, einbalsamierten Tod enthält. Neben ihm stand ein Zwillingsbruder von demselben roten Granit und derselben pyramidalischen

Gestalt, und ehe man zu diesen beiden gelangte, schritt man durch zwei Reihen Sphinxe, stumme Rätseltiere, Bestien mit Menschenköpfen, ägyptische Doktrinäre.«

Die Place de la Concorde wurde im Zweiten Weltkrieg auch zum Ort der Begegnung des französischen Dichters Antoine de Saint-Exupéry mit dem deutschen Starjournalisten Friedrich Sieburg. Der Autor des »kleinen Prinzen«, der 1944 mit dem Flugzeug über dem Mittelmeer abstürzte oder abgeschossen wurde, und der Verfasser des berühmten Frankreichbuchs *Gott in Frankreich?* sind sich dort »brüderlich« begegnet – wenigstens hat Sieburg es in seinem Erinnerungsbuch *Die schönsten Jahre* so empfunden:

»Der weite Platz lag wie ein ungeheurer Saal ohne Wände, seine Brüstungen und Statuen nahmen erlöschend an dem Weiß der hohen Wolken teil, er war seltsam leer, auf seinem Pflaster glänzte die kurvige Spur des Verkehrs, der nachgelassen hatte ... Die nie auszuschöpfende Schönheit des irdischen Daseins erfüllte mich so übermächtig, daß ich mir wünschte, ewig an dieser Stelle stehen zu dürfen, an der allein ich den Ansturm dieses Gefühls ertragen zu können glaubte. Der Mensch neben mir schien Ähnliches zu fühlen, er rauchte nicht, er sprach nicht, er bewegte sich nicht: wir teilten brüderlich.«

Ganz wie vor und während des Zweiten Weltkriegs, als dort Friedrich Sieburg in die feine Gesellschaft Frankreichs einzutauchen versuchte, hat auch Louis Aragons Held Aurélien in dem gleichnamigen Roman schon diese Stätte des Luxus aufgesucht – das Restaurant »Maxim's«. Es hält sich heute noch gleich am Eingang zur Rue Royale zur Linken für jene bereit, denen das Geld nicht mehr den geringsten Gedanken wert ist. In diesem Tempel der aristokratischen und geldaristokratischen Zerstreuung, der damals etwas angestaubt war und heute unübersehbar verstaubt ist, sucht der Kriegsheimkehrer Aurélien in das unbekümmerte Luxusleben von Paris zurückzufinden. Es gelingt ihm nicht recht:

»Er aß bei Maxim's zu Abend. Im ersten Raum tanzten Leute, während im Hintergrund das Orchester spielte. Um ihn herum waren die Tische dicht besetzt, geschlossene Gruppen waren seine Nachbarn. An der Bar die Frauen, die dort immer verkehrten. Warum war er hierher gekommen? Weil er die plissierten und festonierten altmodischen Stores liebte, die wie Unterwäsche aussahen, und die Jugendstildekoration mit dem Kastanienblatt als Leitmotiv. Weil er Verlangen nach diesem Lärm hatte, nach den konventionellen Teppichen und Lichtern, nach dieser Beflissenheit der Oberkellner; weil er das Verlangen verspürte, sich zu sagen, daß er zumindest dieser Gesellschaft da angehörte, diesem Etwas, das immer funktioniert, in den Niederlagen ebenso wie in den Siegen...«

Frisch und verführerisch aber ist der Luxus geblieben, der sich in der Rue Royale und an ihrem Ende um die Kirche Madeleine ohne jeden Skrupel ausbreitet. Die Kirche in der Mitte scheint keine Bedenken zu haben, denn erstens wurde sie gar nicht als Kirche, sondern als weiterer Ruhmestempel für Napoléons Siege gebaut – deshalb hat sie als einzige von Paris auch keine Glocken und keinen Glockenturm –, und zweitens wurde in ihr ausreichend Buße getan von jenen Luxusgeschöpfen, deren Käuflichkeit niemand in Zweifel zog. Der Deutsche Gottfried Benn sah das kulinarische Angebot rund um die Madeleine überaus siegreich im Vergleich mit dem in seiner Herkunftsstadt Berlin:

»Nimmt man von Berlin den Kurfürstendamm und die Linden zusammen, multipliziert es mit 10, dann hat man 20 solcher Straßen, wenn man vor der Madeleine steht. Rechts ist ein Haus, das führt nur blaue Straußenfächer, links das führt nur Perlen. Strümpfe, dreifarbig in der Längsrichtung, regenbogenfarbig ineinanderfließend, werden der Charme des Sommers sein. Jetzt ist das Unumgängliche Cape und Hermelin.«

Der französische Chansonnier Georges Brassens besingt dagegen die »menschliche Ware« rund um die Kirche:

Madeleine

> Elle avait la taill' fait' au tour,
>   Les hanches pleines,
> Et chassait l' male aux alentours
>   De la Mad'leine.
> A sa facon de m'dire 'Mon rat
>   Est-c' que j' te tente?'
>
> J' compris que j'avais affaire a
>   Un' débutante.
>
> L'avait l' don c'est vrai, j'en conviens,
>   L'avait l' genie,
> Mais sans technique un don n'est rien
>   Qu'un' sal' manie.
>   Certes, on ne se fait pas putain
> Comme on s' fait nonne.
>   C'est du moins c' qu'on prêche en latin,
> A la Sorbonne.*

---

* *Die Neue Madeleine*
Sie hatt' 'nen knackigen Popo und hübsche Beene / und ging auf Männerfang rund um die Madeleine. / Wie sie so sagte: ›Na wie wär's denn mit uns zweien?‹ /

Die gerade Linie der Straßen hinter der Madeleine führt über die Rue Tronchet und die Rue du Havre zur Rue d'Amsterdam, die sich gleichsam an den Bahnhof Saint-Lazare anlehnt. Diese Straße, die heute eine häßliche Anonymität mit billigem Warenangebot und schmutzigen Hotels ausstrahlt, war im 19. Jahrhundert wohl auch schon ein eher düsteres Absteigeviertel. Der schon schwerkranke Heinrich Heine, der seit 1837 von einem Augenleiden befallen war, das bei ihm fast zur Erblindung führen sollte, zog im September 1848 dort in das Haus Nr. 50, Hinterhaus 2. Stock. An seinen Bruder Max schrieb er: »Es ist ein kleines Loch, sehr lärmig..., das ich leider aus übertriebener Ökonomie gewählt habe... Ich will zum nächsten Tore, vor der Barrière Montmartre hinausgetragen sein, und darum wohne ich... in dieser zum Sterben gemachten Rue d'Amsterdam.« Es war dasselbe Jahr, als er im Mai bei einem Besuch des Louvre-Museums zusammengebrochen war. Seitdem fesselte ihn ein Rückenmarksleiden ans Bett. Erst 1854 verließ er wegen der dortigen Kälte und Feuchtigkeit »dieses Loch« und bezog – nach einem kurzen Zwischenquartier in den nahen Batignolles – im November desselben Jahres die Wohnung in der Avenue Matignon, wo sie auf den Rond Point stößt.

Nur fünf Jahre später flüchtete Charles Baudelaire, der keine eigene feste Unterkunft in Paris hatte, in das Hôtel Dieppe Haus Nr. 22 in der Rue d'Amsterdam. Er durchlebte dort eine trostlose Phase seines Lebens, die ihn an den Rand des Selbstmords führte, als er erfuhr, daß der angebliche

---

Da war mir klar: das ist wohl eine von den Neuen.
Sie war begabt, das geb' ich zu, sie hatt' Genie; / doch ohne Technik ist Begabung nur Manie. / Gewiß doch, Nutte wird man nicht so leicht wie Nonne. / So etwa lernt man's auf Latein an der Sorbonne.

Bruder seiner Geliebten Jeanne Duval in Wahrheit ihr Geliebter war. Zusätzlich plagten ihn die Beschwerden einer Syphilis-Erkrankung und die lebenslangen finanziellen Sorgen.

Eher helle und abenteuerliche Eindrücke konnte sich Jean Cocteau von seiner Schulzeit im dortigen Lycée Petit Condorcet bewahren, worüber er in seinem Roman *Die schrecklichen Kinder* von 1929 berichtet. So sah er später sein eigenes Treiben im Kreis seiner Kameraden auf dem Schulhof: »Zweimal täglich ..., um zehneinhalb Uhr morgens und um vier Uhr nachmittags, wird diese Stille von einem Aufruhr gestört. Denn die Pforten des kleinen Lycée Condorcet öffnen sich gegenüber dem Haus 72 der Rue d'Amsterdam, und die Schüler haben diesen Hof zu ihrem Hauptquartier erwählt. Er ist ihr Spiel- und Richtplatz. Eine Art mittelalterlicher Platz, ein Liebeshof, ein Bettelmarkt, eine Briefmarken- und Schusserbörse, ein Femegericht, wo man die Schuldigen verurteilt und das Urteil an ihnen vollstreckt, wo von langer Hand jene Streiche vorbereitet werden, die während des Unterrichts ausbrechen und deren Zurüstungen die Verwunderung der Lehrer erregen.«

Zurück auf den Vorplatz des Bahnhofs Saint-Lazare, denn von dort führt in gerader Linie die Rue de la Pépinière (es muß lange her sein, daß in dieser heute turbulenten Steinlandschaft junge Bäume sich ruhig ihrem Wachstum widmen durften) auf die Place Saint-Augustin mit der monströs-orientalischen Kuppelkirche. Es beginnt hier das vornehme Wohnviertel der Belle Époque. Marcel Prousts geliebter Onkel Louis wohnte hier im Haus Nr. 102, und das Musée Jacquemart-André im noblen Bankier-Palais ist die Nr. 158 jenes Boulevards, dessen Name für die fast völlige Neugestaltung von Paris steht: Baron Haussmann. Émile Zola wütete auch gegen das Prinzip Haussmann:

»Das Paris von M. Haussmann ist ein einziges, ungeheures Blendwerk, die Lüge eines ins Riesenhafte gesteigerten Jesuitismus… Die Plätze, die großen Parks mit ihren Blumenrabatten zeigen ein heuchlerisches Lächeln, um von den Rauchschwaden und dem pestilenzartigen Gestank abzulenken, der unablässig über die Stadt hinwegzieht.«

Die Zeit und die zeitgenössische Architektur nach dem Zweiten Weltkrieg haben zu einem anderen Urteil gefunden. Die einst als häßlich-protzig empfundenen Stadthäuser mit großbürgerlich-weitläufigen Wohnungen gelten heute, analog den wilhelminischen Bauten in Berlin, als das »wahre« Paris der noblen Weltläufigkeit und großzügigen Urbanität. Sicher ist zumindest, daß das mittelalterliche Paris mit seiner Enge und seinem Dreck nicht überleben konnte, und so hat es seine stadthistorische Berechtigung, daß der Baron Haussmann als von Kaiser Napoléon III. mit fast unbegrenzten Vollmachten eingesetzter Stadterneuerer nicht nur die großen Boulevards wie Schneisen durch das alte Stadtbild schlug, sondern auch unterirdisch ein perfektes Kanalsystem bauen ließ, das den alten Kloaken, die der Stadt 1832 noch die Cholera beschert hatten, ein hygienisches Ende setzte.

Deshalb steht sie wohl zu Recht da, die kleine Figur des Baron Haussmann, auf dem langen Boulevard Haussmann. Marcel Proust zog 1906 in das Haus seines Onkels, das dessen Witwe gehörte. Dort hat er bis 1919 gelebt und gearbeitet, natürlich in dem berühmten Korkzimmer, das seine Haushälterin Céleste Albaret in ihren Erinnerungen *Monsieur Proust*, die Georges Belmont aufgezeichnet hat, bis ins Detail beschreibt:

»... es war sehr groß und sehr hoch, vier Meter etwa; es hatte zwei Fenster, ebenfalls groß, doppelt verglast und immer hermetisch verschlossen, wenn er da war. Auch die Gardinen und Vorhänge aus blauem Satin, mit Molton gefüttert, waren stets zugezogen. Die großen Korkplatten, mit denen die Wände und die Decke verkleidet waren, sorgten für Schallschutz.

Wenn man hereinkam, fiel einem, abgesehen von den Korkplatten, vor allem die blaue Farbe auf. Genau gesagt, das Blau der Vorhänge. Es wiederholte sich in einem großen Kronleuchter, einer Art Kelch, der in einer Spitze auslief und dessen Birnen mit mehreren Schaltern angeknipst wurden, was aber nie geschah, außer wenn ein Gast da war...«

Prousts Leben und Schreiben dürfte inzwischen fast eine ähnlich historisch-philologische Durchleuchtung erfahren haben, wie es bis heute und unabsehbar bei Goethe der Fall ist. Es sollen deshalb nur zwei Ausbrüche aus dem Korkzimmer hier erwähnt werden, die in ihrem Gegensatz auffallen – das abseitige Männerbordell in der Rue de l'Arcade Nr. 11 und das in hellem Glanz strahlende Hôtel Ritz an der Place Vendôme. Eine bis heute nicht völlig aufgeklärte Rolle spielte das berüchtigte Etablissement der Rue de l'Arcade in Prousts Leben. War es ein Ort, sich extravaganten erotischen Experimenten hinzugeben, oder war es nur eine weitere Gelegenheit, Material für sein Werk zu sammeln? Oder beides? Die ehrpusselige Madame Albaret, die natürlich eine resolute Verteidigerin der Ehre ihres Monsieur Proust ist, sogar ihm selbst gegenüber, hat diese Seite seiner Existenz eher nur angedeutet:

»Ein weiterer seiner Bekannten, auf die man sich vielfach bezogen hat, um ihm Neigungen zuzuschreiben, die ihn den Frauen entfremdet hätten, ist Albert Le Cuziat, aus dem er in seinem Roman eins der Vorbilder von Jupien und den Inhaber eines Freudenhauses für Männer gemacht hat. Darüber kann ich sprechen, weil ich die Sache und die Person kenne; denn abgesehen davon, daß Monsieur Proust mir viel von ihm erzählt hat und mich auf dem laufenden hielt, habe ich Le Cuziat selbst gesehen. Ich sage es unumwunden: Er gefiel mir nicht, und ich habe es Monsieur Proust nicht verheimlicht.«

Natürlich geht es um die strittige Frage, ob Proust sich den sexuellen Extravaganzen nur des Vergnügens wegen oder wegen der Ermittlung der entsprechenden Details für sein Werk hingab. Beim Ritz ist der Dualismus unzweifelhaft. Proust, der ein Snob seltenen Ausmaßes war, hat bereits 1907 in dem Luxushotel ein »großes Diner« gegeben, das fast nur Adlige bis zum englischen Gesandten vereinigte und seine auratische Überhöhung durch Wagner-Musik erfuhr, zudem noch durch den Liebestod aus »Tristan«. Es fehlte auch nicht Faurés Violinsonate, von dem Komponisten selbst vorgetragen – eine der Melodien, die in die Vinteuil-Sonate von Prousts Romanwerks *Auf der Suche nach der verlorenen Zeit* eingegangen sind. Später, ab 1917, stand eindeutig die Materialbeschaffung bei den Besuchen im Ritz im Vordergrund. Prousts Biograph George D. Painter beobachtet den Autor der *Recherche* bei seinen Recherchen:

»Er begann jetzt, eine seiner letzten Rollen zu spielen, die Rolle des ›Proust vom Ritz‹. Das große Hotel wurde zu seinem zweiten Heim, zum Ersatz für die Paläste von Cabourg, Venedig und Evian, die er nie wiedersehen sollte, und für die Salons des Faubourg, deren Besucher, soweit sie nicht durch den Krieg zerstreut waren, jetzt als wunderliche Gesellschaft um ihn herum dinierten. Im Ritz fand er wieder die

Regungen und Rätsel einer Miniatur-Welt, die Behaglichkeit und Sicherheit von Familienleben, die Befriedigung seiner lebenslangen Sehnsucht nach erwiesenem Dienst und entsprechendem Dank. Er schrieb in seinem korkgeschützten Schlafzimmer, aber um zu leben, ging er ins Ritz. ›Sie belästigen mich nicht, und ich fühle mich dort wohl‹, sagte er. Eine Gruppe sehr junger Hotelpagen und sehr alter Kellner wartete ihm bei Tisch auf. ›Wer ist die jüngere von den beiden Damen in der Ecke?‹ erkundigte er sich, ›ich muß das wissen, weil sie einer der Gestalten in meinem Buch genau gleicht.‹«

Auch die ungeduldige Erwartung, ob es zu einer Veröffentlichung seines Romanwerks noch zu seinen Lebzeiten kommen werde, hat Proust in seinem Korkzimmer ertragen, und hier nahm er die enttäuschende Ablehnung des Manuskripts hin. Unter anderen wies André Gide das Manuskript zurück und suchte später erfindungsreich einen Notausgang aus seinem eigenen Fehlurteil – nicht zuletzt mit besonderer Devotion gegenüber Proust.

Das Jahr von Prousts größtem Triumph war auch das Jahr einer bitteren Niederlage. Am 10. Dezember 1919 sprach ihm die Académie Goncourt ihren bis heute berühmten Literatur-Preis zu – mit der knappen Mehrheit von 6 zu 4 Stimmen. Es geschah gegen den Kriegsroman *Les croix de bois* von Roland Dorgelès, der im Krieg gefallen war, und mit Hilfe der Stimme seines Freundes Léon Daudet, wie es seit je zum Kulissenspiel von Literaturpreisen gehört. Tief verletzte Proust dagegen, daß er aus dem kunstvoll gestalteten Korkgehäuse des Boulevard Haussmann 102 ausziehen mußte, und schuld daran war auch noch seine eigene Tante, die das Gebäude an eine Bank verkauft hatte. Die Bank Varin-Bernier existiert heute noch, und sie ließ Prousts

Korkzimmer sogar wiederherrichten. Es kann bei entsprechender Voranmeldung von jedermann besichtigt werden, vorausgesetzt, es wird nicht gerade benötigt, um in einem zeremoniellen Akt besonders hohe Kreditverträge zu unterzeichnen. Proust, der selbst ein guter Geschäftsmann auch im Umgang mit Aktien war, fand in seiner Tante eine gleichwertige Gegnerin. Sein Biograph Painter verschweigt nicht die pikanten Details:

»Auf Marcels Protest antwortete sie mit bissiger Ironie, die beweist, daß Mme Emilie Weil und ihr Neffe vieles gemein hatten, sie ziehe ›den süßen Namen Tante dem einer Wirtin vor‹, und sollte seine Gesundheit es ihm jemals erlauben, sie zu besuchen, ›dann wird meine Entscheidung den Vorteil haben, daß wir uns über Literatur statt über das Haus unterhalten können‹. Er hatte niemals eine Verlängerung seines Mietvertrages unterschrieben; er schuldete ihr 20 000 Francs für drei Jahre Miete, weil er 1916 verkündet hatte, er könne ihr nichts zahlen, ehe die Sache mit dem berühmten Warburg-Scheck geklärt sei; und nun befürchtete er, daß der neue Besitzer diese Schulden eintreiben würde. Durch einen Zeitungsausschnitt ermutigt, den Albufera ihm schickte, demzufolge Mieter das Recht auf eine zweijährige Kündigungsfrist hatten, dachte er daran zu bleiben. Aber die Vorarbeiten für den Umbau begannen im Februar, der innere Hof sollte überdacht werden, das Treppenhaus renoviert, und er fürchtete für seinen Schlaf. Er fragte Guiche um Rat, der nicht nur den Bankier aufsuchte, sondern die Schulden niederschlagen ließ und eine feste Entschädigung herausholte. ›Das war der größte Dienst, den ein Freund mir je erwiesen hat‹, sagte Proust zu Robert Dreyfus.«

Vom Montmartre zum Palais Royal

Montmartre
Sacré Cœur
Rue des Abbesses
Rue Lepic
Place Blanche
Rue Fontaine
Rue Pigalle
Église Sainte-Trinité
Rue de la Chaussée d'Antin
L'Opéra
Boulevard des Capucines
Boulevard des Italiens
Boulevard Montmartre
Passage des Panoramas
La Bourse
Rue Vivienne
Palais Royal

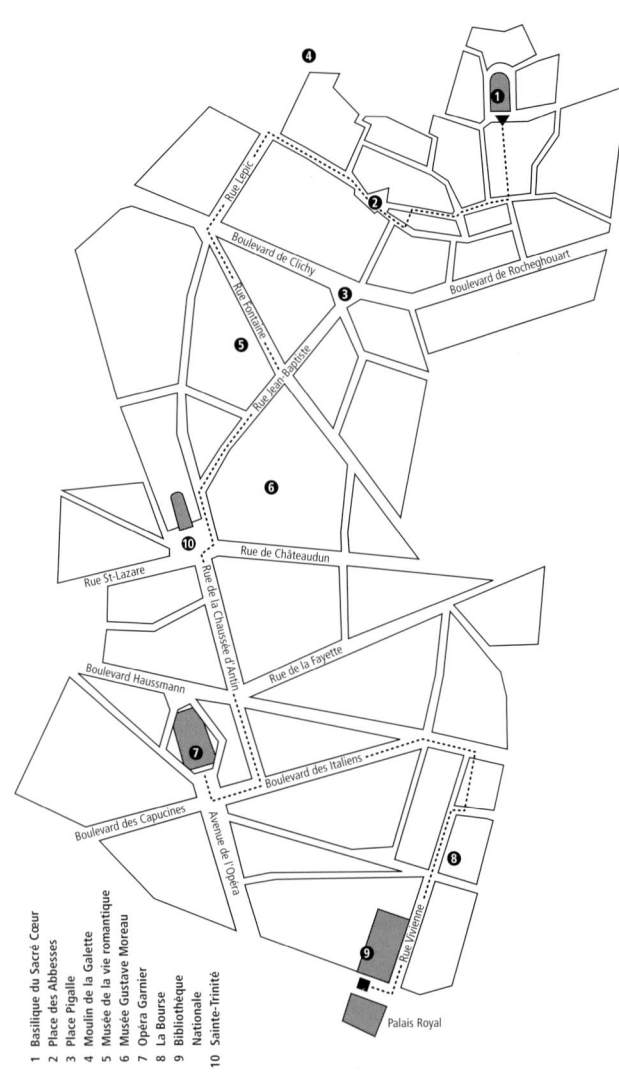

1 Basilique du Sacré Cœur
2 Place des Abbesses
3 Place Pigalle
4 Moulin de la Galette
5 Musée de la vie romantique
6 Musée Gustave Moreau
7 Opéra Garnier
8 La Bourse
9 Bibliothèque Nationale
10 Sainte-Trinité

Montmartre – der »Berg des Leidens« ist heute ein Hügel des Vergnügens. Einst, im 3. Jahrhundert, bemühte sich der später geheiligte Saint-Denis um die Taufe der gallo-romanischen Heiden in Paris und wurde im Faubourg Saint-Jacques mit zwei seiner Diakone verhaftet und zum Tode verurteilt, da er seiner Religion nicht abschwor. Nach Einkerkerung und Folter auf der Île de la Cité führte man ihn zum später so genannten Montmartre, um ihn dort auf der Höhe vor dem Tempel des Merkur hinzurichten. Aber schon auf der halben Höhe schlug man ihm den Kopf ab. Doch er hob ihn auf, wusch ihn in einem Brunnen in der heutigen Rue Girardon und trug ihn auf seinen eigenen Händen dann noch eine recht stattliche Zahl von Kilometern weit bis in den Vorort Saint-Denis. Der spätere Heilige starb schließlich dort, wo heute die Kathedrale steht, in der über Jahrhunderte die Könige Frankreichs bestattet wurden.

Derart dem Martyrium geweiht, war der Hügel Montmartre 1871 nach der schmählichen Niederlage Frankreichs gegen Deutschland der richtige Ort der Sühne, um zur religiösen und auch politischen Reinheit zurückzufinden. Diese Reinheit befand sich natürlich im heiligsten Herzen der Christenheit – dem von Jesus Christus selbst. Die Herz-Jesu-Bewegung erfaßte ganz Frankreich und auch den Montmartre, der in den revolutionären Jahren sogar zum Mont-Marat umgetauft worden war. So verdankt, obgleich niemand gern daran erinnert oder daran erinnert werden will, der orientalische Zuckerbäckerbau seine Errichtung dem deutschen Sieg und der französischen Reue, die dann als nationale Revanche 1914 direkt in den Ersten Weltkrieg führte.

Das aber war bereits jene Epoche, in der die Künstler um Pablo Picasso dort billiges Quartier fanden und im Bateau-Lavoir, das einst eine armselige, aufgegebene Großwäscherei war – heute steht an seiner Stelle auf der Place Émile Goudeau ein modernes Ateliergebäude für internationale Künstler –, die Kunst revolutionierten und das Leben in furiosen Festen feierten. Von diesem Mythos lebt heute vor allem die Tourismusbranche, so daß schon Wolfgang Koeppen eher vergeblich hoffte, künstlerische Reste in dem kommerziellen Treiben zu finden:

»Erst am Abend geben Scheinwerfer und Neonröhren dem Besucher die ersehnte Illusion, in einem nichtjugendfreien, doch lustigen Film zu agieren. Er meint, in die beneidete Hölle der Wollüstlinge zu schielen und selber nicht ins Feuer zu kommen. Im allgemeinen verachtet hier der Käufer den Verkäufer, den er kauft. An den Straßenecken stehen Täuschungen der Venus wie alte Pferdedroschken. Nur wer sich mit dem bloßen Anblick des Jahrmarkts begnügt, kommt auf seine Kosten.«

Als Gottfried Benn in den zwanziger Jahren des vergangenen Jahrhunderts im berühmten »Moulin Rouge« die Finessen jenes Nachtlebens suchte, das Toulouse-Lautrec erlebt und gemalt hatte, war das Amüsement bereits internationalisiert und zum lebhaften Ärger der Franzosen amerikanisiert:

»Oder da ist Moulin Rouge. Teppiche von einem bestimmten Rot zwischen Lachs und Glaskirsche liegen vom Pflaster über die Freitreppe bis in alle Winkel des Theaters. In einer Ecke eine Dixie-Band vom Red River, in der andern ein Haifischbeschwörer aus Colombo. Und auf der Bühne

Sacré Cœur

New York-Montmartre, la grande Revue du Moulin Rouge, zwei Akte, 50 Bilder, etwa 60 Erzeuger, alle namentlich genannt einschließlich der Autoren, der Schnallen und Steine der Schuhbänder, des Perlmutters der Muscheltänzerinnen und des Produzenten der telefonischen Organisation. Ich glaube nicht, daß das Budget des preußischen Staats genügt, um diese Revue zu finanzieren.«

Vor dem Ersten Weltkrieg hat sich ein deutscher Dichter, der sein Heimatland mit dem Anti-Papst-Stück *Das Liebeskonzil* provoziert hatte, an den Hang des Montmartre zurückgezogen – Oskar Panizza. Er suchte und fand dort Ruhe auf Zeit, aber er hatte im Gepäck nicht jene Melancholie, die Heine mit Deutschland verband, sondern einen unversöhnlichen Zorn auf die politische und geistige Fesselung des Volkes jenseits des Rheins. Das Laster vor Ort wurde ihm so zur Tugend angesichts des Terrors in seiner Heimat:

Parisiana – Deutsche Verse aus Paris

Sitzt du an dem Ort, ich wette,
des Lasters, wo die Dirne schweift,
wo auf Montmartre eine Kette
von Buhlern durch die Straßen läuft,

… und im Bullier und la Galette
unzüchtig alles sich begreift?
Und doch ein hochanständ'ges Viertel,
wo alles sich noch sittsam regt,
verglichen mit dem Eisengürtel,
den ihr um eure Völker legt,

verglichen mit den blei'rnen Kappen,
die ihr den Hirnen umgeschnallt,
dem Pferdsgeruch von Schimmeln, Rappen,
die ihr anpreiset mit Gewalt –
es adelt jeder Königslappen
die frech-hochnäsigste Gestalt –
ihr habt im deutschen Vaterlande
ein Reich der Kutscher aufgericht't:
Stallburschen ohne Scham und Schande,
wer dort am besten wiehert, sticht ...

Natürlich taucht auch Georges Simenons Kriminalkommissar Maigret in diese erotisch glitzernde Zwischenwelt von Vergnügungen der reichen Leute und Verbrechen der sozialen Außenseiter ein. Exakt an der Kreuzung der Rue Fontaine und der Rue Pigalle schreitet er zur Aufklärung des Mordes an einer Nachtclubtänzerin. In dem Band *La patience de Maigret* wird auch dieser Fall mit großer Geduld und feiner Kombinationstechnik zur Aufklärung gebracht, wie es schon der Titel verheißt. An seiner Seite hält sich tapfer der junge Sergeant Lapointe, der am Ende seinen ersten tödlichen Schuß abgibt – worauf sie und auch auf das gerechte Töten »einen kleinen Roten« trinken:

»›Der goldene Nagel‹ grenzte auf der einen Seite an ein Striptease-Lokal der dritten Kategorie, auf der anderen an ein Wäschegeschäft, spezialisiert auf weibliche Unterwäsche der phantasiereichsten Wünsche, die von den Fremden mit in ihre Heimat genommen wurde – als Erinnerung an das Paris und sein Vergnügungsangebot.

Maigret und Lapointe, die ihren Wagen der P. J. (Police judicaire=Kripo) in der Rue Chaptal gelassen hatten, schritten langsam die Straße hinauf, wo das einfache Volk des Tages sich mit den sehr unterschiedlichen Gestalten des Nachtlebens zu mischen begann.«

Weiter auf der Rue Pigalle ins Zentrum von Paris ist an der Kirche Sainte-Trinité und der Rue de la Chaussée d'Antin schon jenes einst sehr noble Viertel der großen Boulevards erreicht, das sich dem Baron Haussmann verdankt. Zu ihm gehören die seinerzeit hochmodernen Passagen, die die Passanten vor Regen und Straßendreck, den die eiligen Karossen reichlich aufspritzen ließen, schützen sollten. Breite Straßen und glitzernde Passagen waren *die* Attraktion des 19. Jahrhunderts. Von der Place de la Bastille bis zur Gare Saint-Lazare wurde das rechte Seine-Ufer zu großen Teilen neu gestaltet.

Für das 19. Jahrhundert waren Passagen die markanteste Form der Moderne; der deutsche Zivilisationstheoretiker Walter Benjamin hoffte, die Strukturen dieses Jahrhunderts in den Passagen zu entschlüsseln. Sein *Passagen-Werk* blieb Fragment, aber er hat in der Bibliothèque Nationale mit extremer Sorgfalt dem Geheimnis der Attraktivität, das von den Passagen ausging, nachgespürt:

»Die Mehrzahl der Pariser Passagen entsteht in den anderthalb Jahrzehnten nach 1822. Die erste Bedingung ihres Aufkommens ist die Hochkonjunktur des Textilhandels. Die magasins de nouveautés, die ersten Etablissements, die größere Warenlager im Hause unterhalten, beginnen sich zu zeigen. Sie sind die Vorläufer der Warenhäuser. Es war die Zeit, von der Balzac schrieb: ›Le grand poème de l'étalage chante ses strophes de couleurs depuis la Madeleine jusqu'à la porte Saint-Denis.‹ Die Passagen sind ein Zentrum des Handels in Luxuswaren. In ihrer Ausstattung tritt die Kunst in den Dienst des Kaufmanns. Die Zeitgenossen werden nicht müde, sie zu bewundern. Noch lange bleiben sie ein

Eine Treppe zum Montmartre

Anziehungspunkt für die Fremden. Ein *Illustrierter Pariser Führer* sagt: ›Diese Passagen, eine neuere Erfindung des industriellen Luxus, sind glasgedeckte, marmorgetäfelte Gänge durch ganze Häusermassen, deren Besitzer sich zu solchen Spekulationen vereinigt haben. Zu beiden Seiten dieser Gänge, die ihr Licht von oben erhalten, laufen die elegantesten Warenläden hin, so daß eine solche Passage eine Stadt, ja eine Welt im kleinen ist.‹ Die Passagen sind der Schauplatz der ersten Gasbeleuchtung.«

Die Passage des Panoramas, die heute noch existiert, hat nicht nur ihre verführerische Helligkeit verloren, sondern auch eine zeitgemäße Sauberkeit. Die Entwicklung der Geschäfte führte eben nicht zu der Agglomeration von zahlreichen spezialisierten Einzelhändlern, sondern zum alle Produkte dem Massenpublikum aufdrängenden Kaufhaus. Mit großem Aufwand ist man bemüht, einzelne Passagen in ihrem alten Glanz erstrahlen zu lassen – so die Galerie Vérot-Dodat nahe der Banque de France, die Galerie Vivienne hinter der Alten Nationalbibliothek oder die Passage du Grand Cerf nahe dem Boulevard Sébastopol. Sie sind heute Museumsstücke geworden, denen der geschäftliche Erfolg versagt bleibt und von denen nicht wenige zu schmutzigen Verkaufsröhren für Billigprodukte verkommen.

Unmittelbar gegenüber der Passage des Panoramas, auf der anderen Straßenseite des Boulevard Montmartre, liegt am Eingang in die Passage Jouffroy das »Musée Grevin« – das Pariser Wachsfiguren-Kabinett. Zwar ist es nicht so alt wie das der Madame Tussaud in London, doch mit seiner Gründung im Jahre 1882 behauptet es in der Welt den zweiten Rang. Die Zeit, die die Passagen altern ließ, hat den Figuren nichts anhaben können, denn das Wachs hält sie stets frisch und rosig, und auch die aktuellen Neuzugänge sorgen für eine frische Zeitlosigkeit.

Zur Zeit Honoré de Balzacs waren die Boulevards nicht nur Zentrum des Konsums, sondern auch Ort der Kommunikation:

»Endlich, von 14.00 bis 17.00 Uhr, gelangt sein Leben auf den Höhepunkt; er (der Boulevard) gibt gratis seine große Vorstellung. Seine drei tausend Boutiquen glitzern, und das große Gedicht der Auslagen singt seine Strophen der Farben, von der Madeleine bis hin zum Tor St. Denis. Alle Künstler wider Willen, spielen die Passanten dabei die Rolle des Chors in der antiken Tragödie: sie lachen, sie lieben, sie weinen, sie schmunzeln, sie träumen dumpf! Wie Schatten oder wie flackerndes Feuer bewegen sie sich! ... Man passiert nicht zwei Boulevards, ohne einen Freund oder einen Feind zu treffen, oder ein Original, das zum Lachen oder zum Nachdenken anhält, oder einen Armen, der um einen Sou bittet, oder einen Possenreißer, der nach einer Darstellung sucht, auch Bedürftige, aber der eine viel reicher als der andere.«

Einen Abglanz des einst verführerischen Verkaufens auf den Boulevards hat sogar noch Franz Kafka erlebt. Er ist den Boulevard Montmartre in Richtung Place de la République entlangspaziert und hat sich auf dem Boulevard Poissonnière natürlich jenem Handelsobjekt zugewandt, dessen Produktion er selbst betrieb:

»Das Rufen einer Frau mit einem kleinen Bücherhandwagen am Abend auf dem Boulevard Poissonnière. Blättert, blättert meine Herren, sucht euch alles aus, was daliegt, wird verkauft. Ohne zum Einkaufen zu drängen, ohne auch aufdringlich hinzusehen, nennt sie innerhalb ihres Rufens gleich den Preis des Buches, das einer der Umstehenden in die Hand nimmt. Sie scheint nur zu verlangen, daß rascher geblättert wird, rascher die Bücher in den Händen wechseln, was man verstehen kann, wenn man zusieht, wie hie und da einer, zum Beispiel ich, langsam ein Buch aufhebt, langsam und wenig darin blättert, langsam es hinlegt und endlich langsam weggeht.«

Noch weiter auf dem Markt der Käuflichkeiten hat sich Kafka vorgewagt, bis in die Bordelle, deren rationellen Betrieb er bewunderte und deren nicht recht gelungenen Besuch er bedauerte: »Rationell eingerichtete Bordelle. Die reinen Jalousien der großen Fenster des ganzen Hauses herabgelassen. In der Portiersloge statt eines Mannes ehrbar angezogene Frau, die überall zu Hause sein könnte. Schon in Prag habe ich immer den amazonenmäßigen Charakter der Bordelle flüchtig bemerkt. Hier ist es noch deutlicher... der Dreiviertel-Kreis (wir ergänzen ihn zum Kreis), in dem sie (die Mädchen) um uns in aufrechten, auf ihren Vorteil bedachten Stellungen stehen, der große Schritt, mit dem die Erwählte vortritt, der Griff der Madame, mit dem sie mich auffordert, während ich mich zum Ausgang hingezogen fühle. Unmöglich, mir vorzustellen, wie ich auf die Gasse kam, so rasch war es... Man muß sich die Hand von der Krempe reißen. Einsamer, langer, sinnloser Nachhauseweg.«

Vom Boulevard Montmartre läuft, parallel zur Passage des Panoramas, die Rue Vivienne zur Börse und dann weiter zur alten Nationalbibliothek. Zunächst also zur Börse, die im 19. Jahrhundert ihren bis heute ungebrochenen Aufstieg nahm. Heinrich Heine hat die Bedeutung der Börse für die politische Entwicklung Frankreichs in seiner Beschreibung der *Französischen Zustände* erkannt und auch selbst trickreichen Umgang mit den Aktien gepflegt:

»Hier, in dem ungeheuren Raume der hochgewölbten

Börsenhalle, hier ist es, wo der Staatspapierschacher, mit allen seinen grellen Gestalten und Mißtönen, wogend und brausend sich bewegt, wie ein Meer des Eigennutzes, wo aus den wüsten Menschenwellen die großen Bankiers gleich Haifischen hervorschnappen, wo ein Ungetüm das andere verschlingt und wo oben auf der Galerie, gleich lauernden Raubvögeln auf einer Meerklippe, sogar spekulierende Damen bemerkbar sind. Hier ist es jedoch, wo die Interessen wohnen, die in dieser Zeit über Krieg und Frieden entscheiden.«

Auch Ludwig Börne besaß gute Kenntnisse der Methoden, die das komplizierte Gefeilsche mit dem großen Geld bestimmen. Mit kritischem Spott kommentiert er die seltsame Relation von Religion und Rendite. Das betraf nicht nur den kleinen Bibelhändler vor der Börse, sondern auch den größten Geldhändler an der Börse – das Haus Rothschild mit seinem Baron James Rothschild an der Spitze. Börne bewies schon erhebliche Kühnheit, den französischen Geldmonarchen in seinem Pas-de-deux mit dem Papst vorzuführen:

Zweiundsiebzigster Brief

Paris, Samstag, den 28. Januar 1832
Rothschild hat dem Papste die Hand geküßt und beim Abschiede seine hohe Zufriedenheit mit dem Nachfolger Petri unter allergnädigsten Ausdrücken zu erkennen gegeben. Jetzt kömmt doch endlich einmal alles in die Ordnung, die Gott beim Erschaffen der Welt eigentlich hat haben wollen. Ein armer Christ küßt dem Papste die Füße, und ein reicher Jude küßt ihm die Hand. Hätte Rothschild sein römisches Anleihen, statt zu 65 p.c. zu 60 erhalten und so dem Kai-

dinalkämmerling zehntausend Dukaten mehr spendieren können, hätte er dem Heiligen Vater um den Hals fallen dürfen. Wie viel edler sind doch die Rothschild als deren Ahnherr Judas Ischariot! Dieser verkaufte Christus für dreißig kleine Taler, die Rothschild würden ihn heute kaufen, wenn er für Geld zu haben wäre. Ich finde das alles sehr schön ...

Diese Satire, die übrigens bis heute überaus lesbar ist, geht noch etliche Seiten weiter und erreicht eine Schärfe, die heute gewiß zu Beleidigungsklagen geführt hätte. Heinrich Heine zeigte neben ebenbürtigem Witz weit größeren Respekt gegenüber dem Haus Rothschild, dem er schließlich auch manche Gunst in Form von Aktien al pari verdankte. Er bedankte sich mit diskretem Lob, etwa daß es 1832, im Jahr der Börne-Schelte, die Rothschilds als eine der wenigen tapferen Familien gewagt hätten, trotz der Cholera in der Stadt zu bleiben.

Ein kleines Stück weiter die Rue Vivienne abwärts ist die Rückseite der alten Nationalbibliothek erreicht, deren Bestände 1996 in die neue Bibliothèque de France nach Bercy umgelagert wurden. Eine magisch entrückende Atmosphäre herrschte in dem von zahlreichen Kuppeln überwölbten Lesesaal – der hohe Raum entrückte wie ein großes Raumschiff den Leser aus dem unruhigen Umfeld von Paris. Die grünen Lampenschirme dämpften das Licht, die zahlreichen Bediensteten dämpften ihre Stimme, eine strenge Kontrolle der Benutzerkarten dämpfte jedes Gedränge vor den Katalogen. Hier hat Walter Benjamin, der die Aura des Kunstwerks im Zeitalter seiner Reproduzierbarkeit abgeschafft sah, die Aura des Buches in langen Arbeitsstunden an seinem unvollendet gebliebenen *Passagen-Werk* erfahren. Und Rainer Maria Rilke hat seinen Malte Laurids Brigge in die stolze Einsamkeit des Lesers eintreten lassen, in jenen auratischen Akt des einzelgängerischen Versinkens in ein Buch, das dem ärmsten Leser den größten Reichtum und die Rückgewinnung seiner Würde gewähren kann. Diese Gunst gewährte die Nationalbibliothek von Paris im höchsten Grad:

»Ich sitze und lese einen Dichter. Es sind viele Leute im Saal, aber man spürt sie nicht. Sie sind in den Büchern. Manchmal bewegen sie sich in den Blättern, wie Menschen, die schlafen und sich umwenden zwischen zwei Träumen. Ach, wie gut ist es doch, unter lesenden Menschen zu sein. Warum sind sie nicht immer so? Du kannst hingehen zu einem und ihn leise anrühren: er fühlt nichts. Und stößt du einen Nachbar beim Aufstehen ein wenig an und entschuldigst dich, so nickt er nach der Seite, auf der er deine Stimme hört, sein Gesicht wendet sich dir zu und sieht dich nicht, und sein Haar ist wie das Haar eines Schlafenden. Wie wohl das tut. Und ich sitze und habe einen Dichter. Was für ein Schicksal. Es sind jetzt vielleicht dreihundert Leute im Saale, die lesen; aber es ist unmöglich, daß sie jeder einzelne einen Dichter haben. (Weiß Gott, was sie haben.) Dreihundert Dichter giebt es nicht. Aber sieh nur, was für ein Schicksal, ich, vielleicht der armsäligste von diesen Lesenden, ein Ausländer: ich habe einen Dichter. Obwohl ich arm bin.«

Am Ende der Rue Vivienne stoßen die alte Nationalbibliothek und das Palais Royal aneinander. Ursprünglich war das Palais Royal der Palast, den sich Richelieu gegenüber dem Louvre hatte errichten lassen und den er mit begrenzter Generosität, als es ans Sterben ging, dem französischen König testamentarisch zum Geschenk machte, wohl auch um die peinliche Konfiszierung zu vermeiden, die mit sei-

Die Arkaden des Palais Royal

nem Ableben zu erwarten war. Ludwig XIV. schenkte das Palais als standesgemäßen Sitz seinem Bruder, dem Herzog von Orléans, und in dieser bourbonischen Nebenlinie blieb es, bis jener Duc d'Orléans, der später als Philippe Égalité in der revolutionären Nationalversammlung für den Tod seines Vetters, König Ludwig XVI., stimmte, es zum großen Vergnügungszentrum und revolutionären Freiraum von Paris machte. Ergänzend zum Palais selbst, ließ der ehrgeizige Herzog, der seine finanzielle Situation dringlich zu bessern gezwungen war, eine weite Arkadenanlage mit Hunderten von Geschäften und Wohnungen um die rechteckige Grünfläche errichten. Es wurde das Sündenbabel von Paris, ein Mekka aller Lebemänner Europas, ein Reservat der kulinarischen Genüsse, des riskanten Roulettes, der käuflichen Liebe. Denn der hochadlige Hausherr garantierte die Abwesenheit aller gesetzlichen und polizeilichen Kontrolle, um seine schmutzigen Geschäfte zu schützen.

Zugleich war es auch ein öffentlicher Treffpunkt von geistigen Exzentrikern und originellen Nichtstuern, die dort endlos flanierten und nicht weniger endlos parlierten. Denis Diderot hat in seinem Prosatext *Rameaus Neffe* eine solche Gestalt im Gerede versinken lassen – hier wenigstens der Anfang des Monologs:

»Es mag schön oder häßlich Wetter sein, meine Gewohnheit bleibt auf jeden Fall, um fünf Uhr abends im Palais Royal spazierenzugehen. Mich sieht man immer allein, nachdenklich auf der Bank d'Argenson. Ich unterhalte mich mit mir selbst von Politik, von Liebe, von Geschmack oder Philosophie und überlasse meinen Geist seiner ganzen Leichtfertigkeit. Mag er doch die erste Idee verfolgen, die sich zeigt, sie sei weise oder töricht. So sieht man in der Allée de Foi unsre jungen Liederlichen einer Kurtisane auf den

Fersen folgen, die mit unverschämtem Wesen, lachendem Gesicht, lebhaften Augen, stumpfer Nase dahingeht; aber gleich verlassen sie diese um eine andre, necken sie sämtlich und binden sich an keine. Meine Gedanken sind meine Dirnen.«

Kurz vor der Revolution ist dort auch Giacomo Casanova erschienen, dessen *Geschichte meines Lebens* manches Pikante über Paris enthält. Casanova verlangte die modische Schokolade, deren mangelnde Qualität ihn zur Mandelmilch wechseln ließ, und wunderte sich über die letzten Exzesse der französischen Adelshörigkeit. Hatte doch allein durch ihren einmaligen Besuch in dem Tabakladen »Zibetkatze« die Herzogin von Chartres dafür gesorgt, daß die Käufer nur so hereinströmten und die Verkäuferin ihr Glück gemacht hatte, was der Wunsch der Herzogin gewesen war. Mit diesem kommerzialisierbaren Snobismus war es vorbei, als die revolutionären Volksredner zahlreicher wurden und Camille Desmoulins am 12. Juli 1789 vor dem Café de Foy auf einen Tisch sprang, die Franzosen zu den Waffen rief und aus den Kastanienblättern der dortigen Bäume die ersten Kokarden formte, die die Pariser als Zeichen der Hoffnung zur Schau trugen – zwei Tage später fiel die Bastille.

1793, als der revolutionäre Furor sich auf die Place de la Concorde, seinerzeit Place de la Révolution, verlagert hatte, wo das »Rasiermesser« der Gleichheit wenigstens für die Gleichheit im Tode sorgen sollte, promenierte der deutsche Forscher und Schriftsteller Georg Forster in eher trostloser Stimmung durch das Vergnügungsgelände, obgleich doch auch er von der Begeisterung für die Revolution nach Paris getragen worden war:

»Ich habe mehrere Tage traurig zugebracht, meine gute Therese. Du kannst es Dir denken, denn zwei Briefe habe ich verbrannt, und jetzt schreibe ich zum drittenmal noch immer nicht heiter gestimmt. Wie ich heute einsam im palais royal auf und ab ging, kamen mir unwillkürlich die Tränen in die Augen, daß ich nun auf mein Zimmer zurückkehren sollte und in der unendlich großen Stadt keinen Menschen hätte, der sich im mindesten um mich bekümmerte, keinen, der Anteil an mir nähme und dem es nicht völlig gleichgiltig wäre, wenn ich morgen verschwände! Gewiß eine sonderbare Wendung meines Schicksals, nachdem ich so lange meine Kräfte alle aufgeboten habe, um Menschen an mich zu knüpfen, mit denen ich im Tausch gegenseitiger Pflege und Sorge glücklich zu sein hoffen durfte. Ich fühle dies alles jetzt schmerzlicher, weil ich krank bin, in einem traurigen Hotel garni ohne Bedienung und ohne eines Menschen Teilnahme.«

Heinrich von Kleist, der sich in Paris noch verlorener fühlte als Forster, hat nach dem Ende der Schreckensherrschaft Robespierres 1801 das Wiedererwachen der Pariser Lebenslust unter Napoléon I. beobachtet. Er hat bestaunt, zu welchem Furor des Vergnügens sich nun das Volk von Paris entschlossen zeigte, nicht zuletzt im Palais Royal:

An Luise von Zenge

Paris, 16. August 1801

… Eine ganz rasende Sucht nach Vergnügungen verfolgt die Franzosen und treibt sie von einem Ort zum andern. Sie ziehen den ganzen Tag mit allen ihren Sinnen auf die Jagd, den Genuß zu fangen, und kehren nicht eher heim, als bis die Jagdtasche bis zum Ekel angefüllt ist… Selbst mit dem Schauspiele oder mit der Oper, die um 11 Uhr schließt, ist die Jagd noch nicht beendigt. Alles strömt nun nach öffentlichen Orten, der gemeinere Teil in das Palais royal, und in die Kaffeehäuser, wo entweder ein Konzert von Blinden, oder ein Bauchredner oder irgend ein andrer Harlekin die Gesellschaft auf Kosten des Wirtes vergnügt, der vornehmere Teil nach Frascati oder dem Pavillon d'Hannovre, zwei fürstlichen Hotels, welche seit der Emigration ihrer Besitzer das Eigentum ihrer Köche geworden sind. Da wird dann der letzte Tropfen aus dem Becher der Freude wollüstig eingeschlürft: eine prächtige Gruppe von Gemächern, die luxuriösesten Getränke, ein schöner Garten, eine Illumination und ein Feuerwerk. Denn nichts hat der Franzose lieber, als wenn man ihm die Augen verblendet.

Die nach blutiger Revolution und den nicht weniger blutigen Kriegen Napoléons entfesselte Lebenslust der Pariser kannte offenbar im Palais Royal, das alle Stürme überlebt hatte, kaum Grenzen. Die käufliche Liebe triumphierte in großer Vielfalt, und sogar eine Börse hatte sich inzwischen dort etabliert. Honoré de Balzac zeichnet ein facettenreiches Gemälde von dem turbulenten Treiben in seinem Roman *Verlorene Illusionen*:

»Alles wurde hier gemacht, die öffentliche Meinung, der Ruf, politische und finanzielle Geschäfte. Man gab sich vor und nach der Börse Stelldichein in den Galerien. Das Pari der Bankiers und Kaufleute füllte oft den Hof des Palais Royal und flutete, wenn es regnete, in die Galerien hinein, deren Akustik bewirkte, daß jedes Gelächter widerhallte und daß man an dem einen Ende sofort wußte, worüber am anderen gestritten wurde. Es gab hier Buchhändler, Dichtung, Politik und Prosa, Modemagazine und schließlich Freudenmädchen, die nur am Abend kamen ...

Aus allen Teilen von Paris eilten die Freudenmädchen in das Palais. Die Frauen kleideten sich auf eine Weise, die

Mittägliche Rast am Eingang zum Palais Royal

nicht mehr existiert; sie waren bis zur Mitte des Rückens und auch auf der Brust sehr tief ausgeschnitten. Ihre seltsamen Frisuren, mit denen sie die Blicke auf sich zu lenken suchten – die eine kam als Spanierin, die andere mit Locken wie ein Pudel, die dritte mit glatten Bändern – die Beine in den engen weißen Strümpfen und den irgendwie immer sichtbaren Waden, diese ganze anrüchige Poesie ist verloren gegangen. Der Freimut, mit dem gefragt und geantwortet wurde, der herkömmliche Zynismus, der mit dem Ort in Einklang stand, findet sich weder auf dem Maskenball der Oper noch auf den heute so berühmten Bällen wieder. Es war abscheulich, und es war fröhlich. Das Fleisch der Schultern und der Brüste stach aus dem Dunkel der männlichen Kleidung hervor und bewirkte den prachtvollsten Gegensatz ...«

1848 wurde das Palais Royal, das die Revolution von 1789 zur Entfaltung gebracht hatte, von der vollen Wucht revolutionärer Kräfte getroffen. Paris gab das Signal für ähnliche Aufstände in Wien und Paris. Gustave Flaubert hat sich in seinem Roman *Lehrjahre des Gefühls* nicht gescheut, jene Dimension des Tötens und Zerstörens, die mit der Volkserhebung verbunden sein kann, genau zu beschreiben. Sein eher trauriger Held Frédéric Moreau erfährt mitten im Palais Royal das Ausmaß der Verwüstung:

»Sie kehrten zum Palais Royal zurück. An der Rue Fromanteau hatte man Leichen von Soldaten auf Stroh geschichtet. Sie gingen ungerührt an ihnen vorbei und waren sogar stolz zu spüren, daß sie Haltung bewahrten.

Das Palais war mit Menschen überfüllt. Im Innenhof brannten sieben Scheiterhaufen. Man warf Klaviere, Kommoden und Stutzuhren zu den Fenstern hinaus. Feuerspritzen spien Wasser bis zu den Dächern. Junge Strolche versuchten mit ihren Säbeln, die Schläuche zu zerschneiden. Frédéric forderte einen Absolventen der École polytechnique auf, dagegen einzuschreiten. Der Polytechniker verstand nicht, schien überdies stumpfsinnig zu sein. Ringsumher in den beiden Galerien veranstaltete der Pöbel, als Herr der Weinvorräte, eine scheußliche Sauferei.«

Dann stand Paris noch das Blutbad der *Commune* von 1871 bevor, aber langsam wurden die Zeiten ruhiger, und als die Amerikanerin Sylvia Beach nach Paris kam, fand sie zunächst eine Wohnung im Palais Royal und genoß die Ruhe des Gartens. Nur während des Zweiten Weltkriegs ist auch das Palais Royal noch in jenes gefährliche Zwielicht geraten, das während der deutschen Besatzung herrschte – jederzeit und überall konnte die Gefahr von Attentaten auf deutsche Soldaten lauern. Der deutsche Soldat und Schriftsteller Ernst Jünger hat diese gespannt-unsichere Atmosphäre gespürt, als er dem französischen Schriftsteller Jean Cocteau in einer Nebenstraße des Palais Royal einen Besuch macht – später zog Cocteau direkt dort ein:

Paris, 4. Dezember 1941

Bei starkem Nebel im Palais Royal. Ich brachte Cocteau den Boissière zurück. Er wohnt dort in der Rue de Montpensier, und zwar in jenem Hause, in welchem Rastignac die Frau von Nucingen empfing. Cocteau war in Gesellschaft; an seiner Einrichtung fiel mir eine Schiefertafel auf, mit deren Hilfe er das Gespräch durch schnelle Kreidestriche illustriert.

Besonders auf dem Rückweg, als sich in den alten Gassen um das Palais Royal die Türen zu roten, verschleierten Lichthöfen öffneten, ahnte ich die Gefahr. Wer weiß, was man in solchen Küchen braut, wer kennt die Pläne, an denen die Lemuren tätig sind? Man geht verkappt durch diese Sphäre und würde, wenn der Nebel schwände, von den Wesen, die sich in ihr bewegen, unheilvoll erkannt.

Mit der Zeit nach dem Zweiten Weltkrieg ist das Palais Royal endgültig zur Ruhezone geworden – und zum Wohnsitz nicht nur von Cocteau, sondern auch von Colette. Nur im Restaurant »Grand Vefour«, wo Orson Welles häufig Gast war, ist ein letzter Rest der einstigen Atmosphäre spürbar. Wo Fürsten gefeiert, Revolutionäre räsoniert und Lebemänner diniert haben, sorgen heute nur noch Kinder für Ereignisse. Colette hat sie von ihrem Fenster aus beobachtet:
»In unserem königlichen Wohnbezirk haben wir kaum bequemere und hygienischere Verhältnisse, als sie zur Zeit des Sonnenkönigs in Versailles herrschten. Vom Luxus des Vefour und den Toiletten des benachbarten Theaters abgesehen, gibt es weit und breit kein stilles Örtchen. Aber was schert das die Kinder, die unumschränkten Herren des Parks? Wenn die Not am größten ist, fällt das Höschen, schürzt sich das Röckchen und ... Gestern bestätigten neun feuchte Spuren auf dem Bürgersteig genau unter meinem Fenster, daß am Nachmittag neun Kinder zwischen den Stühlen gespielt, geschlafen, gegessen und sich entleert hatten. Ah, was für ein unerfreulicher Geruch in die Abendluft aufsteigt... Aber ich habe nicht das Herz, sie zu verurteilen, sie, meine lebhaften Schreihälse, meine kleinen pfeifenden Kobras, meine trompetenschmetternden und mit Rasseln lärmenden Zündblättchen-Schützen, obwohl ich die Erinnerung an die Wohltaten einer Erziehung, die vor allem die Stille lehrte, nicht vergessen habe. Weil ich sie beobachte, und sie durch das Beobachten zu meinen eigenen mache, kann ich sie nicht immerzu tadeln.«

Von der Bastille zum Louvre

Place de la Bastille
Rue Saint-Antoine
Place des Vosges
Rue de Rivoli
Rue du Louis Philippe
Île Saint-Louis
Hôtel de Ville
Forum des Halles
Rue du Pont Neuf
Pont Neuf
Place Dauphine
Conciergerie
Quai des Orfèvres
Jardin des Tuileries
Louvre

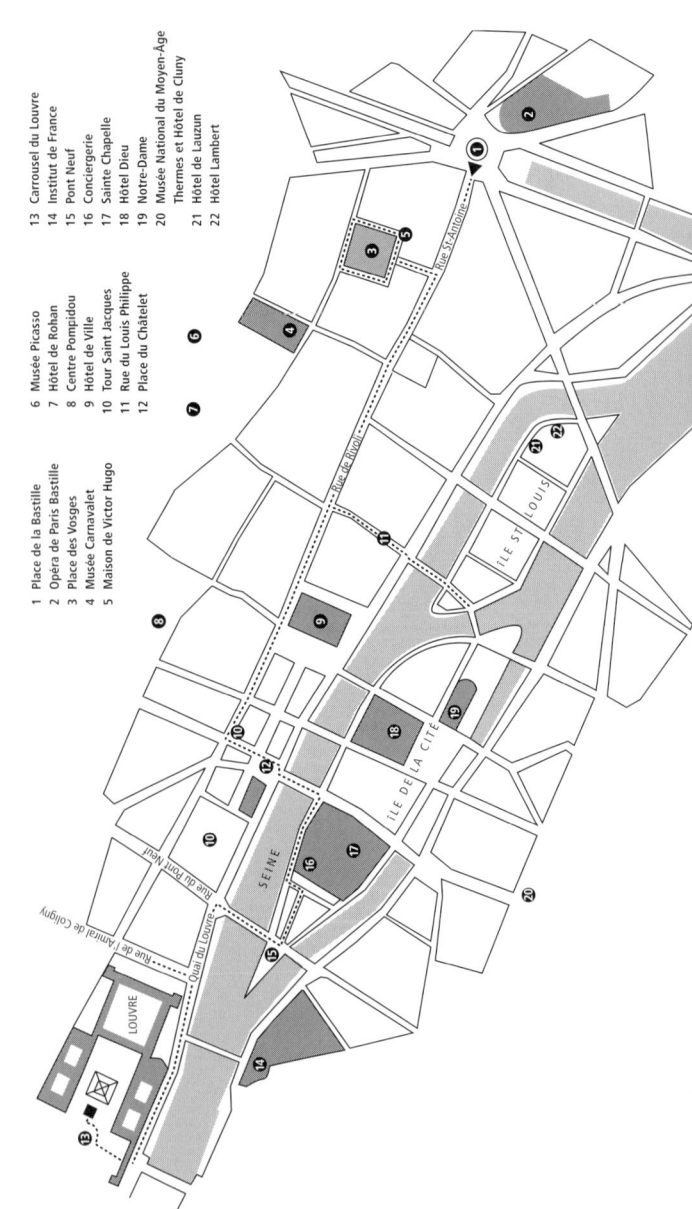

Die Bastille, deren Erstürmung am 14. Juli 1789 das Fanal für die Französische Revolution wurde, war ursprünglich nur das östliche Stadttor. Im Hundertjährigen Krieg wurde das Stadttor Saint-Antoine – nach dem Namen des dortigen Klosters – zu einer veritablen Festung ausgebaut und ging erstmals in die Literatur ein. Denn während der englischen Besatzung der Stadt war ein gewisser John Falstolf Kommandant, der in Shakespeares Drama *Heinrich IV.* Unsterblichkeit erlangen sollte – allerdings mutiert zu einem dickleibig-weinseligen Überlebensartisten.

Inzwischen wegen seiner Türme mit dem Namen Bastille versehen und von Ludwig XI. im 15. Jahrhundert zum Staatsgefängnis erklärt, machte die Festung erst unter Kardinal Richelieu Karriere als Symbol des Despotismus. Der mächtige Kardinal ließ dort mittels der berüchtigten Verhaftungsbefehle (»lettres de cachet«) ohne Begründung und ohne Einspruchsrecht all jene Oppositionellen inhaftieren, die der absolutistischen Monarchie nicht mit reinster Unterwürfigkeit begegneten. Unter Ludwig XIV. war die Bastille die erste Station für den gestürzten Finanzminister Nicolas Fouquet, der schließlich im fernen Pignerol den Gefängnistod starb – der König hatte ursprünglich seine Hinrichtung gefordert.

Als der Kardinal Rohan, der sich in die Halsbandaffäre um Marie Antoinette verstrickt hatte, dort im Jahre 1785 einsaß, war die absolute Monarchie bereits so wenig absolut, daß er mit Dienern Diners geben konnte, die hochadligen Damen ihm von der Straße aus mit Taschentüchern und Trosttiraden ihre Solidarität signalisieren durften und schließlich eine königsfeindliche Justiz seine triumphale Freilassung bewerkstelligte. So war es kein Zufall, daß das die Bastille stürmende Volk nicht würdige Opfer des Staatsterrorismus befreite, sondern nur sieben vergessene Häftlinge, darunter einen Verrückten, den man gleich wieder einsperren mußte. Lange vor dem Fall der Bastille war der Verfall der königlichen Macht vollzogen – der 14. Juli 1789 war und blieb bis heute trotzdem ein überhöhtes Symbol des revolutionären Kampfes für die Freiheit.

Es gab sogar Episoden in der Geschichte Frankreichs, da ein Gedicht direkt in dieses Gefängnis führte. So geschah es 1717, als der strenge Ludwig XIV. bereits zwei Jahre tot war und sein Neffe Philippe d'Orléans, der Sohn der Lieselotte von der Pfalz, die Regentschaft ausübte. Dieser zynische Lebemann, der trotzdem ein liberaler und friedfertiger Verwalter der königlichen Macht für sieben Jahre war, hat den jungen Voltaire unberechtigterweise, aber mit charmanter Eloquenz in das Staatsgefängnis »eingeladen«. Es berichtet Voltaires Biograph Jean Orieux:

»Gerade zu dieser Zeit beschlagnahmte die Polizei ein sehr boshaftes Gedicht, eine Schmähschrift gegen den Regenten und die Verwaltung, das den Titel trug: *J'ai vu* ... ›Ich habe dies und jenes gesehen ... alle Mißbräuche, die wirklichen oder vermuteten Skandale‹, und das folgendermaßen endete:

›J'ai vu ces maux et je n'ai pas vingt ans.‹

Da die Jesuiten angegriffen wurden, da das Ganze eine jansenistische Färbung hatte, da das Alter dem von François Arouet (so der bürgerliche Name Voltaires) entsprach ... schloß man, daß er der Autor der Schrift sei.

Der Regent fühlte sich diesmal verletzt; als er Arouet im Palais Royal traf, ließ er ihn rufen und sagte:

›Monsieur Arouet, ich wette, ich kann Ihnen etwas zeigen, was Sie noch nie gesehen haben.‹

Eine drohende Anspielung auf alle *J'ai vu …*

›Was, Monseigneur?‹

›Die Bastille.‹

›Ach! Monseigneur, tun Sie so, als hätte ich sie schon gesehen.‹ Diese prompte Erwiderung ersparte ihm nicht, das zu sehen, was man ihm kennenzulernen versprochen hatte.«

Voltaire hatte dann noch ein weiteres Mal Gelegenheit zu einem Bastille-Aufenthalt, was seinem intellektuellen Renommee in hohem Maße zustatten kam. Es wurde im 18. Jahrhundert geradezu zum Ritterschlag des Geistes, gastweise in diesem Gefängnis gewesen zu sein. Auch verhinderte die Tatsache, Insasse des Staatsgefängnisses gewesen zu sein, keineswegs, zum Staatsdiener zu werden, wie es im Fall Voltaires geschah, der sogar zum offiziellen Historiographen Ludwigs XV. und zu dessen Kammerherrn (»Gentilhomme ordinaire de la chambre du roi«) aufstieg.

Zwölf Jahre nach der Erstürmung der Bastille hatte sich das feierliche Fest der Freiheit bereits in ein völlig unbekümmertes Spektakel verwandelt. Heinrich von Kleist forderte den historischen Ernst für die Sache der Revolution und ihr geistiges Programm vergeblich ein:

An Karoline von Schlieben

Paris, 18. Juli 1801

… Seit 8 Tagen sind wir nun hier in Paris, und wenn ich Ihnen alles schreiben wollte, was ich in diesen Tagen sah und hörte und dachte und empfand, so würde das Papier nicht hinreichen, das auf meinem Tische liegt. Ich habe dem

14. Juli, dem Jahrestage der Zerstörung der Bastille beigewohnt, an welchem zugleich das Fest der wiedererrungenen Freiheit und das Friedensfest gefeiert ward. Wie solche Tage würdig begangen werden könnten, weiß ich nicht bestimmt; doch dies weiß ich, daß sie fast nicht unwürdiger begangen werden können, als dieser. Nicht als ob es an Obelisken und Triumphbogen und Dekorationen, und Illuminationen, und Feuerwerken und Luftbällen und Kanonaden gefehlt hätte, o behüte. Aber keine von allen Anstalten erinnerte an die Hauptgedanken, die Absicht, den Geist des Volks durch eine bis zum Ekel gehäufte Menge von Vergnügen zu *zerstreuen*, war überall herrschend, und wenn die Regierung einem Manne von Ehre hätte zumuten wollen, durch die mâts de cocagne, und die jeux de caroussels, und die theatres forains und die escamoteurs, und die danseurs de corde mit Heiligkeit an die Göttergaben Freiheit und Frieden erinnert zu werden, so wäre dies beleidigender, als ein Faustschlag in sein Antlitz. – Rousseau ist immer das vierte Wort der Franzosen; und wie würde er sich schämen, wenn man ihm sagte, daß dies *sein* Werk sei? –

Dennoch war die Symbolkraft der Bastille lange stark genug, daß in politisch unruhigen Zeiten dort zuerst der Aufstand ausbrach oder auch nur befürchtet wurde. Bei der Befürchtung blieb es im Jahre 1832, als Heinrich Heine Zeuge der sozialen Unzufriedenheit war:

Paris, 15. Juli
... Der vierzehnte Julius ist ruhig vorübergegangen, ohne daß die von der Polizei angekündigte Emeute irgendwo zum Vorscheine kam. Es war aber auch ein so heißer Tag, es lag eine so drückende Schwüle auf ganz Paris, daß jene

Ankündigung nicht einmal die gehörige Anzahl Neugieriger nach den gewöhnlichen Tummelorten der Emeuten locken konnte. Nur auf dem großen Inauguralplatze der Revolution, wo einst an diesem Tage die Bastille zerstört wurde, zeigten sich viele Gruppen von Menschen, die in der grellsten Mittagshitze ruhig ausharrten und sich gleichsam aus Patriotismus von der Juliussonne braten ließen ... Was mich betrifft, ich machte in der starken Hitze die Bemerkung, daß die Bastille ein sehr kühles Gebäude gewesen sein muß und gewiß im Sommer einen sehr angenehmen Schatten gegeben hat. Als sie zerstört wurde, saßen dort fünf Personen gefangen. Jetzt gibt's aber zehn Staatsgefängnisse, und in St. Pélagie allein sitzen über 600 Staatsgefangene.

Victor Hugo läßt in seinem dickleibigen Sozialepos *Die Elenden* nicht nur eine der blutigsten Barrikaden an der Place de la Bastille errichten, er schildert auch das monströse ›Elephanten-Modell‹ und erfindet die bis heute lebendige Figur des Straßenjungen Gavroche, der seine Fluchtburg in der inzwischen nahezu vergammelten Papp-Gips-Konstruktion der Elephanten gefunden hatte. Schon Heinrich Heine hat das Elephanten-Modell beschrieben, das als Relikt des napoléonischen Ruhms dort stand und vergeblich darauf wartete, in Erz gegossen zu werden. Ursprünglich hatte es Napoléon in die engere Wahl für die Gestaltung der Place de l'Étoile einbezogen es sollte von seinem ägyptischen Feldzug künden, aus seinem Rüssel eine Fontäne aufsteigen, in seinem Bauch ein Orchester aufspielen. Victor Hugo beschreibt den elenden Zustand eines nur Modell gebliebenen Monuments, das nicht zuletzt Napoléons Sieg über die Revolution an dem der Revolution geweihten Platz demonstriert hätte:

Die Place de la Bastille mit Julisäule und Oper

»Es war kein Monument, nur ein Modell. Aber auch dieses Modell, diese fabelhafte Skizze, dieser grandiose Leichnam einer Idee Napoleons, den zwei oder drei Windstöße nacheinander erfaßt und jedesmal weiter weggetragen hatten, war Geschichte geworden und hatte eine dauernde Gestalt angenommen, so provisorisch es dem Blick erschien. Es war ein vierzig Meter hoher Elefant, aus Balken und Gemäuer erbaut, mit einem Turm auf dem Kreuz, der einem Hause glich. Irgendein Anstreicher hatte ihn ehedem grün übertüncht, jetzt war er schwarz übermalt durch Unwetter, Regen und Zeit. In diesem verlassenen und nach allen Seiten offenen Winkel des Platzes hoben die breite Stirn des Kolosses, sein Rüssel, seine Stoßzähne, sein Turm, sein ungeheurer Rücken und seine vier säulengleichen Beine sich nachts unter dem Sternenhimmel als überraschende und erschreckende Silhouette ab.«

Im zwanzigsten Jahrhundert hat sich Georg Heym noch einmal zu einem Hymnus auf die Bastille hinreißen lassen, der von glühendem Ernst der Revolution getragen war:

> »... Mit einem Wutschrei ist Paris erwacht.
> Mit Beil und Knüttel wird der Turm berannt.
> Die Salven rollen in die Straßenschlacht.«

Ernst Jünger sah in der Säule, die heute die Mitte des Bastille-Platzes ziert und auf der »das Genie der Freiheit« in den Himmel zu tanzen scheint, ein Denkmal voll zukunftsträchtiger Kraft, aber nun schon weniger der militärischen als der merkantilen Macht verpflichtet:

»Der Flügelgeist der Bastille mit seiner Fackel und den Gliedern der gesprengten Kette, die er in Händen hält, erweckt in mir bei jedem neuen Anblick stärker die Empfindung von höchst gefährlicher und weithin wirkender Macht. Der Eindruck großer Geschwindigkeit und großer Ruhe ist in ihm vereint. Man sieht den Genius des Fortschritts hoch erhoben, in dem schon der Triumph zukünftiger Brände lebt. So wie sich Pöbel- und Händlergeist zu seiner Stiftung einten, ist furienhaftes Wesen mit Merkurs Scharfsinn in ihm gepaart. Das ist kein Sinnbild mehr; es ist ein echtes Götzenbild und von der furchtbar starken Witterung umgeben, die solche erzenen Säulen von altersher umstrahlt.«

Dagegen hat sich Ludwig Börne 1835 einigen Häusern in der nahen Rue des Tournelles zugewandt, die auf die Rue Saint-Antoine stößt. Sie wurden bewohnt von dem zaubernden Hochstapler Cagliostro, der zunächst wenig ehrbaren und doch ehrlichen Luxusmätresse Ninon de Lenclos und von dem Mozart-Librettisten und risikofreudigen Geschäftsmann Beaumarchais. Später ließ André Breton seiner Phantasie surrealistisch freien Lauf und bescherte dem Platz des einstigen ›Elephanten‹ nicht eine Mücke, sondern eine Wespe, mit der er in eine spröde Konversation eintrat:

»Zu dieser Zeit war in der Gegend des Place de la Bastille nur von einer riesigen Wespe die Rede, die jeden Morgen lauthals singend den Boulevard Richard-Noir herunterkam und den Kindern Rätsel aufgab. Der kleinen modernen Sphinx waren schon ziemlich viele zum Opfer gefallen, als sie beim Verlassen des Cafés, auf dessen Giebel man es für gut gehalten hatte, eine Kanone zu malen, obwohl das Gefängnis, das früher an dieser Stelle stand, heute als legendärer Bau betrachtet werden kann – der Wespe mit der Taille einer schönen Frau begegnete, die mich nach dem Weg fragte.

›Mein Gott, meine Schöne‹, sagte ich zu ihr, ›mir steht es

nicht zu, Deinen Lippenstift anzuspitzen. Die Himmelstafel ist gerade abgewischt worden und, wie Du weißt, haben die Wunder nur noch Halb-Saison. Geh zurück nach Hause. Du wohnst im dritten Stock eines gut aussehenden Wohnhauses und obwohl Deine Fenster auf den Hof gehen, findest Du vielleicht ein Mittel, mich nicht mehr zu belästigen.‹«

Das unbekümmerte Feiern der Revolution am jeweiligen 14. Juli, das auch deutsche Autoren immer wieder beschrieben haben, nicht zuletzt Wolfgang Koeppen und Max Frisch, hat sich auf der Place de la Bastille und darum herum zu einem ganzjährigen Vergnügen ausgeweitet. Dazu sollte auch die angebliche Volksoper der Bastille beitragen, die unter Staatspräsident François Mitterrand und Kulturminister Jack Lang erbaut wurde, aber nur eine weitere Station für die internationale Sängerelite wurde, weshalb das wegen der hohen Eintrittspreise ausgeschlossene »Volk« ihr sogleich den Namen »Neue Bastille« gab.

Die ursprüngliche Atmosphäre der kleinen Handwerksbetriebe, besonders der Tischlereien und ihrer schlecht bezahlten Arbeiter, ist heute zu einem Milieu preiswerten Amüsements und verdeckter Kleinkriminalität geworden. Diese morbide Mischung lockte natürlich bald jenes feine Publikum der Neureichen und Filmstars an, die sich von der Gesellschaft der Ganoven ein letztes Gegenmittel gegen die Langeweile erhofften. Friedrich Sieburg hat beobachtet, wie diese Kriminalität in der engen Vergnügungsstraße, die von der Place de la Bastille abzweigt, sogar bei Bedarf produziert wird – als Scheinkriminalität:

»Die Rue de Lappe war damals schon zu einem Anziehungspunkt für Fremde geworden, die sich die Pariser Verbrecherwelt oder was sie darunter verstanden, aus der Nähe ansehen wollten. Starke Polizeiposten hielten den Eingang

Hinterhofidylle im Marais

zu der düsteren alten Straße besetzt, die freilich nachts vom Schein der kleinen Tanzlokale und Kneipen hell erleuchtet war... Ab und zu ertönte die Polizeipfeife, Leute stürzten davon und verschwanden in den Häusern, ein Mann wurde auf Waffen abgetastet, während die Mädchen in furchtbare Schimpfworte ausbrachen. Wieweit solche Vorgänge echt waren oder im Einvernehmen mit den Wirten veranstaltet wurden, um die Echtheit des Schauspiels zu erhärten, war schwer zu sagen.«

So können sich auch heute noch die Besucher der Opéra de Paris-Bastille nach einer Wagner-Oper den wilden Rhythmen Afrikas und Lateinamerikas in der Rue de Lappe hingeben, die heute vielbesuchte Bars und Diskotheken beherbergt.

Der Weg ins Stadtzentrum führt über die Rue Saint-Antoine, die bald in die Rue de Rivoli übergeht. Doch ist ein Abstecher in die Rue de Birague unerläßlich, um durch das Tor des königlichen Pavillons auf die einstige Place Royale zu gelangen, die seit der Revolution Place des Vosges heißt. Daß ausgerechnet das waldreiche und weit östlich von Paris gelegene Gebiet diesem Prunkstück der Stadtarchitektur den Namen gab, hat eine finanzhistorische Pointe. Die braven Elsässer waren das erste Departement, das der revolutionären Volksbewegung von 1789, die noch um ihre staatlichen Strukturen und damit um ihre Anerkennung als Staat kämpfte, Steuern zahlte, ohne die selbst der revolutionärste Staat keinen Staat machen kann.

Die heutige Place des Vosges, in deren Mitte ein Reiterstandbild Ludwigs XIII. steht – auch dieses wurde während der Revolution zerstört, später aber durch ein neues Monument ersetzt –, ist nahezu unverändert aus dem 17. Jahrhundert in die Gegenwart gelangt. Die makellose Harmonie der rechteckigen Anlage, die bruchlose Reihung der 36 dreistöckigen Gebäude, deren Aufteilung in Arkaden, zwei Wohnetagen und Dachgeschoß mit Gauben und Ochsenaugen-Fenstern, das farbliche Zusammenspiel von rotweißem Mauerwerk und grauem Schieferdach – das alles zeigt Maß und Würde.

Es war der erste Bourbonenkönig Heinrich IV., der diesen Platz zum nobelsten Quartier von Paris machte. Dort, wo in einem Schau-Turnier König Heinrich II. am Kopf von einer Lanze tödlich getroffen wurde, ließ Heinrich IV. die vier geraden Linien der feinen Stadthäuser errichten, alle in derselben Dachhöhe. Nur der Pavillon des Königs und der der Königin, die sich über die Weite des Platzes diskret zu grüßen scheinen, erheben sich um ein geringes höher – ohne eine maßvolle Erhöhung konnte eben die Monarchie in ihrer streng hierarchisierten Gesellschaftsordnung einfach nicht auskommen.

Im Haus Nr. 2 wurde Madame de Sévigné geboren, ohne daß das gegenwärtig etwas vernachlässigte Gebäude an sie erinnert. Das tut um so glanzvoller das in der nahen Rue des Francs-Bourgeois gelegene Musée Carnavalet, das einst ihr Stadtpalais war und heute das Museum der Pariser Stadtgeschichte birgt. Im Haus Nr. 6 wohnte von 1832 bis 1848 Victor Hugo, und so ist dieses Gebäude in ein ihm gewidmetes Museum umgewandelt, das den französischen Großschriftsteller auch in seinen nebenberuflichen Werken als Tischler sowie Werke seiner mit weniger Begabung gesegneten Nachfahren zeigt.

Wolfgang Koeppen hat diesem Platz seine Reverenz erwiesen, ohne jene unangenehmen Nebenerscheinungen zu übersehen, von denen auch die schönsten Orte heimgesucht werden:

»Die Place des Vosges, die einstige Place Royale, der schönste Platz von Paris, an dem Könige geboren wurden und gestorben sind, ist uns in seiner geschlossenen vornehmen warmen Pracht erhalten geblieben, und seine Häuser aus roten Ziegeln und weißem Bruchstein, die steilen Schieferdächer, die hohen Fenster, die olympischen Mansarden, die intimen Arkaden ziehen sich wie Logen um eine Menagerie... Die Häuser wahren ein aristokratisches Gesicht. Doch riecht es in den Arkaden, die einmal die elegantesten Leute und dann die feinsten Läden von Paris beherbergten, nach Urin und nicht aufzuhaltendem Verfall.«

Um in die Rue Saint-Antoine zurückzukehren, empfiehlt es sich, jenen kleinen Durchgang in der südwestlichen Ecke zu benutzen, der in die strenge Anlage des Palais Sully führt. Der Vertraute und Finanzminister Heinrichs IV., der seinem Herrn nicht bis in den Glaubenswechsel folgte, sondern bekennender Hugenotte blieb, errichtete hier ein grandioses Stadtpalais mit intimer Gartenanlage – der Gebäudekomplex beherbergt heute zu einem kleinen Teil Photographie-Ausstellungen.

Dort, wo die Rue Saint-Antoine schon in die Rue de Rivoli übergegangen ist, biegt zur Linken die Rue Louis Philippe ab, erreicht den Nordarm der Seine und überquert ihn als Pont Louis Philippe. Damit ist die Île Saint-Louis erreicht, die, auch als ihre große Schwester, die Île de la Cité, schon die gotische Kathedrale Notre-Dame trug, noch lange eine unbebaute Kuhweide blieb.

Ein wenig von dieser dörflichen Stille ist auf der Île Saint-Louis erhalten geblieben, kein Durchgangsverkehr, keine Métro-Station, nur eine einzige lange Straße, die Rue Saint-Louis-en-Île. Sie ordnet die heftig herandrängenden Häuser zu einer geraden Linie, die sie zur Gasse verengen. Diese

Enge trägt bei zur Gelassenheit der Spaziergänger und zur Ruhe der Wohnquartiere, die heute zu den gesuchtesten von Paris zählen. Dort, wo sich an der westlichen Inselspitze die beiden Seine-Arme wieder vereinigen, hat Louis Aragon seinen Helden Aurélien ein Appartement finden lassen, das diesem Verführer bei seinem Vorgehen vorzügliche Dienste leistete – durch einen verführerischen Ausblick auf Paris und die Seine-Landschaft:

»Er drängte sie mit einem leichten Schubs auf den Balkon. Das hatte sie nun nicht gerade erwartet. Sie sagte noch mit einem Blick auf das beigefarbene Sofa: ›Wenn ich daran denke, was sich hier wohl schon so alles abgespielt hat! ...‹ Aber ihr Satz war noch nicht zu Ende, da stieß sie einen leisen Schrei der Bewunderung aus.

Der letzte Streifen des Tageslichts verlieh der Landschaft, in die das Haus spitz wie ein Schiff hineinragte, etwas Märchenhaftes. Man befand sich oberhalb jener einzigartigen, weit ausladenden Bäume, die das Ende der Insel schmückten, man sah zu seiner Linken die Île de la Cité, auf der schon die Straßenlampen leuchteten, und die Zeichnung des Flusses, der die Cité umschlingt, zurückkehrt, sie abermals packt und sich jenseits der Bäume, rechts, mit dem anderen Arm verbündet, jenem, der die Ile Saint-Louis umkreist. Da stand Notre-Dame, die von der Apsisseite her so viel schöner ist als vom Platz vor der Westfassade aus, und da waren die Brücken, die zwischen den Inseln in einem seltsamen Mühlespiel von Bogen zu Bogen hüpften und dort, gegenüber, von der Cité zum rechten Ufer sprangen ... und da lag Paris, Paris, aufgeschlagen wie ein Buch, dessen linke Seite, ganz in der Nähe, zu Sainte-Geneviève, zum Panthéon hinaufstieg, und dessen anderes Blatt, übersät mit Drucktypen, die man zu dieser Stunde schwer entziffern konnte, bis zu dem

Die Place des Vosges im Marais

weißen Flügel von Sacré-Cœur reichte ... dieses gewaltige Paris ...«

Zurück über den Pont Louis Philippe, ist bereits das Pariser Rathaus in Sichtweite. Der mit Türmchen und Balkonen reichgeschmückte Bau ist ein Werk des 19. Jahrhunderts und gibt dessen Freude an der Vermischung zahlreicher historischer Stile in besonderer Opulenz Ausdruck. Übrigens hatte ein Brand während der Commune von 1870/71 den Neubau notwendig gemacht.

Vor dem Rathaus lag die berüchtigte Place de Grève, die Hinrichtungsstätte, die lange ein Ort makabrer Spektakel war – zumindest solange man von öffentlichen Hinrichtungen eine abschreckende Wirkung auf zukünftige Straftäter erhoffte. An dieser Stätte hat man 1610 François Ravaillac, den Mörder Heinrichs IV., gefoltert und geviertailt, und nichts anderes geschah mit Robert François Damiens, dessen Attentat im Jahre 1757 auf Ludwig XV. nicht tödlich gewesen war, aber den sicheren und grausamen Tod des Attentäters zur Folge hatte.

In dramatischer Steigerung hat Victor Hugo im *Glöckner von Notre-Dame* auf der Place de Grève zunächst seine Mädchenfrau Esmeralda tanzen und das Volk in Verzükkung versetzen lassen, um sie später dort auch auf dem Scheiterhaufen als Hexe zu verbrennen, wie es im Mittelalter christlicher Brauch war. Die Place de Grève war jedoch nicht nur die Richtstätte von Paris, sondern auch der Versammlungsort des Volkes, wenn es Klagen und Forderungen gegen die Stadtoberen erhob. So hat sich der Name des Platzes in dem heute fast allgegenwärtigen Wort la grève = der Streik erhalten.

Naheliegend wäre nun, von der Rue de Rivoli rechts in die Rue des Halles einzubiegen, um zu den berühmten Hallen zu gelangen, die den täglichen Verbrauch von Fleisch, Obst, Wein etc. für die Bewohner der Metropole sicherstellen sollten. Aber sie existieren seit 1969 nicht mehr, haben vielmehr einem mehrere Stockwerke sich unterirdisch ausdehnenden Labyrinth von Geschäftspassagen und Métro-Stationen Platz gemacht und Raum geschaffen für eine moderne Slum-Landschaft mit Drogenhandel und Straßenkriminalität. So empfiehlt es sich, statt dessen dem »Bauch von Paris« im Werk Émile Zolas einen Besuch abzustatten und den alten Reichtum des Marktes noch einmal aufleben zu lassen:

»In dem Maße, wie der Brand des Morgens in Stichflammen hinten in der Rue Rambuteau emporstieg, erwachte das Gemüse mehr und mehr und stach ab von der tiefen Bläue, die sich schwer über die Erde hinzog. Salat, Endivie, Lattich, Schikoree zeigten, noch von der fetten Gartenerde bedeckt, ihre strahlenden Herzen; die Spinat- und Ampferpacken, die Artischockensträuße, die Bohnen- und Erbsenhaufen, die Stapel von mit Strohhalmen zusammengebundenem römischem Salat sangen die ganze Tonleiter des Grüns vom Lackgrün der Schoten bis zum derben Grün der Blätter, eine anhaltende Tonleiter, die erst bei den Flecken der Selleriestengel und den Porreebunden erstarb. Aber die gellendsten Töne, die am lautesten erklangen, waren noch immer die lebhaften Flecke der Möhren und die reinen Flecke der Kohlrüben, die in ungeheurer Menge über den ganzen Markt verstreut waren und ihn mit der grellen Zusammenstellung ihrer beiden Farben erhellten. An der Kreuzung der Rue des Halles türmte sich der Kohl zu Bergen; riesige Köpfe Weißkohl, fest und hart wie Kugeln aus bleichem Metall, Wirsingkohl, dessen große Blätter flachen Bronzebecken ähnelten, Rotkohl, den die Morgenröte in herrliche weinrote Blütenpracht mit karmin und dunkelpur

pur Druckstellen verwandelte. Am anderen Ende, an der Kreuzung bei der Pointe Saint-Eustache, war der Zugang zur Rue Rambuteau durch eine Barrikade von orangefarbenen Kürbissen versperrt, die sich in zwei Reihen zur Schau stellten und ihre Bäuche vorstreckten. Und hier und da entflammten der Goldkäferlack eines Korbes Zwiebeln, das blutige Rot eines Haufens Tomaten, das verwischte Gelb einer Ladung Gurken, das dunkle Violett einer Traube Eierfrüchte, während große, zu Trauertüchern nebeneinandergelegte Schwarzrettiche Löcher von Finsternis inmitten der bebenden Freuden des Erwachens übrigließen.«

Hier gehen die Lautmalerei Zolas und die Farbenpalette der Impressionisten eine geniale Symbiose ein.

Am Turm Saint-Jacques und zwischen den beiden Theatern an der Place du Châtelet hindurch führt dann der Pont au Change auf die Île de la Cité und mündet dort, wo in der mittelalterlich düsteren Conciergerie auch ein düsteres Kapitel der französischen Revolution stattfand. Hier war das große Sammelgefängnis für die Delinquenten, die auf Karren zur Place de la Révolution und zur Guillotine gebracht wurden. Die Memoiren des Henkers Charles Henri Samson geben unabweisbare Auskunft über den unendlich trostlosen Abschied jedes Menschen vom Leben und die maschinelle Methode des Tötens. Georg Büchner, der es jedoch von Darmstadt nur bis Straßburg brachte, hat ebenfalls in seinem Stück *Danton's Tod* von 1835 mit Bitterkeit jenen Mechanismus der Geschichte konstatiert, demzufolge die Revolution auch ihre Verkünder frißt.

Der westliche Teil der Île de la Cité wird heute von dem Kolossal-Gebäude des Justiz-Palastes dominiert, der die gotische Sainte Chapelle von Ludwig dem Heiligen in seinem

Nebenhof fast erdrückt. Lange existierte hier ein mittelalterlich eingeschattetes Häusergeflecht, in dem sich ausreichend Frei- und Fluchtraum für Verbrecher fand. In dieses Milieu ließ Eugène Sue in seinem Kolportage-Roman *Die Geheimnisse von Paris* seinen selbsternannten Rächer der Armen, den deutschen Provinzfürsten Rodolphe de Gerolstein, hinabsteigen, um Gerechtigkeit auch ohne Gerichtsbarkeit zu schaffen. Es ist eine Art Superman des 19. Jahrhunderts, der auf der Île de la Cité den Kampf gegen das Böse aufnimmt:

»Am 13. Dezember 1838, einem regnerischen, kalten Abend, überquerte ein athletisch gebauter Mann in schlechter blauer Bluse den Pont-au-Change und drang in die Cité, die Altstadt mit ihrem Labyrinth finsterer enger, gewundener Gassen, das sich vom Justizpalast bis zur Notre-Dame erstreckte ...

In dieser Nacht also tobte der Wind heftig durch das Gassengewirr dieses schauerlichen Viertels. Das fahle, flackernde Licht der vom Sturm geschaukelten Laternen spiegelte sich im schwärzlichen Rinnsteinwasser, das mitten durch das kotige Pflaster floß.

Die schmutziggrauen Häuser hatten nur wenige Fenster mit wurmzerfressenen Rahmen und zerschlagenen Scheiben. Schwarze, stinkende Eingänge führten zu noch dunkleren, schmutzigen, oft steil ansteigenden Treppen, die man nur mühsam mit Hilfe eines Seiles ersteigen konnte, das an eisernen Haken an den feuchten Mauern befestigt war.

Der Mann, von dem wir sprachen, wandte sich in die Rue aux Fèves, die inmitten der Altstadt lag ...

Vom Turm des Justizpalastes schlug es eben zehn Uhr.

Unter den dunklen, höhlenartigen Torbögen versteckte Frauen trällerten mit halber Stimme Gassenhauer.

Eines dieser Geschöpfe war dem Mann offenbar bekannt,

denn er blieb plötzlich vor einem Mädchen stehen und packte es am Arm.

›Guten Abend, Tschurimann.‹

›Schallerin‹, sagte der Blusenmann, ›du wirst mir 'n Schnaps bezahlen, oder ich lass' dich gleich mal tanzen, aber ohne Musik.‹«

Eugène Sues Roman von 1842/43 war der Höhepunkt einer unabsehbaren Flut von Feuilleton-Romanen, die in Fortsetzung in den zu großer Blüte sich entfaltenden Tageszeitungen *Journal des Débats*, *La Presse*, *La Patrie* oder *Commerce* publiziert wurden. An diesem merkantilen Literaturspiel beteiligten sich auch George Sand, Honoré de Balzac und natürlich Alexandre Dumas père, der seine Produktion bis zu drei gleichzeitig in verschiedenen Journalen erscheinenden Romanen zu steigern verstand.

Hinter dem Justizpalast, der die dreiseitige Häuserfront der Place Dauphine zerstört hat, so daß der Platz jetzt zum Gericht hin offen ist, herrscht heute dennoch eine fast intime Atmosphäre. Hier, fast an der Westspitze der Île de la Cité, ist ältestes galloromanisches Siedlungsgebiet. Bretons Medium Nadja spürt hier die Transparenz des Realen, und der Meister des Surrealen beschreibt ihr aus der Tiefe der Geschichte kommendes Empfinden:

»Diese Place Dauphine ist tatsächlich einer der abgelegensten Orte, die ich kenne, einer der schlimmsten leeren Plätze von Paris... Sie ist sicher, daß unter unseren Füßen ein unterirdischer Gang verläuft, der, vom Palais de Justice kommend (sie zeigt mir, von wo am Palast, etwas rechts von der weißen Außentreppe), um das Hotel Henri-IV führt. Beim Gedanken daran, was sich bereits auf diesem Platz abgespielt hat und noch abspielen wird, ist ihr ganz mulmig zumute... Wir gehen erneut am Gitterzaun entlang, als

Nadja sich abrupt weigert weiterzugehen. Rechts, etwas tiefer gelegen, ist ein Fenster, das auf den Graben geht; sie kann ihren Blick nicht mehr davon lösen. Vor diesem Fenster, das zugemauert zu sein scheint, muß man warten, das weiß sie. Von da aus kann sich alles ereignen. Da beginnt alles. Mit beiden Händen hält sie sich an den Stäben fest, damit ich sie nicht fortzerren kann. Auf meine Fragen antwortet sie kaum noch. Schicksalsergeben warte ich, bis sie aus freien Stücken weitergeht. Der Gedanke an den unterirdischen Gang läßt sie noch immer nicht los, vermutlich wähnt sie sich an einem seiner Ausgänge. Sie fragt sich, wer sie wohl gewesen sein könnte, im Gefolge Marie Antoinettes.«

Die schmale Durchfahrt zwischen den verbliebenen zwei Häuserzeilen führt sodann ins Freie des Pont Neuf, dessen Brückenbögen hier, unmittelbar am westlichen Ende der Île de la Cité, durch festen Boden unterbrochen werden. Diese Brücke trägt in der Mitte das Reiterstandbild des Königs Heinrich IV., der seiner Stadt zureitet. Von Voltaire mit seiner *Henriade* bis zu Heinrich Mann mit seinem zweibändigen Werk *Die Jugend und die Vollendung des Königs Henri Quatre* ist der Mythos gewachsen, daß dieser König mit seiner volksnahen Sprache – ihm zugeschrieben werden die Sprichworte »Paris ist eine Messe wert« und »Jeder Franzose soll am Sonntag ein Huhn im Topf haben« – bereits eine Art Bürgerkönig gewesen ist. Auch sein Renommee als »Vert galant« erfreut sich bis heute stets großer Popularität, natürlich vor allem bei den Männern, obgleich dieser ewige Verführer von den 54 Geliebten 53 kaufen mußte. Nur die »schöne Corisande«, Diane d'Andouins, hat ihn nicht des Geldes wegen geliebt, ihm sogar große Summen geschenkt, damit er seine hugenottischen Soldaten im Kampf gegen die katholischen Könige bezahlen konnte.

Sicher aber ist, daß er den Parisern die erste Seine-Brücke geschenkt hat, die frei von Bebauung mit Häusern und Läden war – daher der Name »neue Brücke«. Sein wesentliches Motiv aber war, daß das Volk und er selbst von der Brücke aus ohne Blickbehinderung den Louvre sehen konnten. Sein Schloß und seine Herrschaft sollten dem Volk besser sichtbar sein.

Das Volk aber benutzte die Brücke vor allem, um sich selbst zu sehen. Die breite Brücke wurde schnell zum Marktplatz, auf dem sich Händler, Schausteller und auch Ganoven zum Rendezvous einfanden. Molière soll den dortigen Possenreißern manche Pointe seiner Komödien abgelauscht haben. Der Pariser Stadtchronist Louis-Sébastien Mercier hat 1782 die Bedeutung des Platzes für die polizeilichen Ermittlungen hervorgehoben:

»Für die Stadt ist der Pont-Neuf das, was für den menschlichen Leib das Herz: Zentrum allen Lebens und aller Bewegung. Wer bestimmte Leute treffen will, seien es Einheimische oder Fremde, braucht nur täglich eine Stunde lang im Gewimmel dieser vielbegangenen Brücke auf und ab zu bummeln, und schon läuft ihm der Gesuchte in die Arme. Auch die Spitzel lauern dort, und wenn sie ihren Mann nicht binnen ein paar Tagen gesichtet haben, wissen sie mit Sicherheit, daß er Paris verlassen hat.«

Der Weg vom Pont Neuf zum Louvre führt an der Kirche Saint-Germain-l'Auxerrois vorbei, die heute die Kirche der Künstler ist, soweit sie sich noch der Kirche nahe fühlen. Auch sie ist Heinrich IV. aufs engste verbunden, denn es war an seinem Hochzeitstag mit der Valois-Prinzessin Marguerite, dem 24. August 1572, als die Glocke dieser Kirche die Bartholomäusnacht einläutete – das Signal für die mörderische Jagd auf die Hugenotten.

Davon kündet in der nahen Rue de Rivoli das Denkmal zu Ehren des Admirals Coligny, der als Führer der Hugenotten in seinem Haus schwer verwundet wurde und dessen Körper, vom Balkon auf die Straße geworfen, von Heinrich von Guise grausam mißhandelt wurde. Vom maßlosen Haß der Katholiken, die eine Hochzeitsgesellschaft in eine Schlachtbank verwandelten, natürlich des »richtigen« Glaubens wegen, ist ein andersgläubiger Schriftsteller des Nordens noch vierhundert Jahre später berührt. August Strindberg betrat 1898 die Kirche nur befangen und wußte zudem, daß die katholische Kirche in den Juden inzwischen andere Glaubensgegner gefunden hatte:

»In der Tür begegne ich Halbdämmerung und Orgelspiel, farbigen Bildern und Kerzen. Immer wenn ich in eine katholische Kirche trete, bleibe ich an der Tür stehen und fühle mich verlegen, unruhig, ausgestoßen. Wenn der riesengroße Schweizer sich mit seiner Hellebarde nähert, bekomme ich ein schlechtes Gewissen und meine, er will mich als Ketzer hinaus treiben. Hier in Saint-Germain L'Auxerrois fühle ich eine Angst, denn das Gedächtnis sagt mir, daß es in diesem Turm war, wo in der Bartholomäusnacht die Glocke ohne bekannte Ursache um zwei Uhr zu läuten anfing. (Um zwei Uhr nachts!) Heute beunruhigt mich meine Stellung als Hugenotte mehr als sonst, denn vor einigen Morgen las ich im Osservatore Romano einen Glückwunsch, den die katholische Priesterschaft an die Judenverfolger in Rußland und Ungarn richtete, und einen hochgestimmten Vergleich mit den großen Tagen, die auf die Bartholomäusnacht folgten und die der Verfasser bald zurückwünschte.«

Gleichsam als Kontrast wartet auf der anderen Seite des Louvre der Tuilerien-Garten, der heute ein verführerischer Park für alle Pariser und alle in Paris weilenden Touristen ist – beim geringsten Sonnenstrahl ist er schnell überfüllt. Der Engländer Oscar Wilde, der von seiner Heimatinsel so gern ins französische Lebensgefühl floh, hat dort die »Leichtigkeit des Seins« wenigstens bei jenen gefunden und nachempfunden, die ihr Schicksal noch vor sich hatten:

Le Jardin des Tuileries

Die Winterluft ist scharf und kalt.
Und scharf und kalt die Wintersonne,
Doch die Kinder tollen um meinen Stuhl herum
Wie kleine Dinge aus tanzendem Gold.

Manchmal, in der Pose von Soldaten, stolzieren sie
Um den bunten Pavillon.
Manchmal, blauäugige Räuber, verstecken sie sich
Im kahlen Gestrüpp der Büsche und Bäume.

Wenn die alte Bonne sich in ihr Buch vertieft,
Stehlen sie sich manchmal über den Platz
Und lassen ihre papiernen Flotten ins Wasser gleiten,
Wo der Große Triton sich windet in grünlicher Bronze.

Bald hasten sie in gespielter Flucht,
Bald rennen sie, eine lärmende Schar –
Und, Händchen auf Händchen,
Erklettern sie den schwarzen und blattlosen Baum.

Ach, gefühlloser Baum! Wäre ich du
Und Kinder bestiegen mich, um ihretwillen,
Des Winters ungeachtet, würde ich erblühen
In Frühlingsfarben weiß und blau!

Ja, und dann ist er da, der Louvre, »das größte Museum der Welt«, dessen Besuch natürlich auch Literaturliebhaber nicht versäumen sollten. Es ist nur zu hoffen, daß es ihnen nicht so ergeht wie gelegentlich den kunstbeflissenen Japanern und den gleichfalls die Mona Lisa liebenden Brasilianern – siehe das oben erwähnte und gegenwärtig in Frankreich zu trauriger Alltäglichkeit entfaltete Wort grève. Es ginge ihnen dann so wie den Brüdern Goncourt zum Jahreswechsel 1863/64:

»Ich beginne das Jahr mit einem Besuch bei meiner eigentlichen Familie: im Louvre. Er ist zu.«

Rückblick

… Paris für mich ganz allein …
Katherine Anne Porter

Alle, Maler, Musiker und nicht zuletzt die Schriftsteller, haben sich die Frage gestellt, ob es für ihre Kunst und ihr Leben nicht unverzichtbar sei, an der Seine nicht wenigstens eine gewisse Zeit lang zu leben.

Heinrich von Kleists Antwort auf diese Frage ist voll Bitternis und steht für die unabsehbare Zahl jener Besucher und auch Bewohner von Paris, denen die französische Metropole zum Menetekel wurde. Für jene, denen es nicht gegeben ist, in den Sog der seltenen Lebensfreude von Paris einzutauchen, was natürlich an die gelingende Begegnung mit Menschen gebunden bleibt, hält die Stadt eine makellose, fast unmenschliche Gleichgültigkeit bereit. Diese hat der preußische Dichter Heinrich von Kleist nicht überwinden können – darin dem anderen Preußen Theodor Fontane ähnlich:

An Luise von Zenge

Paris, 16. August 1801
Denken Sie sich ... enge, krumme, stinkende Straßen, in welchen oft an einem Tage Kot mit Staub und Staub mit Kot abwechseln, denken Sie sich endlich einen Strom, der, wie mancher fremde Jüngling, rein und klar in diese Stadt tritt, aber schmutzig und mit tausend Unrat geschwängert, sie verläßt, und der in fast grader Linie sie durchschneidet, als wollte er den ekelhaften Ort, in welchen er sich verirrte, schnell auf dem kürzesten Wege durcheilen – denken Sie sich alle diese Züge in *einem* Bilde, und Sie haben ohngefähr das Bild von einer Stadt, deren Aufenthalt Ihnen so reizend scheint.

Verrat, Mord und Diebstahl sind hier ganz unbedeutende Dinge, deren Nachricht niemanden affiziert. Ein Ehebruch des Vaters mit der Tochter, des Sohnes mit der Mutter, ein Totschlag unter Freunden und Anverwandten sind Dinge, dont on a eu d'exemple, und die der Nachbar kaum des Anhörens würdigt. Kürzlich wurden einer Frau 50000 Rth. gestohlen, fast täglich fallen Mordtaten vor, ja vor einigen Tagen starb eine ganze Familie an der Vergiftung; aber das alles ist das langweiligste Ding von der Welt, bei deren Erzählung sich jedermann ennuyiert. Auch ist es etwas ganz Gewöhnliches, einen toten Körper in der Seine oder auf der Straße zu finden. Ein solcher wird dann in einem an dem Pont St. Michel dazu bestimmten Gewölbe geworfen, wo immer ein ganzer Haufe übereinander liegt, damit die Anverwandten, wenn ein Mitglied aus ihrer Mitte fehlt, hinkommen und es finden mögen. Jedes Nationalfest kostet im Durchschnitt zehn Menschen das Leben. Das sieht man oft mit Gewißheit vorher, ohne darum dem Unglück vorzubeugen. Bei dem Friedensfest am 14. Juli stieg in der Nacht ein Ballon mit einem eisernen Reifen in die Höhe, an welchem ein Feuerwerk befestigt war, das in der Luft abbrennen, und dann den Ballon entzünden sollte. Das Schauspiel war schön, aber es war vorauszusehen, daß wenn der Ballon in Feuer aufgegangen war, der Reifen auf ein Feld fallen würde, das vollgepfropft von Menschen war. Aber ein Menschenleben ist hier ein Ding, von welchem man 800000 Exemplare hat – der Ballon stieg, der Reifen fiel, ein paar schlug er tot, weiter war es nichts.

Dagegen hat ein anderer deutscher Dichter, der unter dänischer Herrschaft aufwuchs und dem der dänische König ein nobles Reisestipendium gewährte – erst 1864 wurde Holstein preußisch –, 1843/44 den Aufenthalt in Paris als Befreiung von der Provinz erfahren. Friedrich Hebbel hat dort den »Mittelpunkt seiner Wünsche« gefunden, welche es auch immer gewesen sein mögen:

»22 Jahre auf einem Fleck in Dithmarschen und jetzt im Begriff, nach Rom zu gehen! Es ist wie ein Traum! Heute nachmittag um fünf reise ich ... Paris wird immer der Mittelpunkt aller meiner Wünsche bleiben. Lebewohl, du schöne, herrliche Stadt, die mich so gastfreundlich aufnahm! Empfange meinen wärmsten Segen! Blühe länger, als alle Städte der Welt zusammengenommen.«

Für einen anderen deutschen Dichter, der Deutschland im Zorn hinter sich gelassen hatte, war der Abschied von Paris auch der Abschied vom Leben. Beides fiel ihm schwer, aber Heinrich Heine hat bis zuletzt nicht Abschied genommen von jener kühn tänzelnden Vernunft, die auch angesichts des Todes das lyrische Lächeln nicht preisgab:

Babylonische Sorgen

Mich ruft der Tod – Ich wollt, o Süße,
Daß ich dich in einem Wald verließe,
In einem jener Tannenforsten
Wo Wölfe heulen, Geier horsten
Und schrecklich grunzt die wilde Sau,
Des blonden Ebers Ehefrau.

Mich ruft der Tod – Es wär noch besser,
Müßt ich auf hohem Seegewässer
Verlassen dich, mein Weib, mein Kind,
Wenngleich der tolle Nordpol-Wind
Dort peitscht die Wellen, und aus den Tiefen

Die Ungetüme, die dort schliefen,
Haifisch' und Krokodile, kommen
Mit offnem Rachen emporgeschwommen –
Glaub mir, mein Kind, mein Weib, Mathilde,
Nicht so gefährlich ist das wilde,
Erzürnte Meer und der trotzige Wald,
Als unser jetziger Aufenthalt!
Wie schrecklich auch der Wolf und der Geier,
Haifische und sonstige Meerungeheuer:
Viel grimmere, schlimmere Bestien enthält
Die leuchtende Hauptstadt der Welt,
Das singende, springende, schöne Paris,
Die Hölle der Engel, der Teufel Paradies –
Daß ich dich hier verlassen soll,
Das macht mich verrückt, das macht mich toll!

Mit spöttischem Sumsen mein Bett umschwirrn
Die schwarzen Fliegen; auf Nas und Stirn
Setzen sie sich – fatales Gelichter!
Etwelche haben wie Menschengesichter,
Auch Elefantenrüssel daran,
Wie Gott Ganesa in Hindostan. – –
In meinem Hirne rumort es und knackt,
Ich glaube, da wird ein Koffer gepackt,
Und mein Verstand reist ab – o wehe –
Noch früher als ich selber gehe.

Dagegen hat Max Dauthendey in Paris jenes Glücksgefühl gesucht und wohl auch gefunden, das bis zum schlimmsten Kitsch mit dieser Stadt verbunden ist – die Liebe: »Paris war die geeignete Stadt, in der ich am stärksten meinem Liebeswunsch nachhängen konnte, denn das Straßenleben, die

Vergangenheit und die Gegenwart dieser Stadt sprechen ununterbrochen von der Liebe, die diese Stadt erlebt, erlebt hat und erleben wird.«

Frank Wedekind, der in Paris die Liebe in ihrer sehr handfesten Form bevorzugte und die Pariser Vergnügungslust in die sprachliche Kurzform des Kabarettisten zu fassen verstand, hat dennoch Paris die Priorität gewährt – natürlich auf einer spöttischen Skala: »Paris ist die schönste Stadt der Welt, dann kommt Rom und dann bald München.«

In dem Paris der Vorweltkriegszeit hat der Europäer Stefan Zweig noch jene beglückende Gemeinschaft von Menschen aus ganz unterschiedlichen Ländern und Kontinenten entdeckt, die alle in Paris eine Art Heimat finden ließ:

»Nirgends und nirgends hat man die naive und zugleich wunderbar weise Unbekümmertheit des Daseins beglückter empfinden können als in Paris, wo sie durch Schönheit der Formen, durch Milde des Klimas, durch Reichtum und Tradition glorreich bestätigt war. Jeder von uns jungen Menschen nahm ein Teil dieser Leichtigkeit in sich auf und tat dadurch sein eigenes Teil hinzu; Chinesen und Skandinavier, Spanier und Griechen. Brasilianer und Kanadier, jeder fühlte sich an der Seine zu Hause. Es gab keinen Zwang, man konnte sprechen, denken, lachen, schimpfen, wie man wollte, jeder lebte, wie es ihm gefiel, gesellig oder allein, verschwenderisch oder sparsam, luxuriös oder bohèmehaft, es war für jede Sonderheit Raum und gesorgt für alle Möglichkeiten. Da waren die sublimen Restaurants mit allen kulinarischen Zaubereien und Weinsorten zu zweihundert oder dreihundert Francs, mit sündhaft teuren Cognacs aus den Tagen von Marengo und Waterloo; aber man konnte fast ebenso prächtig essen und pokulieren bei jedem Marchand de Vin um die nächste Ecke.«

Als nicht nur Europa zweimal in Weltkriege versank, war auch Paris als Raum der Freiheit bedroht. Manès Sperber, der aus dem Osten Europas kam und im Westen des Alten Kontinents Zuflucht suchte, fand die Freiheit dort als Person, aber nicht mehr als Autor:

»In dem Moment, in dem sie (bekannte deutsche Schriftsteller) in Deutschland totgeschwiegen, nicht mehr verlegt wurden, zeigten auch französische Verleger kein Interesse mehr für sie. Wir waren willkommen wie der Frost im Frühling... Ein Exilierter flößt eine Art Angst vor Ansteckungsgefahr ein, Mitleid ist nicht abendfüllend... Paris war die Stadt der verarmten Kirchenmäuse, aber hier war die Armut keine Demütigung, man aß sein kleines Menü zum Prix fix und dazu soviel Brot wie möglich gratis, und die Kellner waren immer höflich.«

Simone de Beauvoir hat in ihrem besten Buch *Die Mandarins von Paris* 1954 Bilanz gezogen und jene Beschädigungen des Zweiten Weltkriegs aufgezeigt, die auch Frankreich getroffen hatten. Zumindest für ihren Helden Henri, der ein literarisches Vexierbild von Albert Camus ist, war die »Grande Nation« in ihrer Substanz getroffen. Er, der Journalist, der gerade über das kleine Land Portugal geschrieben hat, wird sich bewußt, daß es um die »Größe« seines Landes nicht mehr gut bestellt ist:

»Mit großen Schritten lief er [Henri] durch die Korridore und überquerte den Vorplatz. Sein Herz war schwer... Er sah ihre steifen Kragen, ihre Melonen vor sich und den ehrlichen Zorn in ihren Augen; sie sagten: ›Frankreich ist unsere einzige Hoffnung!‹ Es gab keine Hoffnung, nirgendwo, in Frankreich nicht mehr als anderswo. Er ging über die Straße und stützte sich auf das Geländer am Quai. Für Portugal hat Frankreich noch den trotzigen Glanz der toten

Sterne, und Henri hatte sich davon einfangen lassen. Plötzlich entdeckte er, daß er die sterbende Kapitale eines ganz kleinen Landes bewohnte. Die Seine floß in ihrem Bett, die Madeleine und das Parlamentsgebäude standen an ihrem Platz, der Obelisk auch. Man konnte glauben, daß der Krieg Paris wie durch ein Wunder verschont habe. ›Das wollten wir glauben‹, dachte Henri, während er mit dem Wagen zum Boulevard St-Germain einbog, wo getreulich die Kastanienbäume blühten. Alle hatten sich voller Behagen täuschen lassen von diesen Häusern, Bäumen, Bänken, die so genau die Vergangenheit imitierten. Doch in Wirklichkeit war sie vernichtet worden, diese hochmütige, über dem Herzen der Welt errichtete Stadt. Henri war nur mehr der unwesentliche Bürger eines Landes von fünfrangiger Macht.«

Gottfried Benn hat Paris noch einmal in der Fülle seiner Gegensätze, die dieser Stadt in besonderem Maße von der Geschichte beschert wurde, beschrieben und bewundert – wie eine Geliebte:

»Das ist Paris, im Flug genommen, Lutetia, Stadt des Fiebers, Stadt des Traums. Vom Bois weht es durch die Tuilerien um den Obelisk des Sesostris an die Platanen vor der Statue Charlemagnes. 30 Brücken über den Fluß, und auf den Bogen die Triumphe und die Genien eines Volkes und darunter das Herz des Inconnu. Stadt der Liebe und der Blutlachen, der Kronen und der Kommunarden, Stadt der armen und der großen Söhne – ah, viens dans mes bras!«

Auch die deutschen Lyriker der Nachkriegszeit haben sich in großer Zahl Paris zugewandt, den großen Monumenten und natürlich immer wieder der Seine. Selten aber geriet ein einfaches Zimmer von Paris ins Zentrum eines Gedichts wie bei Wolf Wondratschek, der wohl das ehrlichste und traurigste Gedicht über die Stadt der Liebe geschrieben hat:

In einem kleinen Zimmer in Paris

In einem kleinen Zimmer in Paris,
wo ich den Kopf vor Sehnsucht gegen alle Wände stieß
und deinen Namen leise in die Spiegel schrie,
doch keiner kam und niemand nahm mich in den Arm
wie du, der mich verließ.
Und als du gingst, hast du gesagt:
›Du machst das schon, mein Kleines, irgendwie!‹
Oh ja, mein Mann! Ich mach das schon.
Ich weine ohne Tränen jede Nacht,
ich liebe dich, auch wenn es einsam macht,
ich sterbe so dahin
und frag nicht mehr nach einem Sinn
in diesem kleinen Zimmer hier,
wo Gaukler wohnen, Trinker, Diebe,
es war umsonst, denn es war Liebe.

Die Liebe mit dem Leben büßen
Warten, bis das Leben dich vergißt
Jede Nacht, sie bleibt in mir
Auch wenn es Tag geworden ist.

Dann war es still.
Dann gingen viele Jahre hin
und ich blieb hier,
in diesem kleinen Zimmer in Paris
und trank mit Trinkern auf ihr Glück
und sang mit Gauklern Liebeslieder
und morgens kamen auch die Diebe wieder,
nur du kamst nie zurück.

Es waren die amerikanischen Autoren in der ersten Hälfte des 20. Jahrhunderts, die in ihrem Leben und Schreiben Paris die höchste Verehrung entgegenbrachten und denen die Stadt ihren grandiosen Reichtum offen darbot. Ernest Hemingway wurde Paris nicht nur zum *Fest fürs Leben*, lebenslang blieb er auch an diese Stadt gefesselt – in Dankbarkeit:

»Paris hat kein Ende, und die Erinnerung eines jeden Menschen, der dort gelebt hat, ist von der jedes anderen verschieden. Wir kehrten immer wieder dorthin zurück, ganz gleich, wer wir waren oder wie es sich verändert hatte.«

Und Katherine Anne Porter hat noch 1962 in ihrem Roman *Narrenschiff* Rückschau auf die Einzigartigkeit von Paris gehalten – eine Erinnerung, reich an verführerischen Einzelheiten, aber vor allem reich in der unzerstörbaren Hoffnung, ein letztes Mal in diese Stadt zurückkehren zu können und sie dann ungeteilt zu besitzen:

»Ich möchte wieder dort leben. Ich möchte in dieser dunklen Gasse wohnen, die Impasse des Deux Anges heißt, ich möchte mir im Cluny diese mit Edelsteinen besetzten, kleinen, spitzen blauen Samtschuhe kopieren lassen und meine Parfums bei Molinard kaufen, ich möchte zur Frühjahrsmodenschau bei Schiaparelli gehen… Ich habe nie solche Regenbogen gesehen wie über der Stadt Paris, ich habe auch nie solchen Regen gesehen… O Gott, ich habe Heimweh. Ich werde nie wieder von Paris fortgehen, das verspreche ich dir, wenn du mich dieses eine Mal noch hinkommen läßt. Und wenn eines Tages alle Menschen die Stadt verlassen und auf dem Pflaster Gras wächst – es würde für mich noch immer Paris sein, ich würde immer noch dort leben wollen. Ich fände es herrlich, Paris ganz für mich allein zu haben, und wäre es nur für einen Tag.«

Museen und Kunstausstellungen

Bibliothèque nationale de France – Site François Mitterrand. 11, quai François Mauriac (13. Arr.). Tel. 01 53 79 59 59 oder 01 53 79 53 79. Öffnungszeiten Di-Sa 10-20 Uhr, So 12-19 Uhr. Wechselnde Ausstellungen. Für Betreten und Benutzen der Bibliothek ist Anmeldung erforderlich. Métro Quai de la Gare oder Bibliothèque F. Mitterrand

Bibliothèque nationale de France – Site Richelieu. 58, rue de Richelieu (2. Arr.). Tel. 01 53 79 53 79. Musée permanent: Öffnungszeiten Di-So 13-17 Uhr, an Feiertagen 12-18 Uhr. Galéries Mansart et Mazarine: Öffnungszeiten Di-Sa 12-19 Uhr, So 12-19 Uhr. Der alte Lesesaal von Henri Labrouste kann nicht mehr besichtigt werden. Métro Richelieu-Drouot

Centre Georges Pompidou – Musée national d'art moderne. Place Georges Pompidou (4. Arr.). Tel. 01 44 78 12 33. Öffnungszeiten Mi-Mo 11-22 Uhr. Métro Châtelet, Hôtel de Ville, Rambuteau

Espace Salvador Dalí. 9-11, rue Poulbot, place du Tertre (18. Arr.). Tel. 01 42 64 40 10. Öffnungszeiten täglich 10-18.30 Uhr. Métro Abbesses

Fondation Cartier (Art Contemporain). 261, boulevard Raspail (14. Arr.). Tel 01 42 18 56 51. Öffnungszeiten Di-So 12-20 Uhr. Métro Raspail

Galerie national du Jeu de Paume. 1, place de la Concorde (8. Arr.). Tel. 01 47 03 12 52. Öffnungszeiten täglich 12-19 Uhr, Di bis 21.30 Uhr. Métro Concorde

Hôtel de Cluny, Musée du Moyen-Âge. 6, place Paul Painlevé (5. Arr.). Tel 01 53 73 78 16. Öffnungszeiten (außer Feiertagen) Mi-Mo 9.15-17.45 Uhr. Métro Cluny-La Sorbonne

Hôtel Sully – Patrimoine photographique. 62, rue Saint-Antoine. Tel. 01 42 74 47 75 (4. Arr.). Öffnungszeiten Di-So 10-18.30 Uhr. Métro Saint-Paul oder Bastille

Maison Européenne de la Photographie. 57, rue de Fourcy (4. Arr.). Tel. 01 44 78 75 00. Öffnungszeiten Mi-So 11-20 Uhr. Métro Saint-Paul

Manufacture des Gobelins. 42, avenue des Gobelins (13. Arr.). Tel. 01 44 08 53 00. Öffnungszeiten (außer an Feiertagen und nur Führungen) Di-Do 14 und 14.45 Uhr. Métro Les Gobelins

Musée d'Art Moderne de la ville de Paris. 11, avenue du Président Wilson (16. Arr.). Tel. 01 53 67 40 00. Öffnungszeiten (außer an Feiertagen) Di-So 10-19 Uhr. Métro Iéna

Musée des Arts Décoratifs. 111, rue de Rivoli (1. Arr.). Tel. 01 44 55 57 50. Öffnungszeiten Di-Fr 11-18 Uhr, Sa und So 10-18 Uhr, Mi bis 21 Uhr. Métro Palais Royal-Musée du Louvre oder Tuileries

Musée des Arts et Métiers. 60, rue de Réaumur (3. Arr.). Tel. 01 53 01 82.00. Öffnungszeiten (außer an Feiertagen) Di-So 10-18 Uhr, Do bis 21.30 Uhr. Métro Arts et Métiers

Musée Carnavalet – Musée de l'histoire de Paris. 23, rue de Sévigné. Tel. 01 59 58 59. Öffnungszeiten (außer an Feiertagen) Di-So 10-18 Uhr. Métro Saint-Paul

Musée Cognacq-Jay. 8, rue Elzévir (4. Arr.). Tel. 01 40 27 07 21. Öffnungszeiten (außer an Feiertagen) täglich 9.30 – 18 Uhr. Métro Saint-Paul

Musée Eugène Delacroix. 6, place de Furstemberg (6. Arr.). Tel. 01 44 41 86 50. Öffnungszeiten Mi-Mo 9.30-12.30 Uhr und 14-17 Uhr. Métro St. Germain-des-Prés

Musée Grevin. 10, boulevard Montmartre (9. Arr.).
Tel. 01 47 70 86 05. Öffnungszeiten Mo-Fr 10-18.30 Uhr, Sa, So, Feiertage und Schulferien 10-19 Uhr. Métro Grands Boulevards

Musée Guimet (Arts asiatiques). 6, place d'Iéna (16. Arr.).
Tel. 01 56 52 53 00. Öffnungszeiten Mi-Mo 10-18 Uhr. Métro Iéna

Musée Gustave Moreau. 14, rue de Rochefoucauld (9. Arr.).
Tel. 01 48 74 38 50. Öffnungszeiten Mi-Mo 10-12.45 Uhr und 14-17.15 Uhr. Métro Trinité

Musée de l'Homme. Palais de Chaillot, 17, place du Trocadéro (16. Arr.). Tel. 01 44 05 72 72. Öffnungszeiten (außer an Feiertagen) Mi-Mo 9.45 – 17.15 Uhr. Métro Trocadéro

Musée Jacquemart-André. 158, boulevard Haussmann (8. Arr.).
Tel. 01 45 62 11 59. Öffnungszeiten täglich von 10-18 Uhr. Métro Miromesnil

Musée du Louvre. 99, rue de Tivoli. Eingang Pyramide, Cour Napoléon, Porte des Lions oder Galérie du Carrousel. Tel. 01 40 20 51 51 oder 01 40 20 53 17. Öffnungszeiten Mi-Mo 9-18 Uhr, gelegentlich abends bis 21.45 Uhr. Métro Palais Royal-Musée du Louvre

Musée du Luxembourg. 19, rue de Vaugirard (6. Arr.).
Tel. 01 42 34 25 95. Öffnungszeiten Mo, Fr 10-22.30 Uhr, Di-Do 10-18 Uhr, Sa, So 10-20 Uhr. Métro Odéon oder Saint-Sulpice

Musée Maillol – Fondation Dina Vierny. 61, rue de Grenelle (7. Arr.).
Tel. 01 42 22 59 58. Öffnungszeiten (außer an Feiertagen) Mi-Mo 11-18 Uhr. Métro Rue du Bac

Musée Marmottan-Monet. 2, rue Louis Boilly (16. Arr.).
Tel. 01 42 24 07 02. Öffnungszeiten Di-So 10-18 Uhr. Métro La Muette

Musée Nissim de Camondo. 63, rue Monceau (8. Arr.).
Tel. 01 53 89 06 40 oder 01 53 89 06 50. Öffnungszeiten Mi-So 10-17 Uhr. Métro Villiers

Musée d'Orsay. 1, rue de la Légion d'honneur (7. Arr.).
Tel 01 40 49 48 14. Öffnungszeiten Di-So 10-18 Uhr, Do bis 21.45 Uhr, So 9-18 Uhr. Métro Solférino

Musée Picasso – Hôtel Salé. 5, rue de Thorigny (3. Arr.).
Tel. 01 42 71 25 21. Öffnungszeiten Mi-Mo 9.30-17.30 Uhr. Métro Filles du Calvaire oder Saint-Paul

Musée Rodin. 77, rue de Varenne (7. Arr.). Tel. 01 44 18 61 10. Öffnungszeiten Di-So 9.30-16.45 Uhr. Métro Varenne

Musée de la Vie Romantique – Hôtel Scheffer-Renan. 16, rue Chaptal (9. Arr.). Tel. 01 55 31 95 67. Öffnungszeiten (außer an Feiertagen) Di-So 10-18 Uhr. Métro Pigalle oder Saint-Georges

Musée Zadkine. 100 bis, rue d'Assas (6. Arr.). Di-So 10-17.40 Uhr. Métro Port Royal oder Notre-Dame-des Champs

Denkmäler, Kirchen, Theater, Dichterwohnungen

Arc de Triomphe. Place Charles de Gaulle (8.,16. und 17. Arr.).
Tel. 01 45 01 85 24. Öffnungszeiten (außer an Feiertagen) täglich 9.30-23 Uhr (April-September), 10-22.30 Uhr (Oktober bis März). Métro Charles de Gaulle-Étoile

Bouffes du Nord. (Peter Brook) 37bis, boulevard de la Chapelle (10. Arr.). Tel. 01 46 07 34 50. Métro La Chapelle

Cartoucherie – Théâtre du Soleil. (Ariane Mnouchkine). Route du Champ-de-Manœuvre (12. Arr.). Tel. 0143 28 97 04. Métro Château de Vincennes

Cathédrale Notre-Dame. Place du Parvis de Notre-Dame (4. Arr.). Tel. 01 42 34 56 10. Führungen 12 Uhr, am Wochenende auch 14.30 Uhr. Turmbesteigung am Nordturm 9-19.30 Uhr, Wochenende bis 23 Uhr (Juli-August), 9.30-19.30 Uhr (September), 10.30-17.30 Uhr (Oktober-November), 10-17 Uhr (Dezember bis März). Métro Cité

Comédie-francaise – Salle Richelieu. 2, rue de Richelieu (1. Arr.). Tel. 01 44 58 15 15. Métro Palais Royal oder Musée du Louvre

Conciergerie. Quai de l'Horloge (1. Arr.). Tel. 01 53 73 78 50. Öffnungszeiten (außer an Feiertagen) täglich 9.30-18.30. Uhr (April bis September), 10-17 Uhr (Oktober bis März). Métro Cité

Dôme des Invalides – Église du Dôme. Place Vauban (7. Arr.). Tel. 01 44 42 37 72. Öffnungszeiten (außer an Feiertagen) 10-18 Uhr (April bis September), 10-17 Uhr (Oktober bis März). Métro Varenne oder École militaire

Église de la Madeleine. Place de la Madeleine, 14, rue de Surène (8. Arr.). Öffnungszeiten Mo-Sa 9-19 Uhr, So 7-13.30 und 15.30-19 Uhr. Métro Madeleine

Maison de Balzac. 47, rue Raynouard (16. Arr.). Tel 01 55 74 41 80. Öffnungszeiten (außer an Feiertagen) Di-So 10-18 Uhr. Métro Passy

Maison de Victor Hugo. 6, place des Vosges (4. Arr.). Tel. 01 42 72 10 16. Öffnungszeiten (außer an Feiertagen) Di-So 10-18 Uhr. Métro Bastille

Opéra Bastille. 120, rue de Lyon (11. Arr.). Tel. 01 08 92 89 90 90. Métro Bastille oder Saint-Paul

Opéra Garnier. Place de l'Opéra (2. Arr.). Tel. 01 40 01 22 63. Öffnungszeiten (außer an Feiertagen) täglich 10-16.30 Uhr. Nur Führungen (1 Stunde 30 Minuten). Métro Opéra

Palais de l'Élysée. Rue du Faubourg de Saint-Honoré (8. Arr.). Seit 1876 Sitz des französischen Staatspräsidenten. Keine Besichtigungen. Métro Miromesnil oder Madeleine

Sainte Chapelle. 4, boulevard du Palais (1. Arr.). Öffnungszeiten 9.30-18 Uhr (April bis September), 10-16.30 Uhr (Oktober bis März). Métro Cité

Tour Eiffel. Champ-de-Mars (7. Arr.). Tel 01 44 11 23 23. Öffnungszeiten 9-24 Uhr (Mitte Juni bis Ende August), 9.30-18.30 Uhr (September bis Mitte Juni). Métro Champ de Mars Tour Eiffel

Parks und Friedhöfe

Catacombes. 1, place Denfert-Rochereau, Ausgang 36, rue Remy-Dumoncel (14. Arr.). Tel. 01 43 22 47 63. Öffnungszeiten Di-So 9-16 Uhr, Di 11-16 Uhr. Métro Denfert-Rochereau

Cimetière de Montmartre. 20, avenue Rachel (18. Arr.). Öffnungszeiten Mo-Fr 8-18 Uhr, So 9-17.30 Uhr. Métro Blanche

Cimetière du Montparnasse. 3, boulevard Edgar Quinet (14. Arr.). Öffnungszeiten Mo-Fr 8-18 Uhr, Sa 8.30-18 Uhr, So 9-18 Uhr. Métro Raspail

Cimetière du Père Lachaise. Boulevard de Ménilmontant (20. Arr.). Öffnungszeiten Mo-Sa 8-18 Uhr, So 9-18 Uhr

Jardin du Luxembourg. (6. Arr.). Geöffnet bis Einbruch der Dunkelheit.

Jardin des Plantes. 57, rue Cuvier. (5. Arr.). Tel. 01 49 79 30 00. Öffnungszeiten täglich 8-17.15 Uhr. Métro Gare d'Austerlitz oder Jussieu

Jardin des Tuileries. 1, place de la Concorde (1. Arr.).
Tel. 01 40 20 90 43. Métro Concorde

Palais Royal. (1.Arr.). Métro Palais Royal-Musée du Louvre

Panthéon. Place du Panthéon (6. Arr.). Tel. 01 55 37 73 77. Öffnungszeiten täglich 9.30-23 Uhr (April bis September), 10-22.30 Uhr (Oktober bis März). Métro Cardinal Lemoine

Parc André Citroën. (15. Arr.). Rue Balard, rue Leblanc, rue de la Montagne-de-la-Fage. Métro Balard

Parc de Bagatelle im *Bois de Boulogne.* Route de Sèvres à Neuilly (16. Arr.). Tel 01 40 67 97 00. Öffnungszeiten Mi-Fr 9-17 Uhr, Sa-Di 9-18 Uhr. Métro Pont de Neuilly und Bus 43

Parc Georges Brassens. (15. Arr.). Büchermarkt Samstag und Sonntag während des ganzen Jahres, Bus 95

Parc Monceau. Boulevard de Courcelles (8.Arr.). Tel. 01 42 27 08 64. Nachts nicht geschlossen. Métro Monceau

Place des Vosges. (4. Arr.). Métro Saint Paul, Chemin vert, Bastille

Textnachweise

Die Ziffern in Klammern beziehen sich auf das vorliegende Buch, die vorangestellten Seitenzahlen geben die Fundstellen der Zitate in den jeweiligen Quellentexten an.

Albaret, Céleste, *Monsieur Proust. Aufgezeichnet von Georges Belmont*. Kindler Verlag, München 1974, S. 62 (S. 177); S. 189f. (S. 177f.).

Apollinaire, Guillaume, *Dichtungen*. Limes Verlag, Wiesbaden o.J., S. 36f. (S. 155f.).

Aragon, Louis, *Aurélien*. © Claassen Verlag, Düsseldorf 1987, S. 62 (S. 18f.); S. 62f. (S. 161); S. 376 (S. 172); 73f. (S. 220f.).

Balzac, Honoré de, *Vater Goriot*. Aus dem Französischen von Franz Hessel. Herausgegeben von Erika Wesemann. Insel Verlag Frankfurt am Main 1989 (it 1167), S. 117 (S. 23); *Das unbekannte Meisterwerk*. Mit Illustrationen von Pablo Picasso. Herausgegeben und mit einem Nachwort versehen von Sebastian Goeppert und Herma Goeppert-Frank. Ins Deutsche übertragen von Herma Goeppert-Frank. © Insel Verlag Frankfurt am Main 1987, S. 29 (S. 124); *Histoire et Physiologie des Boulevards de Paris*. Paris 1845. Zitiert nach: Volker Metelmann, *Paris – von Aragon bis Zola*. Anabas Verlag, Gießen, 1995, S. 48f. (S. 191); *Verlorene Illusionen*. Roman. Aus dem Französischen von Hedwig Lachmann. Insel Verlag Frankfurt am Main und Leipzig 1996, S. 310/11 und 313/14 (S. 201f.).

Barnes, Djuna, *Paris, Joyce, Paris*. © Klaus Wagenbach Verlag, Berlin 1988, S. 66 (S. 12); S. 9 (S. 20); S. 77/8 (S. 75); S. 18 (S. 109f.); S. 68f. (S. 116f.).

Baudelaire, Charles, *Die Blumen des Bösen. CXXVI. Die Reise 8*. Übertragen von Carlo Schmid. © Insel Verlag Frankfurt am Main 1976, S. 206 (S. 97).

Beach, Sylvia, *Shakespeare and Company. Ein Buchladen in Paris*. Aus dem Amerikanischen von Lilly v. Sauter. Suhrkamp Verlag Frankfurt am Main 1982, S. 43f. (S. 74f.); S. 219f. (S. 76); S. 242 (S. 78).

Beauvoir, Simone de, *Alles in allem*. Aus dem Französischen von Eva Rechel-Mertens. Copyright © 1974 by Rowohlt Verlag GmbH, Reinbek bei Hamburg, S. 431f. (S. 37); S. 435f. (S. 37f.); S. 439f. (S. 102); S. 495f. (S. 111f.); *In den besten Jahren*. Aus dem Französischen von Rolf Söllner. Copyright © 1961 by Rowohlt Verlag GmbH, Reinbek bei Hamburg, S. 16 (S. 69); S. 416 (S. 93f.); S. 50 (S. 95); S. 297 (S. 111); *Die Mandarins von Paris*. Aus dem Französischen von Ruth Ücker-Lutz, Fritz Montfort. Copyright © 1955 by Rowohlt Verlag GmbH, Hamburg, S. 146 (S. 240f.).

Beckett, Samuel, zitiert nach: Haight, a.a.O., S. 149f. (S. 62).

Benjamin, Walter, *Gesammelte Schriften, Das Passagen-Werk*, I. Band 5. © Suhrkamp Verlag Frankfurt am Main 1982, S. 45f. (S. 188f.).

Benn, Gottfried, *Sämtliche Werke*. Stuttgarter Ausgabe. In Verbindung mit Ilse Benn herausgegeben von Gerhard Schuster (Bände I-V) und Holger Hof (Band VI). Band III: Prosa 1 (1910-1932). Klett-Cotta, Stuttgart 1987, (S. 144); (S. 172f.); (S. 184); (S. 241).

Borges, Jorge Luis, *Gesammelte Werke*. Band 1: *Gedichte 1923-1965*. Herausgegeben von Gisbert Haefs. Aus dem Spanischen und mit einem Nachwort von Gisbert Haefs. © 1983 Carl Hanser Verlag, München – Wien, S. 108 (S. 120).

Börne, Ludwig, *Briefe aus Paris. Sämtliche Schriften*. Band 3. Joseph Melzer Verlag, Düsseldorf 1964, S. 116f. (S. 71); S. 402f. (S. 99f.); S. 482 (S. 193f.).

Brantôme, Pierre de Bourdeille Seigneur de, *Das Leben der galanten Damen*. Mit einem Vorwort von Rudolf Noack und Porträts von François Clouet. Band 1. Insel Verlag Frankfurt am Main 1981, S. 195f. (S. 122).

Brassens, Georges, *Le mauvais sujet repenti*. Edition Ray Ventura. Zitiert nach: Ziegesar, a.a.O. Aus dem Französischen von Johannes Westenfelder, S. 119f. (S. 173f.).

Brecht, Bertolt, *Paris 1935*. Erster Internationaler Schriftstellerkongreß zur Verteidigung der Kultur. Herausgegeben von der Akademie der Wissenschaften der DDR, Berlin 1982, S. 140f. (S. 41).

Breton, André, *Das Paris der Surrealisten*. Herausgegeben von Pierre Gallissares. Nautilus Verlag, Hamburg 1981, S. 34 (S. 214f.).

Breton, André, *Nadja*. Aus dem Französischen übersetzt von Bernd Schwibs. Mit einem Nachwort von Karl Heinz Bohrer. Suhrkamp Verlag Frankfurt am Main 2002, S. 68 ff. (S. 226 f.).

Butor, Michel, *Paris – Rom oder die Modifikation*. Aus dem Französischen von Helmut Scheffel. Biederstein Verlag, München 1958 (S. 59).

Caesar, Gaius Julius, *Der Gallische Krieg*. Aus dem Lateinischen von V. Ph. Haus. Rowohlt Verlag GmbH, Reinbek 1965 (S. 28).

Celan, Paul, *Auf hoher See*, in: *Gesammelte Werke in sieben Bänden*. Erster Band: *Gedichte I*. © Suhrkamp Verlag Frankfurt am Main 2000, S. 54 (S. 14 f.).

Cocteau, Jean, zitiert nach: Karl Voss, *Reiseführer für Literaturfreunde*. Ullstein Verlag, Frankfurt/Main – Berlin 1995, S. 429 f. (S. 175).

Colette, *Blaue Flamme*. Aus dem Französischen von Uli Aumüller. Rowohlt Taschenbuch Verlag, Reinbek 1979. Zitiert nach: Ziegesar, a. a. O., S. 114 f. (S. 204).

Daudet, Alphonse, *Sappho*. Aus dem Französischen von Eveline Passet. © Manesse Verlag, Zürich 1996, S. 17-19 (S. 115 f.).

Dauthendey, Max, zitiert nach: Günther, a. a. O., S. 80 (S. 13 f.); S. 75 f. (S. 64); S. 79 (S. 94 f.); S. 73 (S. 238 f.).

Diderot, Denis, *Rameaus Neffe. Ein Dialog*. Zweisprachige Ausgabe. Aus dem Französischen von Johann Wolfgang Goethe. Mit Zeichnungen von Antoine Watteau und einem Nachwort von Horst Günther. Insel Verlag Frankfurt am Main und Leipzig 1996, S. 9 (S. 197 f.).

Eliot, T. S., zitiert nach: Haight, a. a. O., S. 55 (S. 114).

Erasmus von Rotterdam, *Ausgewählte Schriften*. Band 6: *Colloquia familiaria*. Herausgegeben von Werner Welzig. Wissenschaftliche Buchgesellschaft, Darmstadt 1995, S. 435 (S. 63).

Fargue, Léon-Paul, *Der Wanderer durch Paris*. Aus dem Französischen von Katharina Spann. Suhrkamp Verlag Frankfurt am Main 1999, S. 65 f. (S. 126 f.).

Flanner, Janet, zitiert nach: Haight, a. a. O., S. 48 (S. 110).

Flaubert, Gustave, *Lehrjahre des Gefühls. Geschichte eines jungen Mannes*. Aus dem Französischen von Maria Dessauer. © Insel Verlag Frankfurt am Main und Leipzig 2001, S. 40 (S. 26); S. 93 f. (S. 36); S. 416 f. (S. 202 f.).

Fontane, Theodor, aus: *Mit Fontane durch Frankreich und Flandern*. Herausgegeben von Otto Drude. Mit farbigen Fotografien von Christel Wollmann-Fiedler. Insel Verlag Frankfurt am Main und Leipzig 2000, S. 27 (S. 15 f.); S. 30 (S. 16); S. 27 (S. 45).

Forster, Georg, *Erinnerungen aus dem Jahre 1790*. Zitiert nach: Ziegesar, a. a. O., S. 102 f. (S. 198 f.).

Freund, Gisèle, zitiert nach: Andrea Weiss, *Paris war eine Frau*. Edition Ebersbach, Dortmund 1996, S. 42 (S. 77).

Germain, André, zitiert nach Andrea Weiss, a. a. O., S. 94 (S. 117).

Gide, André, *Romane. Die Verliese des Vatikan. Die Falschmünzer*. Aus dem Französischen von Ferdinand Hardekopf. © Ullstein Verlag, Frankfurt am Main/Berlin/Wien 1982, S. 228 (S. 69).

Goethe, Johann Wolfgang, *Sämtliche Werke. Abt. II. Briefe, Tagebücher und Gespräche*. Band 12 (39). Deutscher Klassiker Verlag Frankfurt am Main 1999, S. 737 (S. 48).

Goncourt, Edmond und Jules, *Blitzlichter – Porträts aus dem 19. Jahrhundert*. Ausgewählt, übersetzt und mit einem Nachwort versehen von Anita Albus. Eichborn Verlag, Frankfurt am Main 1990, S. 235-237 (S. 32); *Tagebücher*. Übertragen und herausgegeben von Justus Franz Wittkop. Insel Verlag Frankfurt am Main und Leipzig 1996 (it 1834), S. 169 f. (S. 80); S. 282 f. (S. 123 f.); *Journal. Mémoires de la vie littéraire*, zitiert nach: Ziegesar, a. a. O., S. 159 (S. 231).

Green, Julien, *Paris*. Deutscher Taschenbuch Verlag, München 1989, S. 25 ff. (S. 43); *Treibgut*. Übersetzt von Eva Rechel-Mertens. Verlag Jakob Hegner, Köln 1967, zitiert nach: Ziegesar, a. a. O., S. 44 (S. 150).

Grillparzer, Franz, *Sämtliche Werke*. Band. 4: *Tagebücher. Reise nach Frankreich und England 1836*. Carl Hanser Verlag, München 1965, S. 526 f. (S. 36 f.).

Günther, Herbert, *Deutsche Dichter erleben Paris*. Verlag Günther Neske, Pfullingen 1979.

Haight, Mary Ellen Jordan, *Spaziergänge durch Gertrude Steins Paris*. Aus dem Amerikanischen von Karin Polz. Copyright der deutschen

Übersetzung © 1989 by Arche Verlag, Raabe + Vitali, Zürich, S. 84 (S. 77).

Handke, Peter, *Die Stunde der wahren Empfindung*. © Suhrkamp Verlag Frankfurt am Main 1975, S. 17 (S. 154 f.).

Hebbel, Friedrich, *Werke*. Band. 4. Carl Hanser Verlag, München 1966, S. 605 f. (S. 12); *Sämtliche Werke*. Band 7. B. Behr's Verlag, Berlin 1903, S. 228 (S. 45); zitiert nach: Günther, a.a.O., S. 49 f. (S. 166 f.); S. 53 f. (S. 237).

Heine, Heinrich, *Werke und Briefe in zehn Bänden*. Herausgegeben von Hans Kaufmann. Aufbau-Verlag, Berlin 1961. Band 4: *Französische Zustände*, S. 413 f. (S. 18); Band 6, S. 284 (S. 48); S. 478 (S. 85 f.); S. 446 f. (S. 170 f.); Band 4, S. 476 f. (S. 193); S. 548 f. (S. 210 f.); *Lutezia. Berichte über Politik, Kunst und Volksleben*, in: *Werke in vier Bänden*. Herausgegeben von Eberhard Galley. Insel Verlag Frankfurt am Main und Leipzig 1994. Band 3: *Schriften über Frankreich*, S. 336-338 (S. 34); Band 6, S. 525-528 (S. 127); S. 362 (S. 142 f.); *Sämtliche Schriften*. Herausgegeben von Klaus Briegleb. Wissenschaftliche Buchgesellschaft, Darmstadt 1975. Band 1, S. 266 (S. 168); zitiert nach: Karl Voss, a.a.O., S. 428 (S. 174); *Sämtliche Gedichte in zeitlicher Folge*. Herausgegeben von Klaus Briegleb. Insel Verlag Frankfurt am Main und Leipzig 1993, S. 714 f. (S. 237 f.).

Hemingway, Ernest, *Paris – ein Fest fürs Leben*. Aus dem Amerikanischen von Annemarie Horschitz-Horst. Copyright © 1965, 1977 by Rowohlt Verlag GmbH, Reinbek bei Hamburg, S. 9 f. (S. 54 f.); S. 30/31 (S. 73); S. 16/17 (S. 81); S. 29 (S. 106); S. 139 f. (S. 114); S. 157 (S. 243).

Heym, Georg, *Gesamtausgabe. Dichtungen und Schriften*. Band 1. Verlag Heinrich Ellermann, Hamburg/München 1964, S. 86 (S. 213).

Hugo, Victor, *Der Glöckner von Notre-Dame*. Aus dem Französischen von Else von Schorn. Mit zeitgenössischen Illustrationen. Insel Verlag Frankfurt am Main und Leipzig 1996, S. 131 (S. 46 ff.); *Die Elenden*. Aus dem Französischen von Paul Wiegler und Wolfgang Günther. Verlag Volk und Welt, Berlin 1987. Band 3, S. 60 f. (S. 67); Band 2, S. 402 (S. 212); *Sämtliche Werke*. Band 18: *Innere Stimmen*. Verlag Rieger, Stuttgart 1842, S. 25 (S. 159).

Jünger, Ernst, *Sämtliche Werke*. Band 2: *Tagebücher II: Strahlungen I /*

Band 3: *Tagebücher III: Strahlungen II*. Klett-Cotta, Stuttgart 1979, S. 237 (S. 51); S. 286 (S. 79); S. 350-352 (S. 125); S. 270 (S. 165); S. 279 (S. 203 f.); S. 349 (S. 213 f.).

Kafka, Franz, *Reise Lugano–Paris–Erlenbach*. S. Fischer Verlag GmbH, Frankfurt am Main 1983, S. 471 f. (S. 87); S. 465 (S. 153 f.); S. 465 (S. 167); S. 464 f. (S. 191 f.); S. 470 (S. 192).

Kardoff, Ursula von, *Adieu Paris*. Copyright © 1993 by Rowohlt Verlag GmbH, Reinbek bei Hamburg, S. 81-84 (S. 104 f.).

Kleist, Heinrich von, *Geschichte meiner Seele. Das Lebenszeugnis der Briefe*. Herausgegeben von Helmut Sembdner. Insel Verlag Frankfurt am Main 1977, S. 201 f. (S. 17); S. 233 f. (S. 199 f.); S. 205 (S. 209); S. 230 f. (S. 235 f.).

Koeppen, Wolfgang, *Reisen nach Frankreich*. In: *Gesammelte Werke in sechs Bänden*. Herausgegeben von Marcel Reich-Ranicki in Zusammenarbeit mit Dagmar von Briel und Hans-Ulrich Treichel. Band 4: *Berichte und Skizzen I*. © Suhrkamp Verlag Frankfurt am Main 1986, S. 590 (S. 19 f.); S. 598 f. (S. 25); S. 606 (S. 42); S. 611 (S. 57 f.); S. 624 (S. 92); S. 634 f. (S. 162 f.); S. 654 f. (S. 184); S. 645 f. (S. 219).

Krolow, Karl, *Gesammelte Gedichte*. © Suhrkamp Verlag Frankfurt am Main 1965, S. 208 (S. 27).

Kunze, Reiner, *eines jeden einziges leben*. Gedichte. © S. Fischer Verlag GmbH, Frankfurt am Main 1986, S. 81 (S. 98).

Mann, Heinrich, *Paris 1935*. Erster Internationaler Schriftstellerkongreß zur Verteidigung der Kultur. Herausgegeben von der Akademie der Wissenschaften der DDR, Berlin 1982, S. 290 f. (S. 42).

Mann, Klaus, *Prüfungen*. Nymphenburger Verlagsbuchhandlung München 1968, S. 33/34 (S. 59 f.). Copyright © by Rowohlt Verlag GmbH, Reinbek bei Hamburg; zitiert nach: Kardoff, a. a. O., S. 149 (S. 79).

Martin du Gard, Roger, *Die Thibaults. Geschichte einer Familie*. Deutscher Taschenbuch Verlag, München 1989, S. 9 (S. 70).

Maupassant, Guy de, zitiert nach: Daniel Bermond, *Gustave Eiffel*. Perrin, Paris 2002, S. 275 (S. 145 f.).

Mehring, Walter, *Wedding – Montmartre*. © Claassen Verlag, Düsseldorf. Zitiert nach: Ziegesar, a. a. O., S. 203 f. (S. 88/90).

Mercier, Louis-Sébastien, *Mein Bild von Paris*. Mit dreiundvierzig Wiedergaben nach zeitgenössischen Kupferstichen. Übertragen und mit einem Nachwort herausgegeben von Jean Villain. Insel Verlag Frankfurt am Main 1979, S. 48 (S. 228).

Miller, Henry, zitiert nach: Haight, a. a. O., S. 125 (S. 98 f.).

Monnier, Adrienne, *Aufzeichnungen aus der Rue de l'Odéon*. Aus dem Französischen von Nicolaus Bornhorn. Insel Verlag Frankfurt am Main und Leipzig 1995, S. 12 (S. 72); S. 38 (S. 72).

Montaigne, Michel de, *Essais*. Auswahl und Übersetzung von Herbert Lüthy. Manesse Verlag, Zürich 1984, S. 765 (S. 35).

Nin, Anaïs, *Das Delta der Venus*. Verlag Droemer Knaur München, Zürich 1981, S. 87 f. (S. 151/153). © 1977 by The Anaïs Nin Trust. Gesamtdeutsche Rechte by Scherz Verlag, Bern.

Panizza, Oskar, *Das Liebeskonzil und andere Schriften*. Luchterhand Verlag, Neuwied am Rhein und West-Berlin 1964, S. 227 f. (S. 186 f.).

Porter, Katherine Anne, *Das Narrenschiff*. Rowohlt Verlag GmbH, Reinbek bei Hamburg 1987. Zitiert nach: Haight, a. a. O., S. 139 (S. 243).

Proust, Marcel, geschildert von George D. Painter, *Marcel Proust. Eine Biographie*. © Suhrkamp Verlag Frankfurt am Main 1980, Band 1, S. 279 f. (S. 130 f.); Band 2, S. 400 f. (S. 178 f.); Band 2, S. 449 f. (S. 180).

Queneau, Raymond, *Zazie in der Metro*. Aus dem Französischen von Eugen Helmlé. © Suhrkamp Verlag Frankfurt am Main 1999, S. 9 (S. 91); S. 13 (S. 109).

Rilke, Rainer Maria, *Malte Laurids Brigge*. In: *Sämtliche Werke*. Insel Verlag Frankfurt am Main 1975, Band 11, S. 774 f. (S. 13); S. 768 (S. 25 f.); S. 830 f. (S. 28 f.); S. 722 f. (S. 43 f.); Band 2, S. 505 (S. 52); Band 11, S. 747 f. (S. 117); S. 709 (S. 139); S. 741 f. (S. 195); zitiert nach: Ingeborg Schnack, *Rilke. Chronik seines Lebens und Werkes*. Insel Verlag Frankfurt am Main 1996, S. 148 f. (S. 135).

Rimbaud, Arthur, *Die Pariser Orgie oder Paris füllt sich wieder*. In: *Sämtliche Werke*. Französisch und deutsch. Übertragen von Sigmar Löffler und Dieter Tauchmann. Mit Erläuterungen zum Werk und einer Chronologie zum Leben Arthur Rimbauds. Neu durchgesehen von Thomas Keck. Insel Verlag Frankfurt am Main und Leipzig 1992, S. 103 (S. 15).

Rolland, Romain, *Robespierre*. Theaterstück (1950). Zitiert nach: Gérard Walter, *Maximilien de Robespierre*. Gallimard, Paris 1989, S. 671 (S. 39f.).

Sagan, Françoise, *Ein gewisses Lächeln*. Bastei-Lübbe, Bergisch Gladbach 1996, S. 11 (S. 40).

Sartre, Jean-Paul, *Interview mit dem Nouvel Observateur*. In: *Mai 1968 und die Folgen*. Band 1. Aus dem Französischen von Dietrich Leube. Rowohlt Verlag GmbH, Reinbek bei Hamburg 1974. Zitiert nach: Ziegesar, a.a.O., S. 84f. (S. 61f.).

Semprun, Jorge, *Netschajew kehrt zurück*. Rotbuch Verlag, Berlin 1989, S. 22f. (103).

Sieburg, Friedrich, *Unsere schönsten Jahre. Ein Leben mit Paris*. Rainer Wunderlich Verlag, Tübingen und Stuttgart 1950, S. 69-72 (S. 171); S. 79f. (S. 215f.).

Simenon, Georges, *La Patience de Maigret*. Presse de la Cité, Paris 1965 (S. 187).

Sperber, Manès, *Wie eine Träne im Ozean*. Romantrilogie. Band II. 2. Europa Verlag, Wien 1976 (S. 66).

Sperber, Manès, zitiert nach: Kardoff, a.a.O., S. 142 (S. 240).

Stein, Gertrude, *Paris Frankreich. Persönliche Erinnerungen*. Aus dem Amerikanischen von Marie-Anne Stiebel. Suhrkamp Verlag Frankfurt am Main 1975, S. 21 (S. 82).

Strindberg, August, *Legenden II*. In: *Werke*. Band IV.4. Albert Langen – Georg Müller Verlag München 1908. Zitiert nach: Ziegesar, a.a.O., S. 150 (S. 229).

Sue, Eugène, *Die Geheimnisse von Paris*. Vollständige Ausgabe. Aus dem Französischen von Helmut Kossodo. Mit zeitgenössischen Illustrationen. Band 1. Insel Verlag Frankfurt am Main 1988, S. 11f. (S. 225f.).

Uhland, Ludwig, zitiert nach: Günther, a.a.O., S. 17 (S. 166).

Villon, François, *Ballade des Dames du temps jadis*. In: François Villon, Sämtliche Dichtungen. Zweisprachige Ausgabe. Aus dem Französischen von Walther Küchler. Insel Verlag Frankfurt am Main 1988, S. 82/85 (S. 121f.).

Voltaire, geschildert von Jean Orieux, *Das Leben des Voltaire*. Insel Verlag Frankfurt am Main und Leipzig 1994. S. 25/26 (S. 38 f.); S. 918-920 (S. 131 f.); S. 68 f. (S. 209).

Wedekind, Frank, nach einem Wort von Franz Blei in seiner »Erzählung eines Lebens«. Zitiert nach: Günther, a. a. O., S. 57 (S. 20); *Die Tagebücher. Ein erotisches Leben*. Deutscher Taschenbuch Verlag, München 1990, S. 275 f. (S. 118 f.).; in einem Brief an seine siebenjährige Tochter am 10. 7. 1914, zitiert nach: Günther, a. a. O., S. 72 (S. 239).

Weiss, Peter, *Buch 44. 5. 7. 79 – 8. 11. 79*. In: Peter Weiss, *Notizbücher 1971 – 1980*. Band 2. © Suhrkamp Verlag Frankfurt am Main 1981, S. 858 (S. 29 f.).

Werth, Léon, *Das weiße Zimmer*. Roman. Mit einem Vorwort von Valery Larbaud. Aus dem Französischen von Wolfgang Krege. © by Éditions Viviane Hamy, 1990. Klett-Cotta, Stuttgart 1994, S. 14 (S. 101).

Wilde, Oscar, *Sämtliche Werke in zehn Bänden*. Herausgegeben von Norbert Kohl. Band 5: *Gedichte*. Aus dem Englischen von Gisela Etzel, Otto Hauser, Norbert Kohl und Elfriede Mund. Insel Verlag Frankfurt am Main 1982, S. 183 f. (S. 230).

Wolfe, Thomas, *Von Zeit und Strom*. Rowohlt Verlag GmbH, Reinbek bei Hamburg 1989, S. 923 (S. 105); S. 899 (S. 120 f.).

Wondratschek, Wolf, in: *Paris im Gedicht*. Herausgegeben von Mona Wodsak. Insel Verlag Franfurt am Main 1990, S. 7 (S. 242).

Xanrof, Léon (Léon Fourneau), *La Tour Eiffel au temps de Monsieur Eiffel*. Herausgegeben von Georges Renoy. Rossel Edition, Bruxelles et Paris 1976. Zitiert nach: Ziegesar, a. a. O., S. 226 f. Übersetzung von Johannes Westenfelder (S. 147/149).

Ziegesar, Hans von, *Reise Textbuch Paris*. Deutscher Taschenbuch Verlag, München 1986.

Zola, Émile, zitiert nach: Metelmann, a. a. O., S. 110 (S. 176); *Der Bauch von Paris, Die Rougon-Macquart. Natur- und Sozialgeschichte einer Familie unter dem zweiten Kaiserreich*. Herausgegeben von Rita Schober. Lizenzausgabe mit Genehmigung des Winkler Verlages, München. Bertelsmann Reinhard Mohn Verlag, Gütersloh 1975-8, S. 43 f. (S. 223 f.).

Zweig, Stefan, *Die Welt von gestern. Erinnerungen eines Europäers*. ©
S. Fischer Verlag GmbH, Frankfurt am Main 1981, S. 152 (S. 14);
S. 158 (S. 23 f.); S. 175-77 (S. 139 f.); S. 154 (S. 239).

Literarische Reisebegleiter
im insel taschenbuch
Eine Auswahl

Städte

Amsterdam. Literarische Spaziergänge. Von Christa Dericum. Mit farbigen Fotografien. it 2828. 250 Seiten

Athen. Literarische Spaziergänge. Herausgegeben von Paul Ludwig Völzing. Mit farbigen Fotografien. it 2505. 314 Seiten

Mit Brecht durch Berlin. Ein literarischer Reiseführer. Von Michael Bienert. Mit zahlreichen Fotografien. it 2169. 271 Seiten

Literarischer Führer Berlin. Von Fred Oberhauser und Nicole Henneberg. Mit zahlreichen Abbildungen, Karten und Registern. it 2177. 517 Seiten

Bremen. Literarische Spaziergänge. Von Johann-Günther König. Mit farbigen Fotografien. it 2621. 272 Seiten

Dresden. Ein Reisebuch. Herausgegeben von Katrin Nitzschke unter Mitarbeit von Reinhardt Eigenwill. Mit zahlreichen Abbildungen. it 1365. 294 Seiten

Frankfurt. Acht literarische Spaziergänge von Siegfried Diehl. Mit farbigen Fotografien. it 2197. 190 Seiten

Frankfurts Hohe Häuser. Von Dieter Bartetzko. Mit farbigen Fotografien von Horst und Daniel Zielske. it 2653. 121 Seiten

Granada. Ein literarisches Porträt. Herausgegeben von Nina Koidl. Mit farbigen Fotografien. it 2635. 243 Seiten

Hamburg. Ein Städte-Lesebuch. Herausgegeben von Eckhart Kleßmann. Mit zahlreichen Abbildungen. it 1312. 305 Seiten

Heidelberg-Lesebuch. Stadt-Bilder von 1800 bis heute. Herausgegeben von Michael Buselmeier. it 913. 385 Seiten

Der Kölner Dom. Ein literarischer Führer. Herausgegeben von Markus Klein. Mit zahlreichen Abbildungen. it 2226. 149 Seiten

Leipzig. Literarische Spaziergänge. Herausgegeben von Werner Marx. Mit farbigen Fotografien. it 2710. 222 Seiten

Lissabon. Ein Städte-Lesebuch. Herausgegeben von Ellen Heinemann. it 2106. 390 Seiten

London. Literarische Spaziergänge. Herausgegeben von Harald Raykowski. it 2554. 272 Seiten

Madrid. Ein literarisches Porträt. Herausgegeben von Elke Wehr. Mit zahlreichen Abbildungen. it 1981. 272 Seiten

Mainz. Ein literarisches Porträt. Herausgegeben von Jens Frederiksen. Mit Fotografien von Sascha Kopp. it 2163. 195 Seiten

Prag. Ein Lesebuch. Herausgegeben und mit einem Nachwort versehen von Jana Halamičková. Mit Fotografien und Illustrationen. it 994. 386 Seiten

Geschichten aus dem alten Prag. Sippurim. Herausgegeben von Peter Demetz. it 1519. 376 Seiten

Rom. Ein literarisches Porträt. Herausgegeben von Michael Worbs. Mit farbigen Fotografien. it 2298. 320 Seiten

Mit Marie Luise Kaschnitz durch Rom. Herausgegeben von Iris Schnebel-Kaschnitz und Michael Marschall von Bieberstein. Mit Fotografien von Mario Clementi. it 2607. 196 Seiten

St. Petersburg. Literarische Spaziergänge. Von Ingrid Schalthöfer. Mit farbigen Fotografien. it 2833. 240 Seiten

Trier. Deutschlands älteste Stadt. Reisebuch. Herausgegeben von Michael Schroeder. Mit Fotografien von Konstantin Schroeder. it 1574. 260 Seiten

Tübingen. Ein literarischer Spaziergang. Herausgegeben von Gert Ueding. Mit zahlreichen Abbildungen. it 1246. 384 Seiten

Venedig. Der literarische Führer. Herausgegeben von Doris und Arnold E. Maurer. Mit zahlreichen Fotografien. it 1413. 188 Seiten

Wien. Ein literarisches Porträt. Herausgegeben von Joseph Peter Strelka. Mit farbigen Fotografien. it 1573. 254 Seiten

Wiener Adressen. Ein kulturhistorischer Wegweiser mit Straßenplänen und Fotos von Dietmar Grieser. it 1203. 217 Seiten

Das Wiener Kaffeehaus. Mit zahlreichen Abbildungen und Hinweisen auf Wiener Kaffeehäuser. Herausgegeben von Kurt-Jürgen Heering. it 1318. 318 Seiten

Alle Wege führen nach Wien. Abenteuer eines Literaturtouristen. Von Dietmar Grieser. it 2543. 255 Seiten

Würzburg. Literarische Reisewege. Herausgegeben und mit einem Nachwort versehen von Stefan Janson. Mit farbigen Abbildungen. it 2276. 220 Seiten

Landschaften • Länder • Kontinente

Amerika

Kalifornien. Ein Reiselesebuch. Herausgegeben von Herbert Genzmer. Mit farbigen Fotografien. it 2636. 282 Seiten

Harry Graf Kessler. Notizen über Mexiko. Herausgegeben von Alexander Ritter. Mit zahlreichen Abbildungen. it 2176. 182 Seiten

Martin Walser/André Ficus. Die Amerikareise. Versuch, ein Gefühl zu verstehen. Mit 51 farbigen Bildern von André Ficus. it 1243. 117 Seiten

Deutschland

Hans Christian Andersen. Schattenbilder einer Reise in den Harz, die sächsische Schweiz etc., etc. im Sommer 1831. Herausgegeben von Ulrich Sonnenberg. Mit zahlreichen zeitgenössischen Abbildungen. it 2818. 240 Seiten

Bodensee. Reisebuch. Herausgegeben von Dominik Jost. Mit farbigen Abbildungen. it 1490. 313 Seiten

Der Rhein. Eine Reise mit Geschichten, Gedichten und farbigen Fotografien. Herausgegeben von Helmut J. Schneider unter Mitarbeit von Michael Serrer. Mit Fotografien von Pieter Jos van Limbergen. it 1966. 206 Seiten

Die schönsten Schlösser und Burgen Deutschlands.
Ein literarischer Reisebegleiter. Herausgegeben von Joachim
Schultz. Mit farbigen Fotografien. it 2717. 256 Seiten

Sylt. Literarische Reisewege. Herausgegeben von Winfried
Hörning. Mit zahlreichen Fotografien. it 2522. 260 Seiten

Martin Walser/André Ficus. Heimatlob. Ein Bodensee-Buch.
it 645. 92 Seiten

England

Mit Fontane durch England und Schottland. Herausgegeben von Otto Drude. Mit farbigen Fotografien von Christel
Wollmann-Fiedler. it 2222. 194 Seiten

Karl Philipp Moritz. Reisen eines Deutschen in England im
Jahr 1782. Mit einem Nachwort vom Benedikt Erenz. Mit Illustrationen. it 2641. 200 Seiten

Frankreich

Das Elsaß. Ein literarischer Reisebegleiter. Herausgegeben
von Emma Guntz und André Weckmann. it 2746. 256 Seiten

Mit Fontane durch Frankreich und Flandern. Herausgegeben von Otto Drude. Mit Fotografien von Christel Wollmann-Fiedler. it 2647. 144 Seiten

Wolfgang Koeppen. Reisen nach Frankreich. Mit farbigen
Fotografien von Angelika Dacqmine. it 2218. 170 Seiten

Literarischer Führer Frankreich. Herausgegeben von Hans Georg Bauner. Mit zahlreichen Abbildungen und Karten. it 2798. 624 Seiten

Provence/Côte d'Azur. Ein literarischer Reisebegleiter. Herausgegeben von Ralf Nestmeyer. it 2801. 250 Seiten

Mit Rilke durch die Provence. Herausgegeben von Irina Frowen. Mit Fotografien von Constantin Beyer. it 2148. 126 Seiten

Griechenland

Hugo von Hofmannsthal. Augenblicke in Griechenland. Mit farbigen Abbildungen und einem Nachwort von Hansgeorg Schmidt-Bergmann. it 2408. 125 Seiten

Erhart Kästner
- Griechische Inseln. Aufzeichnungen aus dem Jahre 1944. Nachwort von Heinrich Gremmels. it 118. 166 Seiten
- Kreta. Aufzeichnungen aus dem Jahre 1943. Nachwort von Heinrich Gremmels. it 117. 264 Seiten
- Ölberge, Weinberge. Ein Griechenland-Buch. Mit Zeichnungen von Helmut Kaulbach. it 55. 262 Seiten
- Die Stundentrommel vom heiligen Berg Athos. it 56. 325 Seiten

Wolfgang Koeppen. Die Erben von Salamis oder Die ernsten Griechen. Mit Fotografien. it 2401. 80 Seiten

Reisen mit Odysseus. Zu den schönsten Inseln, Küsten und Stätten des Mittelmeers. Von Ernle Bradford. it 2508. 280 Seiten

Italien

Briganten am Wege. Deutsche Reisende und das Abenteuer Italien. Von Dieter Richter. it 2809. 190 Seiten

Dietmar Grieser. Große historische Straßen. Von der Via Appia bis zur Avus. Eine kunsthistorische Spurensuche. Mit Fotografien. it 1974. 130 Seiten

Mit Hermann Hesse durch Italien. Ein Reisebegleiter durch Oberitalien. Herausgegeben von Volker Michels. it 1120. 215 Seiten

Harald Keller. Die Kunstlandschaften Italiens. Mit Abbildungen. it 1576. 1110 Seiten

Literarischer Führer durch Italien. Ein Insel-Reise-Lexikon. Von Doris und Arnold E. Maurer. Mit Abbildungen, Karten und Registern. it 1071. 551 Seiten

Oberitalienische Seen. Ein literarischer Reisebegleiter. Von Rainer W. Kuhnke. it 2608. 288 Seiten

Alberto Savinio. Capri. Eine Reiseerzählung. Übersetzt und mit einem Nachwort versehen von Martina Kempter. it 2732. 112 Seiten

Johann Gottfried Seume. Spaziergang nach Syrakus im Jahre 1802. Herausgegeben von Jörg Drews. it 2780. 496 Seiten

Sizilien. Literarisches Landschaftsbild. Herausgegeben von Ralf Nestmeyer. Mit Fotografien. it 2637. 220 Seiten

Südtirol. Ein literarisches Landschaftsbild. Herausgegeben von Dominik Jost. Mit Abbildungen. it 1317. 358 Seiten

Im Rosengarten. Eine literarische Spurensuche in Südtirol. Von Dietmar Grieser. Mit Abbildungen. it 2509. 245 Seiten

Toskana. Ein literarisches Landschaftsbild. Herausgegeben von Andreas Beyer. Mit Fotografien von Loretto Buti. it 926. 265 Seiten

Edith Wharton. Italien. Reisebilder. Mit einem Nachwort von Hanns-Josef Ortheil. Mit farbigen Abbildungen. it 2731. 224 Seiten

Österreich

Dietmar Grieser. Nachsommertraum im Salzkammergut. Eine literarische Spurensuche. Mit Abbildungen. it 1848. 262 Seiten

Osteuropa

Böhmen. Ein literarisches Porträt. Herausgegeben von Uta Ackermann und Werner Fritsch. Mit farbigen Abbildungen. it 1994. 265 Seiten

Litauen. Ein literarischer Reisebegleiter. Herausgegeben von Claudia Sinnig. Mit farbigen Fotografien. it 2844. 250 Seiten

Johann Gottfried Seume. Mein Sommer 1805. Eine Reise ins Baltikum, nach Rußland, Finnland und Schweden. Herausgegeben von Jörg Drews. Mit zahlreichen Abbildungen. it 2839. 230 Seiten

Schweiz

Das Engadin. »Glühend in allen Farben«. Porträt einer Landschaft. Herausgegeben von Susanne Gretter. Mit Fotografien. it 2199. 280 Seiten

Hermann Hesse. Tessin. Betrachtungen, Gedichte und Aquarelle des Autors. Herausgegeben und Nachwort von Volker Michels. it 1494. 314 Seiten

Spanien

Mallorca. Ein literarisches Porträt. Herausgegeben von Sieglinde Oehrlein. Mit Fotografien. it 1931. 197 Seiten

George Sand. Ein Winter auf Mallorca. Übersetzt von Maria Dessauer. it 2102. 220 Seiten